Max Nettlau

Bibliographie
de
l'anarchie

BIBLIOGRAPHIE

DE

L'ANARCHIE

Max Nettlau

Bibliographie de l'anarchie

Genève
Mégariotis Reprints
1978

Réimpression de l'édition de Bruxelles, 1897.

PRÉFACE.

L'ouvrage que nous publions aujourd'hui ne pouvait être entrepris que par un bibliophile érudit disposant en outre de la collaboration dévouée de nombreux amis. Les amis se sont présentés et ce concours désintéressé de forces nous paraît être une preuve entre mille que les anarchistes, tout en « faisant ce qu'ils veulent », savent pourtant unir leurs volontés individuelles en un vouloir collectif. Nul chef, nul conseil élu ou s'imposant lui-même n'a donné d'ordre pour que ce livre parût.

L'essai de bibliographie rédigé par notre ami Nettlau sera certainement très utile aux chercheurs sincères, aux historiens consciencieux du socialisme, à tous ceux qui veulent remonter aux sources pour étudier les problèmes du mouvement contemporain. Que de fois des interlocuteurs honnêtes nous ont-ils demandé naïvement s'il existait une littérature anarchiste. Nous pouvons leur répondre maintenant : « Voyez »!

J'avoue pour ma part que je ne nous savais pas si riches: l'importance qu'a prise ce recueil, encore incomplet, m'a beaucoup surpris. Les idées anarchistes, développées consciemment sous leur forme actuelle, sont d'origine si récente qu'on se les imagine volontiers comme se trouvant encore dans une période rudimentaire de propagande. Sans doute, la plus grande part des documents cités dans ce recueil est destinée à disparaître et même ne mérite guère d'être conservée, mais quelques-unes de ces œuvres feront certainement date dans l'histoire du dix-neuvième siècle. Certes, il a pu être difficile parfois aux anarchistes de dire ce qu'ils croient être la vérité, mais on ne saurait les accuser d'avoir « caché la lumière sous le boisseau ». Nous l'avons dressée aussi haut que peuvent l'élever nos mains, et désormais, nul dans le monde, qu'il nous aime ou qu'il nous haïsse, ne pourra prétendre nous ignorer.

D'ailleurs, la littérature anarchiste proprement dite n'est qu'une partie infime de celle qui forme le véhicule de nos idées. Maintenant nos adversaires eux-mêmes se chargent de propager la semence de révolte. Il n'est guère d'écrit, il n'en est pas même un seul digne d'être lu, dans lequel ne se trouve un ferment de renouveau, soit à propos de la ci-devant morale convenue ou de la religion traditionnelle, soit encore à propos des castes dirigeantes ou de l'économie politique orthodoxe. Quel est l'homme de conviction qui, dans ses plaidoyers, ne soit quelque peu révolutionnaire? S'il peut espérer d'avoir une certaine influence, ce n'est jamais que par les idées neuves, socialistes ou anarchistes, de son enseignement, car le reste n'est que simple répétition, que redite pure de ce que des milliers d'individus avaient exposé avant lui. A leur point de vue de conservateurs intransigeants, les fanatiques de la loi ou de la religion qui ne voulaient pas d'un autre livre que le Code, le Coran ou la Bible avaient absolument raison! « Tout nouvel ouvrage est inutile s'il corrobore la vérité, funeste s'il en diffère ». C'est dire que toute la littérature contemporaine est anarchiste par quelque côté ; à notre propagande directe s'associent les mille propagandes indirectes de la foule des poètes, romanciers, philosophes et sociologues.

Mais n'y eût-il aucun livre dans le monde pour exposer nos idées en leur ensemble ou en leurs détails, le grand drame de la société contemporaine suffirait pour montrer à tous ceux qui pensent quel mouvement nous entraîne et vers quel idéal se dirige l'humanité. Nous voyons avec combien d'impatience l'individu subit maintenant les volontés et les caprices d'autres individus, nobles, riches ou constitués en dignité ; il est avéré pour tous que l'autorité ne se maintient plus par la douce résignation des faibles aux devoirs incompris, mais qu'il faut l'assurer désormais par une force de plus en plus tendue et risquant incessamment de se briser: les puissances de ce monde sont devenues la cible de toutes les dérisions, de tous les mépris, et leur prestige s'envole dans l'espace comme tant d'autres illusions mensongères. D'autre part, nous constatons que l'individu, tout en réclamant plus énergiquement ce qu'il considère comme son droit personnel de vivre, s'associe plus intimement à tous ceux qui sont animés des mêmes idées et revendiquent également l'entière satisfaction de leurs besoins. Nous avons assisté à la naissance d'une *Internationale de Travailleurs* que l'on cherche sans cesse à détruire et qui sans cesse se reconstitue plus nombreuse, promettant d'embrasser bientôt le monde, et proclamant son vouloir, en vingt, en cent langues divèrses, de l'Europe aux Antipodes.

Voilà ce que nous enseigne le grand livre de la société ouvert devant nous, et c'est pour aider à en rendre la lecture plus facile que Max Nettlau signale ici aux hommes de bonne volonté toutes les œuvres de propagande anarchiste.

Elisée RECLUS.

AVERTISSEMENT AU LECTEUR

Cette bibliographie ne se présente pas comme définitive : elle ne pourrait l'être, étant donnée la façon dont elle fut composée. Depuis longtemps déjà je m'occupais, entre autres travaux, de réunir les documents nécessaires à l'élaboration d'une bibliographie aussi complète que possible — que j'espère pouvoir publier un jour — lorsque des camarades me proposèrent d'imprimer un recueil court et succinct. Ce recueil, le voici.

J'ai négligé d'y insérer un très grand nombre de détails d'un intérêt secondaire et, d'autre part, l'ayant composé en deux mois, le temps m'a manqué pour faire disparaître les lacunes qui, en certaines parties, ne sont que trop évidentes. Il en résulte une inégalité, un manque de proportions entre les différents détails, que je suis le premier à reconnaître.

Cette inégalité paraît inévitable par suite des difficultés qui s'opposent à l'inventaire de la plus grande partie des publications anarchistes. Ces écrits, rédigés en plus de vingt langues, épars en plus de trente pays, s'espaçant pendant toute la durée de ce siècle, disparaissent pour la plupart, littéralement absorbés, mis hors d'usage par la grande circulation nécessaire à la propagande, quand ils ont échappé aux poursuites continuelles et aux saisies policières ; il ne faut pas compter qu'ils trouvent un asile dans les bibliothèques publiques qui, presque toutes, ne s'en occupent qu'avec indifférence et, quant aux plus actifs propagandistes, il leur arrive le plus souvent d'être moins en situation que personne de former des collections, étant les plus exposés à la misère, à la prison et à l'exil, que la société bourgeoise leur dispense libéralement.

Cependant une partie assez importante de ces publications, même parmi les anciennes, a été conservée et je dois remercier les camarades et amis qui me les ont communiquées en même temps que ceux qui n'ont épargné ni le temps ni le travail pour faire paraître ce volume.

Suivant le programme que je m'étais tout d'abord tracé, je continuerai de réunir les matériaux pour une bibliographie plus importante, qui comprendra aussi les publications éphémères, omises dans cet essai, c'est-à-dire les manifestes, placards, feuilles volantes, etc., ainsi que les articles les plus importants des différents journaux.

Car c'est dans les journaux surtout que peuvent être suivis les progrès constants de l'élaboration de l'idée anarchiste. Si le bibliographe ne veut pas être uniquement un bibliophile, s'il veut en même temps voir en historien, son travail est assez ingrat et ne lui ménage que de maigres satisfactions : esclave de la parole imprimée, il doit — pour faire une bibliographie et non pas une histoire — se résoudre parfois à paraître négliger de sympathiques et actifs militants qui, par hasard, n'auront laissé que peu de traces littéraires, alors qu'il mentionnera des écrits médiocres qui, par hasard encore, auront eu la chance d'être imprimés.

Pour remédier à cet inconvénient, je me suis efforcé de disposer les matières de cette bibliographie, autant que possible, par ordre chronologique et selon la successive évolution des idées.

Je compte sur les camarades de tous les pays pour m'aider à faire de ce premier essai une œuvre plus digne de notre idée ; je leur demande de me signaler les corrections et les additions nécessaires et de me faire parvenir toutes les publications anciennes ou nouvelles qu'ils voudront bien me confier. Elles ne seront pas perdues : j'ai pris des mesures pour en assurer la conservation; qu'ils ne dédaignent pas de me communiquer même les documents les plus éphémères, car ce sont ceux qui s'égarent le plus vite et sont les plus difficiles à retrouver.

M. NETTLAU.

36, FORTUNE GATE TERRACE
   WILLESDEN, LONDON, N. W.
      ANGLETERRE.

31 décembre 1896.

Le lecteur est prié de tenir compte des corrections indiquées aux ERRATA, *placés à la fin du volume.*

CHAPITRE Ier

Précurseurs de l'Anarchie.

La littérature anarchiste n'a pas d'origine déterminée, n'étant pas l'expression d'un système inventé et progressivement élaboré, mais la négation même des systèmes. Elle est née du besoin de battre en brèche l'arbitraire sous toutes ses formes, les règles et devoirs imposés par les préjugés ou par la force et de donner essor au libre développement de l'humanité. Tout acte donc qui fut accompli et toute parole qui fut prononcée en haine de cette contrainte et en faveur de cette liberté sont œuvre consciente ou inconsciente de l'anarchie.

N'ayant pas fait d'études approfondies sur les littératures anciennes, mon travail sera forcément incomplet. Du reste, il n'entre pas dans mes intentions de donner ici la liste de tous les ouvrages à tendances libertaires qui, le plus souvent, ne font qu'effleurer la question sans en chercher les racines profondes, mais de retrouver les traces des quelques penseurs qui ont entrevu un état de société se passant de lois et de gouvernement, chose plus hardie, dans un temps où la superstition et l'autorité ne souffrent pas d'être discutées, que le fait d'imaginer une société, communiste peut-être, mais encore autoritaire comme on en voit tant éclore.

Sans remonter aux récits fabuleux, évocateurs de légendes, comme celles de Prométhée, de Caïn et tant d'autres, l'Histoire, dès ses origines, nous montre toujours çà et là, et souvent de toutes parts à la fois, des négateurs du principe d'autorité. Au Moyen-Age, on le voit attaqué, en Allemagne et dans toute l'Europe occidentale, par des sectes hérétiques, formulant à propos de religion leurs aspirations sociales, et dont nous ne mentionnerons que l'Association des Frères et des Sœurs du Libre Esprit. **François Rabelais** énumère les préceptes de l'Abbaye de Thélème, que pourraient encore revendiquer les praticiens de l'anarchie. Dans le *Mondo Savio* (V. *Mondi celesti, terrestri ed infernali degli Academici Pellegrini*.... Vinegia, 1562, in-8°, pp. 172-184), **A. F. Doni** expose une théorie que ne renierait pas le communisme libertaire. Les paysans de la Bétique (chap. VII de *Télémaque*) vivent en société communautaire ainsi que les indigènes de la Terre australe, aux coutumes desquels nous initient les *Aventures de Jacques Sadeur*.... (1676). Sans entrer dans plus de détails, les descriptions de l'âge d'or dans tous les pays et dans toutes les littératures décrivent des mœurs essentiellement libertaires, mais cet âge d'or, relégué dans un passé tellement lointain que le souvenir même en est effacé, combien peu ont compris qu'il est dans l'avenir et qu'il dépend de nous de le réaliser ; combien invoquaient la Liberté sans y voir autre chose qu'un idéal de démocratie perfectible !

Citons **Etienne de la Boëtie** avec son ouvrage: *la Servitude Volontaire ou le Contr'un* (réimprimé sur le manuscrit d'Henry de Mesmes par D. Jouaust, Paris, Librairie des Bibliophiles, 1872, XII-66 pp. ; beaucoup d'autres éditions, dont une avec préface de A. Vermorel).

La littérature française du XVI° siècle a été étudiée à notre point de vue par le camarade Körner, mort récemment, et qui a retrouvé, entr'autres œuvres intéressantes, les *Apophthegmes et Discours notables recueillis de divers auteurs: contre la Tyrannie et les Tyrans*, fol. 522-554 de *Mémoires de l'Estat de France sous Charles IX*, vol. II, 1578, s. l., 12°, seconde édition (Simon Goulart).

Il y aurait à parcourir les ouvrages des socialistes anglais de l'époque de Cromwell et ceux, incomparablement plus nombreux, des écrivains français du XVIII° siècle, parmi lesquels **Dom Deschamps** (voir Emile Beaussire : *Antécédents de l'Hégélianisme*...,

Paris, 1865, in-8° et B. Malon : *Dom Deschamps. Un Bénédictin du XVIII⁰ siècle, précurseur de l'Hégélianisme, du Transformisme et du Communisme Anarchiste*, « Revue Socialiste », sept. 1888, pp. 256-266), mais surtout **Diderot** (voir par ex. le *Supplement au Voyage de Bougainville* et *Les Eleutheromanes*, édition du Centenaire, Paris, 1884, pp. 87-101, 16° ; pp. 5-83 : commentaire) ; cf. *I costumi del Popolo di Taiti...*, Venezia, 1892, 17 pp. (brochure de propagande publiée par Carlo Monticelli) ; de longs extraits dans « le Glaneur anarchiste », 1, 2, dans le supplément de « la Révolte » et dans « El Productor ».

De la littérature de la Révolution, je citerai seulement : *Dame Nature à la Barre de l'Assemblée Nationale* par **Sylvain Maréchal** (1791, 46 pp., in-8°), sollicitant l'Assemblée de déclarer que la Nature n'impose à l'homme ni Dieu ni lois. Mais je dois dire que n'ayant pas lu ce factum, je ne saurais affirmer l'exactitude du renseignement. L'*Adresse* de **Jacques Roux**, *présentée à la Convention Nationale....* (1793, in-8°) et les *Vœux formés par des Français libres....*, de **Jean Varlet** (1791 ? in-4°) pourraient être revendiqués par les socialistes, mais non par les libertaires. Les **Hébertistes** n'ont pas encore été suffisamment étudiés sous ce rapport (Voir G. Tridon, *les Hebertistes, plainte contre une calomnie de l'Histoire*, 48 pp. ; 1ʳᵉ édit. dans « Candide », fin de 1864 ; *Anacharsis Clootz...*, de G. Avenel, 1865). **Les Enragés**, etc.

La littérature allemande du XVIII⁰ siècle, représentée par **Schiller, Lessing,** etc., est traversée par un fort courant libertaire. (V. *Sturm und Drang, die Räuber*, etc. ; voir aussi E. Weller : *Die Freiheitsbestrebungen der Deutschen im 18. und 19. Jahrhundert, dargestellt in Zeugnissen ihrer Literatur*, Leipzig, 1847, 344 pp. in-8°). *Ideen zu einem Versuch, die Grenzen der Wirksamkeit des Staates zu bestimmen* par **Wilhelm von Humboldt**, 1792, est un mélange curieux d'idées essentiellement anarchistes et de préjugés autoritaires (édition de 1851, Œuvres de W. v. Humboldt, et celle de Leipzig 189 ?, 206 pp., in-16°) : — traduction française : *Essai sur les limites de l'Action d'Etat*, deux éditions, 1866 et 1867 ; — traduction anglaise : *The Sphere and Duties of Government*,.... (Londres 1854, nouvelle édition 1870).

CHAPITRE II

PREMIÈRES ŒUVRES DE LA LITTÉRATURE ANARCHISTE EN ANGLETERRE.

A Vindication of Natural Society: or, a view of the miseries and evils arising to mankind from every species of artificial society. By a late noble writer, c'est-à-dire St-John Viscount Bolingbroke (London, 1756, in-8°). Le véritable auteur en était **Edmund Burke.**

Autres éditions : dans *Fugitive pieces on various subjects by several authors*, vol. 2 (London, 1761 ; Dublin 1762 ; London, 1765, 1771 ; London, 1780, XIV, 106 pp., 8°) ;

A Vindication of Natural Society... in a letter to Lord ***, by Edmund Burke, a new édition (Oxford, 1796, VIII, 62 pp. in-8°);

The Inherent Evils of all State Government demonstrated, being a reprint of Edmund Burke's Celebrated Essay, entitled *A Vindication of Natural Society*, with Notes and an appendix briefly enunciating the principles through which « Natural Society » may be gradually realized (London, Holyoake and C°,... 1858, VI, 66 pp. in-8°), publication anarchiste-individualiste ; édition de Boston (B. R. Tucker), 1885, 36 pp. in-8°.

An Enquiry concerning Political Justice and its influence on general virtue and happiness, by **William Godwin**, in two volumes (London, 1793, en février, XIII, 378 et 379 — 895 pp. in-4°), le premier livre strictement anarchiste ; deuxième édition, Londres, 1796 ; 3ᵉ édition, 1798 ; édition de Philadelphie, 1796, 2 vol. ; il y a eu une 4ᵉ édition en ce siècle, en 184 ?. Le chap. sur la propriété (*On Property*) a été réimprimé et forme le vol. X de *Social Science Series* (Londres 188 ?), publié par H. S. Salt ; — traduction allemande : *Untersuchung über die politische Gerechtigkeit....* (Würzburg, 1803, in-8°) ;

Cf. encore : *The Enquirer. Reflections on education, manners and literature. In a series of essays* (London, 1797 ; Dublin, 1797 ; London, 1823) ; et : *William Godwin, his friends and contemporaries,* by C. Kegan Paul (2 vol. London, 1876, 387, 340 pp.) et l'article *Godwin* dans le *Dictionary of National Biography*.

Les mutuellistes français ont un éminent précurseur dans **William Thompson**, auteur de *An Inquiry into the principles of the distribution of wealth most conductive to human happiness, applied to the newly proposed system of voluntary Equality of Wealth* (London, 1824, XXIV, 600 pp., in-8°) ;

Autres éditions (abrégées ?), 1850 et 1869, publiées par William Pare.

Thompson, qui d'abord institue un très strict mutuellisme, tourne au communisme, au cours même de cet ouvrage, et ses autres œuvres sont communistes (Owenistes) : *Appeal of one half of the human race, Women, against the pretentions of the other half, Men,....* (London, 1825. XVI, 221 pp.) et *Labour rewarded...* (ibid. 1827, VIII, 127 pp., in-8°).

D'autres furent des mutuellistes conséquents, ainsi **John Grey,** auteur de : *A Lecture on Human Happiness....* (1825); *The Social System, a treatise on the principle of Exchange....* (Edinburgh, 1831); *An Efficient Remedy for the Distress of Nations...* (Edinburgh, 1842), etc. Les systèmes de banques, bazars d'échange, etc., etc., avaient déjà été préconisés et même mis en pratique en Angleterre et en Amérique.

CHAPITRE III.

L'Anarchisme-Individualiste.

Etats-Unis.

La littérature anarchiste-individualiste s'est surtout développée aux Etats-Unis ; les publications y sont très nombreuses, à en juger par les longues listes en circulation, mais elles n'indiquent que rarement les dates de l'apparition des ouvrages, que pour la plus grande partie, nous n'avons pas pu nous procurer ; les plus anciennes sont devenues très rares.

Josiah Warren, *Practicable Details of Equitable commerce* (New-York, 1852, in-12º) ;

The Peaceful Revolutionist, journal publié dans la colonie « Utopia » (Ohio), 1845 ;

True Civilization : a subject of vital and serious interest to all people, but most immediately to the men and women of Labor and Sorrow (Boston, 1863, in-8º), divisé en trois parties ; la première, 5ᵉ édition, 117 pp. (Boston 1881), la seconde, ib.

Stephen Pearl Andrews, *The Science of Society :* nº I. *The true Constitution of Government in the sovereignty of the Individual as the final development of protestantism, democracy* *and socialism*, 1851 ; nouvelle édition (Boston, 1888, 40 pp. in-8°) ;

N° II. *Cost, the limit of price : a scientific measure of Honesty in Trade as one of the fundamental principles in the solution of the social problem* (Nouvelle édition, Boston, 1888, pp. 43-152) ; reproduit de « Liberty » (Boston, 1887) ;

Love, Marriage and Divorce. A discussion between Henry James, Horace Greeley and Stephen Pearl Andrews. Including the final replies of Mr. Andrews rejected by the « New-York Tribune » *and a subsequent discussion, occuring 20 years later, between Mr. James and Mr. Andrews* (Boston, B.R. Tucker, 1889, 121 pp. in-8°), reproduit de « Liberty » 1888 ; — traduction allemande dans « Libertas » (Boston, 1888), inachevée ; paru d'abord dans « New-York Tribune » vers 1852 à l'époque de l'existence de la « Free Love League » ;

The Labor Dollar, reprinted from the « Radical Rewiew » (Boston, 1881, 23 pp. in-8°) ;

Lysander Spooner, *Illegality of the trial of John W. Webster* (Boston, 1850, 16 pp. in-8°) ; un écrit antérieur contre l'institution du jury, *Trial by Jury*, a été reproduit avec des modifications par « Liberty », 1889.

The Law of intellectual Property, or, an Essay on the right of authors and inventors to a perpetual Property in their ideas (1856, 240 pp.). Il serait intéressant de comparer ces études avec les *Majorats littéraires*, de Proudhon, 1852.

Address of the Free Constitutionalists to the People of the United States. A refutation of the republican party's doctrine of the non-existence of Slavery (1860, 54 pp.) ;

A New System of Paper Currency.... 1831, 122 pp. ;

A New banking System..., 1873, 77 pp. ;

No Treason, plusieurs brochures ; n° 2, 1837, 16 pp. ; n° 6 : *showing that the constitution is of no authority*, 1870, 59 pp. ;

The Law of Prices : a demonstration of the necessity for an ndefinite increase of money (Boston, 1877, 14 pp.) ;

Gold and Silver as Standards of value: the flagrant cheat in regard to them, reprinted from the « Radical Review » (Boston, 1878, 29 pp.);

Universal Wealth, shown to be easily attainable (Boston 1879, 23 pp. in-8°).

Revolution: the only remedy for the oppressed classes of Ireland, England and other parts of the British Empire. N° I, *A Reply to* « Dunraven » (1880, 11 pp.);

Natural Law, or, the Science of Justice. A treatise on natural law, natural justice, natural rights, natural liberty and natural society, showing that all legislation whatsoever is an absurdity, a usurpation and a crime (Boston, 1882, 21 pp.), seulement la première partie;

A letter to Thomas F. Bayard. Challenging his right — and that of all the other so-called senators and representatives in congress — to exercise any legislative power whatever over the people of the United States (Boston, 1882, 11 pp.; in-8°);

A letter to Scientists and Inventors on the Science of Justice and their right of perpetual property in their discoveries and inventions (1884, 22 pp.);

A letter to Grover Cleveland on his false inaugural Address, the usurpations and crimes of lawmakers and judges, and the consequent poverty, ignorance and servitude of the People (1886, 110 pp.);

Free Political Institutions: their nature, essence and maintenance. An abridgment and rearrangment of Spooner's « *Trial by Jury* », edited by Victor Yarros (Boston, 1890, 47 pp.);

William B. Greene: *Mutual Banking, showing the radical deficiency of the existing circulating medium and how interest of money can be abolished* (New-York, 1870, New England Labor Reform League, 52 pp., in-8°; réimpr. dernièrement à New-York, Tucker).

International Address, an elaborate, comprehensive and very entertaining exposition of the principles of the working People's International Association (1873);

The Working Woman.... (187?);

Socialistic, Communistic, Mutualistic and Financial Fragments.... (187 ?);

J. K. Ingalls (on ne doit peut-être pas dire de cet écrivain qu'il soit anarchiste-individualiste pur), *Social Wealth. The sole factors and exact ratios in its acquirement and apportionment* (un vol.);

Economic Equities. A compend of the natural laws of industrial production and exchange (brochure);

Work and Wealth (Boston, 1881); autre édition, Londres, (H. Seymour), 1887, 12 pp.;

Land and Labor, their relations in nature — how violated by monopoly (187 ?, brochure);

Periodical Business crises, their cause and cure (187?, brochure);

Ezra Heywood, *Yours or Mine, an Essay to show the true basis of property and the causes of its inequitable distribution;*

Hard Cash, an Essay to show that financial monopolies hinder enterprise and defraud both labor and capital; and that panics and business revulsions will be effectually prevented only through free money;

The Great Strike (1877), *its relation to labor, property and government;*

Cupid's Yokes; — Cupid's Yokes and the Holy Scripture contrasted; — The Evolutionists; — Uncivil Liberty, et autres brochures (187 ?);

The Word (Princeton, Mass.) journal mensuel de 1872 à 189 ?; peut-être paraît-il encore.

Henry Appleton, *What is Freedom and when am I free? being an attempt to put liberty on a rational basis and to wrest its keeping from irresponsible pretenders in Church and State* (187 ?), 2ᵉ édit., Boston., B. R. Tucker, 1888, 27 pp. in-8°.

Charles T. Fowler, *The Labor Question: what it is, and the true method of its solution*, 187 ? (brochure);

Land Tenure. An Essay showing the governmental basis of

land monopoly, the futility of governmental remedies and a natural and peaceful way of starving out the landlords ;

Cooperation, its law and principles. An Essay showing Liberty and Equity as the only conditions of true co-operation and exposing the violation of these conditions by Rent, Interest, Profit and Majority Rule, brochure (Kansas City, 188 ?); nouvelle édition, Londres, The Bijou Library, 1894 ou 95.

Cooperative Homes. An Essay showing how the kitchen may be abolished and the independance of woman secured by severing the State from the Home, thereby introducing the voluntary principle into the Family and all its relationships ;

The Reorganisation of Business. An Essay showing how the principles of co-operation may be realized in the Store, the Bank and the Factory ;

Prohibition. An Essay on the relations of government to temperance, showing that prohibition cannot prohibit and would be unnecessary if it could ;

Corporations. An Essay showing how the monopoly of railroads, telegraphs, etc., may be abolished without the intervention of the State, etc. Ces brochures furent publiées, du moins en partie, dans *The Sun*, a bimonthly publication devoted to co-operation (Kansas City, Mo.) 1885 à 87...., édité par C. T. Fowler.

E. C. Walker, *Love and the Law, an Exposure of the basic principles of social relations ;*

The sexual enslavment of Woman ;

Prohibition and Self-Government, their irreconciable antagonisms. A collection of fugitive pieces, « Kansas Liberal Tracts », n° 1, Valley Falls, Kansas (1883, 14 pp. in-16°);

Bible Temperance. Liquor drinking commended, defended and enjoined by the Bible ;

Practical co-operation; The Nine Demands; Kansas Liberty and Justice. E. C. Walker's third letter from jail ; etc.

Moses Harman, *Autonomy, Self-Law: What are its demands ? A brief exposition of the basic principles of Individualism in its relation to society and government ;*

Autonomistic Marriage as viewed from the standpoint of law, justice and morality. To the « outraged » Christians of Valley Falls, Kan., by **John R. Kelso** ;

The Kansas Liberal, a radical freethought journal, publié par Moses Harman et E. C. Walker, 188 ?, Valley Falls (Kansas) ;

Lucifer, journal publié par **Moses Harman, Lillian Harman-Walker** et **E. C. Walker**, Valley Falls, puis Topeka, Kansas, 1884 (?) ; paraît encore ;

Fair Play, 1888-89.... par E. C. Walker et Lillian Harman (Valley Falls, Kansas) ; cf. aussi *The Kansas Fight. Free Press ; the four indicted articles*, 1889, 11 pp. in-8° (Valley Falls, Kansas) ; *In Behalf of personal liberty. A letter from Julian Hawthorne* (Twentieth Century Library, 30 mars 1891, New-York, 8 pp. in-8°) ;

Our New Humanity, revue trimestrielle, 1896, Topeka, Kansas ;

C. L. James, *Anarchy: a tract for the times*, Eau Claire, Wisconsin, 1886, 32 pp. in-8° ; réimprimé dans *Anarchism*, par Parsons ;— traduction allemande dans le même livre, Chicago, 1888 ; — traduction tchèque dans « Volné Listy », New-York, 1890 ;

The Modern Economy. A study of the fundamental principles of economy as viewed by an Anarchist, dans « the Alarm », Chicago, 25 février 1888 sq.

Frank Q. Stuart, *Natural Rights, Natural Liberty and Natural Law* (brochure) ;

The Arbitrator, 1889 ; suivi par *The Individualist*, Highlands, Colorado, 1889-90...

Marie Louise David, *Monogamic Sex relations. discussion between Ejo and Marie Louise*, dans « the Alarm » 1888 ; en brochure : Equity Publishing Company, Oaklands, California s. a. 24 pp. in-8° et 1 p. in-4° ;

Taxation or Free Trade ? A criticism upon Henry George's « Protection or Free Trade », by **John F. Kelly**, Boston, B. R. Tucker, 1887, 16 pp. in-16°, tiré de « the Alarm » : *Taxation no remedy* (5 nov. à 3 déc. 1887).

The Radical Review, un vol. 828 pp.in-8°. (Boston or Princeton ?, 187 ?).

Liberty, publié par **B. R. Tucker**, Boston, plus tard New-York, 6 août 1881 sq.; ce journal paraît encore.

Libertas, Boston, 17 mars à septembre 1888, huit numéros, en langue allemande ;

Articles divers de Tucker pris dans « Liberty » : *Instead of a book. By a man to busy to write one. A fragmentary Exposition of philosophic Anarchism culled from the writings of* Benj. R. Tucker, *editor of « Liberty »* (New-York, 1893, VII, 512 pp., in-8°) ;

Anarchism or Anarchy ? a discussion between William H. Tillinghurst and Benj. R. Tucker. Prefaced by an open letter to Rev. William J. Potter ; 1881, ou avant ?

State Socialism and Anarchism : How far they agree and wherein they differ. Reprinted from « Instead of a Book » (London, Reeves, 1895, 16 pp. in-8°) ; — traduction allemande : *Staatssocialismus and Anarchismus....* Berlin, 1895, 16 pp. in-8° ; — trad. hollandaise (Amsterdam, 1896) ;

Traductions anglaises de P. J. Proudhon, par B.R. Tucker : *The Works of P.J.Proudhon*(Princeton,Mass.,1876 sq.); il en fut publié seulement :

What is Property? or an inquiry into the principle of Right and of Government... (Boston, 1885) ; autres éditions : New-York, Humboldt Publish. C°; Londres, the Bellamy Library, n°⁸ 23, 24, 189 ?.

System of Economical Contradictions : or the Philosophy of Misery (Boston 1888, 469 pp.).

The Malthusians, dans « the Anarchist », Londres, déc. 1885 (et en brochure, Londres, H. Seymour, 12 pp. 1886).

Victor Yarros, *Anarchism, its aims and methods* (Boston, 1887, 30 pp. in-16°);

Série d'articles : *Unscientific Socialism* (critique individualiste des écoles socialistes), dans « Liberty », etc. ;

William A. Whittick, *Bombs: the poetry and philosophy of Anarchy* (New-York, R. B. Tucker, 187 pp. in-12°, poésies).

F. D. Tandy, *Voluntary Socialism* (228 pp., 1896).

Twentieth Century (New-York), anarchiste vers 1890, rédigé alors par **Hugh. O. Pentecost.** De nombreux discours de Pentecost ont été reproduits en brochures, « Twentieth Century Library », New-York ; cf. aussi : *the Anarchistic Method*, « The Modern Science Essayist», 2ᵐᵉ série, n° 31 ; *Anarchism*, 21° «Address» 1880, etc. ;

Egoism, San Francisco, mai 1890 sq. ; l'« Egoism » de Oakland (Californie) dont le n° 14, vol. III, parut le 2 sept. 1895, serait-il le même journal ?

Enfant Terrible (San-Francisco), nov. 1891 au 31 janv. 1892, 9 numéros, etc.

Ce qui prouve combien la liste que je viens d'énumérer est forcément incomplète et sans doute inexacte, ayant été relevée en partie dans les annonces des journaux ou des libraires qui n'indiquent pas de dates, ce serait p. ex. le fragment ci-dessous d'une lettre de A.H. Simpson dans «Liberty», 13 sept. 1890. « It was then (40 or 50 years ago) that Greene published his mutual bank theory. « The Social Revolutionist » contained articles as radical as anything printed to day, and Jeremiah Hacker published in Maine a little journal full of bright ideas....», etc. Cette littérature se subdivise en deux grandes séries dont l'une surtout économique — en partie générale, en partie se spécialisant sur les questions de *free money, mutual banking*, etc. — ; l'autre traitant de l'amour libre et des questions sexuelles est surtout représentée par les publications de Princeton, de Valley Falls et de Topeka, dont on a fort persécuté les auteurs **D. M. Bennett, Ezra Heywood, Moses Harman, E. C. et L. Walker.** On a beaucoup réimprimé en Amérique les ouvrages libertaires des auteurs européens : « Humboldt Library of Popular Science » ; « Modern Science Essayist »; Publications de la Twentieth Century Publishing Company ; Benj. R. Tucker, Boston and New-York, etc. — « Liberty » est le journal de théorie et de polémique par excellence.

Angleterre.

Nul doute qu'il n'y ait depuis longtemps en Angleterre des anarchistes individualistes, témoin l'appendice à l'édition de Burke, 1858, et quelques autres indices, mais ce furent des cas isolés, et, en 1885 seulement, commença la propagande, assez isolée aussi, il est vrai, par le journal et par le livre, se concentrant principalement, surtout en ces derniers temps sur la question monétaire *(Currency Question)*.

The Anarchist (Londres)... publié par H. Seymour, mars 1885 — août 1888, 40 n^{os} (communiste-anarchiste d'avril 1886 à mars 1887);

The Revolutionist, un n°, 1er janv. 1887 ;

The Revolutionary Review, par H. Seymour, 1889, 9 n^{os}.;

The Herald of Anarchy, par A. Tarn, oct. 1890 à fév. 1892, 14 numéros ;

Free Trade, 15 janv. 1892 sq., 8 n^{os} ;

Free Exchange, par H. Seymour, mai 1892 sq.,3 n^{os}. ;

Henry Seymour, *Philosophy of Anarchism*, Londres, 1887, 16 pp. in-8° ; 2e édition, 1888.

The Anarchy of Love, 1888, 16 pp. ;

Anarchy : Theory and Practice, 1888, 12 pp.

P. J. Proudhon, 8 pp. in-8° ; *Michel Bakounine*, 8 pp. in-8° 1888, reproduits de l'« Anarchist » ;

An examination of the Malthusian Theory, 1889 ?, 16 pp. in-8° ;

The Monomaniacs : A fable in finance. Reprinted from London « Liberty », Free Currency Tracts n° 1, 1895, 8 pp. in-8° ;

The two Anarchisms, 1895, 1 p. in-4° ; etc.

Liberty Leaflets : 1. *Government : a Warning to the Electors ;* 2. *Free Love explained and defended*, by **D. A. Andrade**, 4 pp. in-8°; 3. *Thomas Paine and Anarchy ;* 4. *Questions for Anarchists ;* 5. *The rights of Labour ;*

Anarchism and collectivism, Their respective differences stated, by **Ernest Lesigne** (leaflet) ;

Lothrop Withington, qui publia en 1882 : *The Democratic Review* (3 n⁰ˢ), fut un des collaborateurs de Seymour.

Albert Tarn, *The State,* Birmingham, 1889, 12 pp. ;
A free currency : what it means, how it can be established and what it can accomplish, London, 1889 ;
The Individual and the State, London 1891, 10 pp. ;

William Gilmour, *The Creed of Liberty: a brief exposition of philosophical Anarchism,* London, 1895, 11 pp. ;

Robert Harding, *How to put 100,000 persons to work in one week,* London, 12 pp. ;

G. O. Warren, *Freedom. Rent, interest, profit and taxes, the true causes of wage slavery discussed and exploded,* conférence donnée à la « Dublin Ethical Society », le 16 nov. 1893, London, Reeves, 15 pp. in-8° ;
Anarchism, 1 p. in-4°, au revers : *Politicians,* 1 p. in-4°, etc.

Les journaux *Echo* (quotidien), *Weekly Times and Echo* (hebdomadaires) insèrent, depuis quelques années, dans leurs colonnes des articles de théorie et de polémique individualiste-anarchiste de G. O. Warren, H. Seymour, etc., et beaucoup de lettres individualistes et aussi communistes anarchistes.

De cet individualisme se rapproche le « Voluntaryism » défendu surtout par *The free Life,* journal fondé le 24 mai 1890 et paraissant encore, inspiré par **Auberon Herbert,** auteur de l'article de revue : *A Politician in sight of heaven; being a protest against Government of man by man,* réimprimé en brochure, Boston 1890. On a aussi de lui : *The right and wrong of compulsion by the State; The Ethics of Dynamite,* « Contemporary Review », mai 1894, pp. 667 à 687 ; *Antiforce Leaflets, Voluntary State Papers,* etc.

Cf. encore :

J. Greevz Fisher, *Voluntary Taxation,* London, 1890.

Il convient de ranger encore plus à droite, **Wordsworth Donisthorpe,** auteur de plusieurs ouvrages individualistes, ancien rédacteur (jusqu'au 30 mars 1888, 65 numéros), du « Jus », organe de la « Liberty and Property Defence League », et **J. H. Levy,** rédacteur du « Personal Rights Journal ».

Citons en dernier lieu *The Liberty Review, The Liberty Annual,* etc., organes d'une littérature pseudo-libertaire capitaliste, inspirée par la «Liberty and Property Defence League» de l'Earl de Wemyss, défenseur par excellence de la propriété et du monopole. Il faut établir néanmoins une ligne de démarcation entre les ouvrages individualistes les moins avancés et les publications de cette Ligue aux tendances tellement réactionnaires que Donisthorpe a cru devoir s'en séparer ; (voir le dernier numéro du « Jus » rédigé par lui), mais, en matière d'arguments, la différence est parfois bien insignifiante, car les membres de la Ligue enguirlandent leurs écrits d'expressions libertaires et les Individualistes de droite soutiennent de bonne foi les institutions actuelles.

AUSTRALIE.

Journaux: *Honesty*, Melbourne, Avril 1887 à 1889; le n° 13 est de février 1889.

The Australian Radical, Hamilton (anarchiste-individualiste alors que rédigé par **W. R. Winspear**).

Brochures par **David A. Andrade**.

V. le chapitre XXIII : Australie.

AUTRES MANIFESTATIONS D'ANARCHISME-INDIVIDUALISTE.

En Belgique : *La Question Sociale*, Bruxelles, n° 7, 10 oct. 91.

En Allemagne: (voir plus loin), les écrits de **John Henry Mackay** qui s'appuie sur Max Stirner, Proudhon et Tucker. Depuis 1893, des brochures individualistes, traduites de Proudhon et de Tucker ont été publiées à Berlin.

Je n'ai pas connaissance d'ouvrages de propagande anarchiste-individualiste publiés en d'autres pays.

CHAPITRE IV.

P.-J. Proudhon.

Tous les renseignements relatifs aux œuvres de **P.J. Proudhon** sont donnés par nombre de publications bibliographiques telles que la « Bibliographie de France », etc. Aussi me suis-je borné à en dresser une liste succincte :

Qu'est-ce que la Propriété ? ou recherches sur le principe du droit et du gouvernement. Premier mémoire (Paris, 1840, in-12° ; 1841, in-12 ; 1848, in-12 ; 1849, in-18°, etc.);

Qu'est-ce que la Propriété ? Deuxième mémoire. Lettre à M. Blanqui, professeur d'économie politique au Conservatoire des Arts-et-Métiers, sur la Propriété (Paris, 1841, in-18° ; ² 1848, in-12°) ;

Avertissement aux propriétaires, ou lettre à M. Victor Considérant, rédacteur de la Phalange, sur une défense de la propriété. Troisième mémoire (Besançon, impr. de Proudhon ; Paris, 1842, in-12° ; ² 1848, in-18) ;

Explications présentées au ministère public sur le droit de propriété (Besançon, imp. de Proudhon, 1842, 24 pp. in-12°) ;

De la Création de l'ordre dans l'humanité, ou principes d'organisation politique (Paris, 1843, in-12° ; ² 1848);

Le Miserere ou la pénitence d'un roi. Lettre au R. P. Lacordaire, sur son Carême de 1845, « Revue Indépendante », mars 1845 ; Paris, 1849, 8 pp. in-4° ;

Systèm: des contradictions économiques, ou philosophie de la Misère (Paris, 1848, in-8°) ; 1ʳᵉ livraison, du 22 mars : *la Révolution de 1848* ; 2ᵐᵉ livraison, du 26 mars : *la Démocratie* ;

Organisation du crédit et de la circulation et solution du problème social sans impôt, sans emprunt, sans numéraire, sans papier-monnaie, sans maximum, sans réquisition, sans banqueroute, sans loi agraire, sans taxe des pauvres, sans ateliers nationaux, sans association, sans participation, sans intervention de l'État, sans entrave à la liberté du commerce et de l'industrie, sans atteinte à la propriété (Paris, 1848, 44 pp. in-8° ; ² 1848, ³ 1849) ;

Lettre du citoyen P.J. Proudhon à un de ses amis de Besançon, publiée d'après son autorisation (Besançon, 1848, 4 pp., in-4°, datée : Paris, 10 avril 1848) ;

Discours du citoyen P. J. Proudhon, prononcé à l'Assemblée Nationale, dans sa séance du 31 Juillet, en réponse au rapport du citoyen Thiers, sur la proposition relative à l'impôt sur le revenu. Extrait du Moniteur (Paris, 1848, 8 pp. in-4°) :

Il existe de cette dernière brochure deux autres éditions : *Proposition.... présentée.... par le citoyen Proudhon, suivie du discours....*(Paris, 1848, in-12°) ; *Rapport du citoyen Thiers, précédé de la proposition....et suivi de son discours* (Paris, 1848, 16 pp. in-4°);

Le Droit au Travail et le Droit de la Propriété (Paris, 5 oct. 1848, 12 pp. in-4° ; Paris, 1848, 60 pp. in-12°, etc.) ;

Résumé de la question sociale. Banque d'Échange (Paris, 1848, 144 pp. in-12°) ;

Les Malthusiens (Paris, au bureau du « Peuple », 1849, 8 pp. in-8°, deux éditions) ;

Banque du Peuple. Déclaration. Acte de Société (Paris, février 1849, 16 pp. in-4° ; 1849, 52 pp. in-12°) ;

Démonstration du socialisme théorique et pratique pour servir d'instruction aux souscripteurs et adhérents à la Banque du Peuple (Paris, 1849, 8 pp. in-4° oblong, feuilleton du « Peuple »);

Actes de la Révolution. Résistance. Louis Blanc et Pierre Leroux, précédé de : *Qu'est ce que le Gouvernement ? Qu'est-ce que Dieu ?* (Paris, 1849, in-16°) ;

Idées Révolutionnaires.... (Paris, 1849, in-12º) ; seconde édition : *Idée générale de la Révolution au XIX⁰ siècle. Choix d'études sur la pratique révolutionnaire et industrielle* (Paris, 1851, in-18º) ;

Les Confessions d'un révolutionnaire, pour servir à l'histoire de la Révolution de février (Paris, 1849, in-12 ; autre édition, 1849, 112 pp. in-4º, ³ 1851, in-12º).

Au Président de la République. Le Socialisme reconnaissant. Extrait de la « *Voix du Peuple* » (Paris, 1850, 8 pp. in-8º) ;

Gratuité du Crédit. Discussion entre M. Fr. Bastiat et M. Proudhon (Paris, 1850, in-18º, 292 pp.), reproduction de 14 lettres parues dans la « Voix du Peuple », du 12 octobre 1849 au 11 février 1850 ;

Autre édition : *Intérêt et Capital. Discussion, . ..* (in-18º, sans la 14ᵉ lettre, de Bastiat) ;

La Révolution sociale, démontrée par le coup d'Etat du 2 décembre (Paris, 1852, 281 pp., in-12º) ; 5ᵐᵉ et 6ᵐᵉ édition, augmentée de la *Lettre de l'Auteur au Président de la République* (Paris, 1852, in-12º) ;

Philosophie du Progrès. Programme (Bruxelles, 1853, 156 pp.) ;

De la Justice dans la Révolution et dans l'Eglise. Nouveaux principes de philosophie pratique adressés à Son Eminence Monseigneur Mathieu, cardinal-archevêque de Besançon (Paris, 1858, en avril, 3 vol.) ;

La Justice poursuivie par l'Eglise, appel du jugement rendu par le tribunal de police correctionnelle de la Seine, le 2 Juin 1858, contre P. J. Proudhon (Bruxelles, 1858, VIII, 184 pp.) ;

De la Justice dans la Révolution et dans l'Eglise. Edition de Bruxelles, de 1859-1860, en livraisons, avec : *Nouvelles de la Révolution.*

La Guerre et la Paix. Recherches sur le principe et la constitution du droit des gens (Paris, 1861, 2 vol.) ;

Théorie de l'Impôt (Paris, 1861) ;

La Fédération et l'Unité en Italie (Paris, 1862, 143 pp. in-18º) ;

Les majorats littéraires, examen d'un projet de loi ayant pour but de créer au profit des auteurs, inventeurs et artistes, un monopole perpétuel (Bruxelles, 1832 ; Paris, 1863) ;

Du principe fédératif et de la nécessité de reconstituer le parti de la Révolution (Paris, 1863) ;

Les Démocrates assermentés et les réfractaires (Paris, 1863, 96 pp. in-18°) ;

Si les traités de 1815 ont cessé d'exister ? Actes du futur Congrès (Paris, 1863) ;

Nouvelles observations sur l'unité italienne (1865) ;

De la capacité politique des classes ouvrières, œuvre posthume (Paris, 1865).

Proudhon mourut le 19 janvier 1865 ; après sa mort parurent encore :

Théorie de la Propriété. Projet d'Exposition Universelle (Paris, 1865) ;

Du principe de l'Art et de sa destination sociale (Paris, 1865) ;

La Pornocratie, ou les femmes dans les temps modernes (1 vol.);

Amour et Mariage (1 vol.) ;

La Bible annotée (1865) ;

Césarisme et Christianisme ;

France et Rhin (1867) ;

Contradictions politiques.... (Paris, 1870) ;

Tous ces ouvrages et nombre d'autres qui ne traitent pas de questions de principes ont été publiés à Paris et à Bruxelles, en de multiples éditions. Les œuvres posthumes ont été réunies sous le titre de *Œuvres posthumes de P. J. Proudhon*.

Les *Œuvres complètes* de P. J. Proudhon, forment 37 vol. in-18° et 14 in-8°; il faut y ajouter 3 vol. in-18 ;

Brochures et articles de journaux, lettres, etc., depuis février 1848 jusqu'à 1852.

Si ce recueil est le même que celui intitulé :

Mélanges. Articles de journaux 1848-1852 (3 vol., 1868-69-71), il est incomplet par suite de suppressions et d'omissions, d'après Darimon, *A travers une Révolution* (pp. 343-344).

Proudhon a collaboré de 1848 à 1850, aux journaux suivants :

Le Représentant du Peuple, du 1ᵉʳ avril au 10 juillet et du 9 au 21 août 1848, 108 n°ˢ ;

Le Peuple, 2 septembre, 1ᵉʳ novembre sq. (hebd.), quotidien du 23 novembre 1848 au 13 juin 1849, 206 nᵒˢ.;

La Voix du Peuple, 25 septembre, 1ᵉʳ octobre 1849 au 14 mai 1850, 223 nᵒˢ.;

Le Peuple de 1850 — qui ne défendit pas exclusivement les idées de Proudhon — : du 15 juin au 13 octobre 1850, 33 nᵒˢ.

Pour l'histoire de ces journaux, voir: *A travers une Révolution (1847-1855)* par Alfred Darimon (Paris, 1884, 351 pp. in-18º), et aussi *Byloe i dumy*, d'Al. Herzen. Les renseignements bibliographiques les concernant sont donnés par Quérard, Hatin, Darimon et Diehl *(Proudhon's Praktische Vorschläge,* 1890).

La correspondance de Proudhon a été réunie dans :

Proudhon expliqué par lui-même. Lettres inédites de P. J. Proudhon à N. Villiaumé... (Paris, 1866, in-8º);

Correspondance de P. J. Proudhon, précédée d'une notice sur P. J. Proudhon, par J. A. Langlois (Paris, 1875 sq., 14 vol. in-18º);

En ces dernières années, des fragments inédits de Proudhon ont été publiés dans « la Nouvelle Revue », de Paris : *Galilei*, dramatisé ; *Napoléon Iᵉʳ*.

Voir les chapitres : Italie, Espagne, Allemagne, Angleterre, pour les traductions de Proudhon dans les langues de ces différents pays ; v. aussi les chapitres Russie et Suède.

Proudhon a suscité contre ses œuvres et contre lui de nombreuses et parfois violentes œuvres de polémique, en grande partie animées des sentiments les plus réactionnaires. C'est en 1848 surtout que la lutte entre lui et ses adversaires fut la plus active. A ce sujet on consultera utilement Quérard, vol. XI.

Les études sur Proudhon sont également multiples. Parmi les plus intéressantes on peut citer :

Sainte-Beuve, *P. J. Proudhon, sa vie et sa correspondance.* (Paris, 1873);

Dr. Karl Diehl, *P. J. Proudhon, sein Leben und seine Werke. Erste Abteilung. Die Eigentum und Werthlehre* (Inaugural dissertation...), Halle a. d. S. 1888, 128 pp., in-8°; *Zweite Abteilung* (I): *Das System der œkonomischen Widersprüche, die Lehre vom Geld, Credit, Capital, Recht auf Arbeit und die übrigen Theorieen, sowie die praktischen Vorschläge zur Lösung der socialen Frage* (Iena, 1891, 328 pp., gr. in-8°). Le chapitre II a été publié à Halle, 1890, 90 pp., in-8° : *Proudhon's Praktische Vorschläge* (Habilitationsschrift) ; *Dritte Abteilung. Sein Leben und seine Socialphilosophie* (Iena, 1896), 1 vol.

Dr. A. Mülberger (Voir le chapitre : Allemagne).

CHAPITRE V.

Le Mutuellisme.

Les œuvres de Proudhon eurent un profond retentissement ; elles ont inspiré de nombreux écrivains qui abordèrent à leur tour le problème social en se rapprochant plus ou moins des solutions préconisées et des idées défendues par lui. De là, toute une littérature naquit que l'on peut qualifier de proudhonnienne et dont l'étude, selon moi, peut se diviser en trois parties :

1° 1848 et les années suivantes ;

2° écrits d'adhérents isolés de Proudhon et modifications à sa théorie ;

3° le mutuellisme dans le mouvement ouvrier de langue française, en France et en Belgique, de 1860 à 1870.

1° 1848-1851.

Les collaborateurs des journaux de Proudhon sont connus : **A. Darimon, J. A. Langlois, G. Duchêne, L. Vasbenter, Ramon de la Sagra, Charles Edmond (Chojecki)**, etc., mais les renseignements me manquent sur les idées précises de chacun d'eux et une simple liste de noms n'offrirait aucun intérêt.

L'un d'eux, cependant, **C. F. Chevé**, qui bientôt passa dans le camp clérical, publia un organe mensuel : *le Socialiste* (Paris, juillet 1849, 4 n^{os}, gr. in-4°) ;

La France libre, par **Maximilien Marie** (Paris, avril-octobre 1848, 6 n⁰ˢ in-4°) propage, indépendamment de Proudhon, la théorie du crédit gratuit.

Une autre publication indépendante d'un très grand intérêt est *l'Anarchie, journal de l'Ordre*, par **A. Bellegarrigue** (avril-mai, 1850, 2 n⁰ˢ in-8° ; v. Hatin, p. 518) ;

Du même auteur : *Au fait, au fait !!! Interprétation de l'idée démocratique* (Toulouse, 1849, in-18°), et : *Jean Moutonet le Précepteur* (dans les « Publications de l'Association des libres-penseurs », s. a., vers 1850, ;

L'Anarchie, journal de l'Ordre, a été réimprimé dans le « Supplément de la Révolte » en 1893, 20 mai sq. Une traduction espagnole : *La Anarquia es el orden*, en a paru dans « El Corsario » (La Coruna, du 11 juin au 24 septembre 1893 et, incomplète, dans « El Derecho á la Vida » (Montevideo), du 16 septembre au 21 octobre 1893. Un extrait en avait été précédemment publié dans « l'Audace » (Paris, 14 mars 1885), et traduit en italien dans la « Questione Sociale », de Turin, du 29 mars 1885.

Hatin, p. 518, signale une affiche annonçant pour le 20 mai, sans indication d'année, l'apparition de *l'Anarchiste, organe philosophique de l'ordre, journal mensuel, rédigé par d'anciens condamnés politiques*. Cette affiche concerne-t-elle la publication de A. Bellegarrigue ou bien une autre qui, probablement, n'aura jamais paru ? Il n'existe aucun renseignement à cet égard.

---

2. — Les Mutuellistes isolés.

Je suis assez peu renseigné sur cette littérature ; je ne puis citer que :

Le Solitaire, pseudonyme de l'auteur de : *La Démocratie, études de politique expérimentale* ;

La Femme ne doit pas travailler (1885) ;

Le Droit au Capital ou testament du XIXe siècle (Paris, 1886, 504 pp.) ;

L'Impôt et la Question sociale (1887) ;

Les Fauteurs de la Commune. MM. Thiers et Louis Blanc 1837), etc. ;

Nos Utopies politiques et socialistes devant le sens commun ou nos cahiers en 1889, par **Joseph Perrot**, disciple de Proudhon (Paris, 1889, 338 pp.) ;

Emile Chevalet, *La Question sociale* (Paris, 188 ?).

Le **Dr. Junqua** paraît préconiser la propriété collective des matériaux et des instruments de travail comme devant être la base d'un système où se pratiquerait l'égal échange, se rapprochant ainsi de la synthèse du collectivisme et du mutuellisme qui s'élaborait au sein de l'Internationale. Il a publié :

L'Eglise démocratique et sociale de la Liberté…(1877) ; — *De la Justice dans l'usage de la propriété ou le contrat économique des Républiques de l'Avenir* (2 vol.) ;— *De la Justice dans l'exercice de la souveraineté ou le contrat social des Républiques de l'Avenir* (1 vol.) ; — *De la sagesse dans la production et de la fraternité dans la consommation ou le Communisme des Républiques de l'Avenir*.

Ces divers ouvrages ont tous paru à Paris, vers 1878.

---

3. — Le Mutuellisme dans le mouvement ouvrier des années 1860-1870, en France et en Belgique.

France.

Sur le mouvement proudhonniste ouvrier avant l'Internationale et pendant les premières années de son existence, voir :

E. Fribourg : *L'Association Internationale des Travailleurs* (Paris, 1871, 212 pp., in-18°) ;

B. **Malon**, dans « la Revue Socialiste » (Paris, février 1887, pp. 127-132, mars, pp. 223-229) ;

Tolain, brochure sur les élections de Paris en 1863 ;

La Tribune ouvrière (Paris, 1865, 4 n⁰ˢ), par Tolain, Limousin, Fribourg, etc., suivie de *la Presse Ouvrière* (impr. à Bruxelles et saisie en France);

Le Courrier français (Paris, 1866 sq.) de **Vermorel**;

Le Fédéraliste (Paris, juillet 1868), de **Fribourg** et **Chemalé**. Il n'est pas certain pour moi que cette publication ait paru.

Almanach du Socialisme fédéraliste pour 1869 (Paris, XXXII pp. gr. in-8°), collaborateurs: **Chemalé, P. Denis, G. Duchêne, Robert Luzarche, Ernest Moullé.**

Charles Beslay, *Mes Souvenirs* (Paris, 1873, 482 p. p.); etc.;

On consultera également les comptes-rendus des Congrès de l'Internationale, de 1866 à 1869.

Dans la jeunesse des Ecoles, les théories de Proudhon, comme celles de Blanqui, avaient conquis d'enthousiastes partisans qui les affirmèrent avec beaucoup de verve et d'énergie dans de nombreux petits journaux du Quartier-Latin et les portèrent au Congrès des étudiants, réuni à Liége du 29 octobre au 1ᵉʳ novembre 1865.

Pour le Congrès de Liége, voir ses « Annales » et la brochure les *Buveurs de Sang* (Bruxelles, 1865, 32 pp.). Le *Journal des Etudiants* fut ensuite publié à Liége et, plus tard encore, la *Voix des Ecoles*, à Bruxelles.

Les congrès de Bruxelles (voir ses « Annales ») et de Gand suivirent celui de Liége.

Parmi les journaux du Quartier-Latin, l'un surtout devint, après son émigration forcée en Belgique, l'organe socialiste international le plus avancé de l'époque; c'est la *Rive Gauche*, fondée par **Charles Longuet** et **Robert Luzarche** (ce dernier mort en 1870) dont les premiers numéros, depuis le 20 octobre 1864, ont paru à Paris et les suivants, depuis le n° 17 (IIᵐᵉ année, 14 mai 1865) jusqu'aux numéros 30 et 31 (29 juillet et 5 août 1866) fol., furent publiés à Bruxelles.

Longuet p. ex. a exposé les principes de ce journal dans le numéro du 4 mars 1866 et son histoire dans celui du 15 avril suivant.

Belgique.

Je ne puis donner aucune indication sur deux journaux qui parurent vers 1860 : *le Prolétaire* et le *Bien-être social*, ce dernier d'opinions moins avancées.

La Tribune du Peuple (Bruxelles), du 12 mai 1861 au 4 avril 1869 ;

La Liberté (ib.), du 7 juillet 1867 au 1er juillet 1883, était rédigée par **Victor Arnould, Hector Denis, G. De Greef, Paul Janson, Eugène Robert**, etc. ; cette feuille défendait aussi les idées positivistes et, pendant quelque temps, surtout pendant les années 1869 et 1870, elle s'appliqua à propager la théorie de la représentation du travail contre celle de la représentation politique des circonscriptions territoriales. Cf. aussi *Organisation représentative du travail*, par H. Denis (Bruxelles, 1873).

César de Paepe, dans son discours au Cercle scientifique et fraternel de Patignies se montrait, lui aussi, anarchiste mutuelliste. Ce discours a été imprimé dans « la Tribune du Peuple » et réuni en une brochure : *Compte rendu du meeting de Patignies* (Bruxelles, fin de 1863). C'étaient encore les mêmes théories qu'il exposait et défendait dans « la Rive Gauche », où il écrivit une série d'articles sous ce titre :

Les Grands problèmes de notre époque (du 23 juillet 1865 au 13 mai 1866).

A citer encore : *Examen de quelques questions sociales*, par Isegrim (César de Paepe) Bruxelles, 1866, 90 pp. in-8° ;

Lorsqu'ensuite il adhéra aux théories collectivistes, il eut à soutenir, après le Congrès de l'Internationale tenu à Bâle, une vive polémique contre les mutuellistes de « la Liberté ». Voir « Liberté » du 19 septembre au 12 décembre 1869 (Hector Denis); *l'Internationale* (Bruxelles), du 10 octobre, 14 novembre 1869 ; réimprimé en partie dans la « Revue Socialiste » (Paris), en août 1889.

CHAPITRE VI.

Précurseurs de l'anarchisme moderne
de 1840 à 1865.
(en langue française)

Une étude spéciale devrait être faite pour retrouver les traces des tendances libertaires que contiennent les œuvres des anciens *communistes* français, œuvres malheureusement introuvables pour la plupart, sauf dans les Bibliothèques de Paris. D'ailleurs, cette littérature babouviste, égalitaire, cabetiste, etc., est fortement imprégnée des idées autoritaires et religieuses de l'époque et, parmi tous ces écrivains, peu conçoivent le moyen de réaliser la société de leurs rêves sans dictature temporelle ou spirituelle. Cependant, il en est de matérialistes et de libertaires ; quelques-uns ne reculent pas devant la propagande par le fait.

Les deux rapports faits à la Cour des Pairs après les attentats du 15 octobre 1840 et du 13 septembre 1841 (88 et 56 pp. in-8°, Paris, mai et novembre 1841) contiennent de précieuses réimpressions d'extraits de publications communistes en même temps que d'utiles indications bibliographiques.

Cabet donne une liste des premières publications communistes à la page 6 de sa brochure, *Le Démocrate devenu communiste malgré lui. Réfutation de la brochure de M. Thoré, intitulée :*

Du Communisme en France par M. Cabet, ancien député (Paris, déc. 1847, 31 pp.).

Voir aussi le livre de Lorenz von Stein : *Socialismus und Communismus im heutigen Frankreich*, et **Karl Grün** : *Die sociale Bewegung in Frankreich und Belgien*.

Parmi ceux qui ne semblent pas avoir été des libertaires on peut citer J. J. Pillot (plus tard membre de la Commune de Paris), auteur de *Ni Châteaux ni Chaumières*, l'abbé L A. Constant (qui écrivit ensuite sous le nom de Eliphas Lévy), auteur de *la Bible de la Liberté* (1841), Laponneraie, Lahautière, Choron, « Vellicus ».

Théodore Dézamy, s'affirma comme décentralisateur et surtout comme matérialiste. Ses œuvres sont :

L'Egalitaire (mai, juin 1840) ;

M. Lamennais réfuté par lui-même (1841) ; *le Code de la Communauté* (1843, 292 pp.) ; *Le Jésuitisme vaincu et anéanti par le Socialisme* (1845) ; *Organisation de la Liberté et du Bien-être matériel* (1846), etc.

Quelques-unes de ces œuvres ont été traduites en allemand : *Der Sieg des Socialismus*.... (Leipzig, 1846) ; une brochure (Leipzig, 1848) et *le Code de la Communauté* dans la « Freiheit » (New-York, 1895) ;

Il écrivit aussi une brochure contre le chef des communistes-icariens qui donna lieu à une réponse de Cabet : *Toute la vérité au peuple* (1842, 112 pp. in-8°) ;

Je regrette de n'avoir pu consulter de nombreuses publications, entre lesquelles « la Fraternité », de mai 1841 à mars 1843, « la Fraternité de 1845 », de janvier 1845 à février 1848 ;

Il semble toutefois que les tendances libertaires aient trouvé leur expression la plus complète dans :

L'Humanitaire, organe de la science sociale (juillet et août 1841, 8 pp., in-4°) de **J. J. May, Charavay, Coffineau**, etc. (V. Cabet, *Réfutation de « l'Humanitaire » demandant l'abolition du mariage et de la famille*, brochure de 1841) ; et *Les Masques arrachés* (1844, 144 pp.); L. Stein, pp. 515-519 (édition de 1849) ; *Rapport sur l'attentat du 13 septembre 1841*, pp. 40-47 ;

Coffineau, membre du Comité de « l'Humanitaire » et l'un des fondateurs de « la Fraternité de 1845 », faisait partie avec **Javelot** et quelques autres du groupe des **Communistes matérialistes de 1847**, qui semblent avoir proclamé et pratiqué le principe du vol, considéré comme un acte de guerre sociale. (V. leur procès, « Gazette des Tribunaux », 12 juin, du 14 au 16 juillet 1847).

Déjà en 1841, avait été jugé à Nîmes, le procès d'une société secrète franco-italienne, formée dans le midi de la France, « la Vengeance du Peuple », qui proclamait « la guerre des pauvres contre les riches » par tous les moyens. (V. « Gazette des Tribunaux » du 30 avril 1841).

La « Gazette des Tribunaux » est, sans aucun doute, une source de renseignements où il est peu agréable de puiser ; mais, pour l'étude des « communistes-matérialistes », c'est la seule que je connaisse, avec les livres sur les sociétés secrètes des de la Hodde et Chenu, qui ne méritent pas plus de sympathie.

Vers la même époque, des théories semblables furent hautement professées par le communiste allemand **Weitling** et, plus tard, par l'anarchiste français **Joseph Déjacque**.

En ce qui concerne Weitling, voir des extraits de son livre et de sa correspondance dans E. Kaler, *Wilhelm Weitling* (Zurich, 1887, 104 pp.) ; pour Déjacque, voir p. ex. l'article *les Extrêmes*, dans le *Libertaire* du 20 novembre 1858 (New-York).

La théorie du travail attrayant préconisée par **Fourier** est une des rares tendances libertaires que renferme le système phalanstérien, sur les différentes écoles duquel nous renseigne p. ex. un article de Joseph Ferrari dans la « Revue des Deux-Mondes » (août 1845).

J'ai lu en 1890, qu'un groupe de fouriéristes « hétérodoxes » rejetait la rénumération orthodoxe du travail, du talent et du capital. « Puisque l'on travaillera par plaisir, disaient-ils, puisque tous les produits existeront cent fois plus nombreux qu'il ne sera nécessaire, à quoi bon compter, pourquoi mesurer leur répartition ? » Ce raisonnement aurait pour conséquence un fouriérisme communiste et libertaire, mais j'ignore où et par qui il a été tenu.

Octave Vauthier, le collaborateur de Cœurderoy, anti-autoritaire comme lui, se dit cependant « phalanstérien » dans « l'Homme » de Jersey (15 février 1854).

Après la Révolution de 1848, vinrent Bellegarrigue (voir le chapitre précédent), et Cœurderoy.

Ernest Cœurderoy, d'après Larousse, serait né le 22 janvier 1825 et mort le 21 octobre 1862.

Ses ouvrages sont :

La Barrière du Combat, ou dernier grand assaut qui vient de se livrer entre les citoyens Mazzini, Ledru-Rollin, Louis Blanc, Etienne Cabet, Pierre Leroux, Martin Nadaud, Malarmé, A. Bianchi (de Lille), et autres Hercules du Nord, par Ernest Cœurderoy et Octave Vauthier (Bruxelles, 1852, in-12º), juin 1852 ; (cf. *Les Socialistes français à M. Mazzini,* Bruxelles, 1852, in-8º) ;

De la Révolution dans l'Homme et dans la Société (Londres, Bruxelles, 1852, 240 pp. in-8º), septembre 1852 ;

Jours d'Exil. Première partie (Londres, 1854, in-8º) ;

Trois lettres au journal « l'Homme », organe de la démagogie française à l'étranger (Londres, 28 pp. s.a.), en 1854 ;

Hurrah !!! ou la Révolution par les Cosaques (Londres, octobre 1854, 437 pp., in-8º) ;

Jours d'Exil. Deuxième partie (Londres, décembre 1855, 574 et 2 pp., in-8º) ;

Une lettre de Cœurderoy à A. Herzen (du 28 Mai 1854) : *Sbornik posmertnych statei A. I. Gercena* (Genève, 1870), pp. 104-107.

Les ouvrages : *Jours d'Exil. Troisième et dernière partie* et *De l'harmonie dans l'Homme et dans la Société,* annoncés sur la couverture des *Jours d'Exil* de 1855, n'ont probablement jamais été publiés.

Joseph Déjacque (1821 ?-186 ?) : *Les Lazaréennes, fables et poésies sociales* (Paris, 1851, chez l'auteur), août 1851, saisi ; voir le procès de Déjacque, p. ex. « Journal des Débats », du 23 octobre 1851 ;

2º édition augmentée : *les Lazaréennes. Fables et Chansons. Poésies sociales* (Nouvelle Orléans, 1857, 199 pp., in-8º).

Un discours prononcé à Jersey, le 16 juillet 1853, publié dans l'*Almanach des Femmes pour 1854*, de Jeanne Deroin (Londres, 1854) pp. 108-111.

Joseph Déjacque est l'un des signataires du programme de la première Association Internationale, de 1855 (V. B. Malon, *Lundis Socialistes*, I (1892), pp. 124-125);

La Question Révolutionnaire (New-York, s.a., in-32°);

De l'Etre humain mâle et femelle. Lettre à P. J. Proudhon (Nouvelle-Orléans, 1857, 11 pp. gr. in-8°);

Béranger au pilori (brochure, publiée à la Nouvelle-Orléans, 185 ?);

Le Libertaire, journal du mouvement social (New-York, du 9 juin 1858 au 4 février 1861, 27 n°°, journal écrit presque en entier par lui, et où il s'affirme nettement partisan du communisme anarchiste tout en croyant inévitables auparavant les phases du mutuellisme et du collectivisme anarchiste. C'est dans « le Libertaire » qu'est publiée : *L'Humanisphère*, utopie anarchique.

Déjacque a écrit aussi dans « la Revue de l'Ouest », de Saint-Louis. J'ignore s'il a collaboré au « Revendicateur » (New-York, page spécimen et 3 n°°, du 8 décembre 1860 au 9 février 1861, peut-être a-t-il paru d'autres numéros ?), journal dont les tendances sont également anti-autoritaires, mais qui ne saurait être comparé en rien au « Libertaire ».

V. *Joseph Déjacque, ein Vorläufer des Communistischen Anarchismus*, dans la « Freiheit » (New-York), du 25 janvier au 15 février 1890.

Des extraits de ses écrits sont reproduits dans l'*Histoire du Socialisme*, de B. Malon, dans les suppléments de « la Révolte » et des « Temps Nouveaux » (où se trouvent aussi des extraits de Cœurderoy), etc. Une édition en volume de l'*Humanisphère* et de quelques autres brochures est en préparation.

Claude Pelletier, auteur du système de l'**Atercratie**, dont je ne connais pas les détails.

Dictionnaire socialiste, indiquant les vrais moyens de résoudre le problème social, 3 vol. ou plus, New-York (?), 187?);

Les Soirées Socialistes de New-York. — *Atercratie* (New-York, 1873, nouvelle édition) ;

Petit Dictionnaire Socialiste, dans le « Bulletin de l'Union républicaine de langue française »(New-York, 1874) ;

La Centralisation du mutualisme, brochure publiée en 1848 ou, peut-être, avant cette date.

Les principes libertaires sont encore exprimés, bien que d'une façon plus vague encore, en d'autres publications, par exemple :

L'article *Plus de Gouvernement*, de **Benjamin Colin** (proscrit français), dans « l'Homme » (Londres), du 19 avril 1856 (**Pantocratie**) ;

Les idées du « Club de la Libre Discussion » de Londres, en 1859 et 1860 ; voir « le Libertaire » (New-York), du 12 mai 1859 et 17 août 1860 ;

Les Nationalités considérées au point de vue de la liberté et de l'autonomie individuelle, par un prolétaire (Bruxelles, 1862, 52 pp., in-8°), tiré en partie du « Prolétaire », de Bruxelles, par **Hector Morel**, réimpr. dans le « supplément de la Révolte », vol. II, pp. 256-288 ; du même auteur: *Dialogue entre un anarchiste et un autoritaire*, en quatre articles, dans « la Révolte », du 31 mars au 4 septembre 1888 ; réimpr. dans « l'Insurgé », Lyon, en 1893 ; — trad. italienne dans la « Nuova Gazzetta Operaia », Turin, en 1888-89 ; — deux brochures : *Dialogue entre un anarchiste et un autoritaire* (Publications anarchistes, I, II, Bruxelles, 1891, 32 pp. in-16°) ;

On peut encore citer :

Première lettre à tous les peuples par les bûcherons du désert. Révolution. — Décentralisation (Londres, 16 pp. in-32°, s.a., en 1861). Je ne connais pas la deuxième lettre ; la troisième: *La Liberté ou la Mort*, a été réimprimée dans « l'Etendard révolutionnaire » (Lyon), du 1er octobre 1882 ; je ne sais pas quel est l'auteur ou quels sont les auteurs de ces brochures.

Certains rattacheraient encore à la littérature libertaire quelques brochures publiées par **A. Ranc**, à Lausanne, en 185? : *la Question du Surlendemain*, etc.... Le journal « l'Homme » (Jersey), dans ses n°s du 28 juin et du 5 juillet 1854, a publié des extraits de la *Question du lendemain* (est-ce la brochure de Ranc ?) qui ne peut pas être considérée comme anarchiste.

Ranc a écrit l'article : *Anarchie* de l'*Encyclopédie générale* de L. Asseline (Paris), réimpr. dans le « Glaneur anarchiste » n° 2 (1885).

CHAPITRE VII.

L'Anarchisme allemand de 1840 a 1880.

Max Stirner (Kaspar Schmidt) 1806-1856 : *Der Einzige und sein Eigentum* (Leipzig, O. Wigand, 1845, paru en 1844) ; 2° édition (1882, ib.) ; réimpr. dans « Universalbibliothek », n°ˢ 3057-60 (Leipzig, 1892, en avril, 429 pp., in-16°) ; — extraits allemands dans la « Freiheit » (New-York), 1892 ; — extraits français dans les « Entretiens politiques et littéraires » (en 1892), dans le « Mercure de France » (novembre 1892), etc. Une traduction française est en préparation.

Article : *Recensenten Stirner's* dans « Wigand's Vierteljahrschrift », vol. III (Leipzig, 1845), pp. 147-194, signé M. St. (Stirner) ; article : *Die philosophischen Reactionäre*, dans « Die Epigonen », vol. IV (Leipzig, 1847), pp. 141-165, signé G. Edward (Stirner ; v. lettre d'A. Ruge, du 14 mars 1847 : *A. Ruge's Briefwechsel...* 1886, vol. I).

Stirner se défend contre les critiques de Feuerbach, Hess, Kuno Fischer, etc. V. p. ex. : *Die Auflösung des Einzigen durch den Menschen*, par Mᵐᵉ Bettina von Arnim (« Epigonen », vol. IV, pp. 189-251, 1847) ; *Ueber das « Wesen des Christentums » in Beziehung auf den « Einzigen und sein Eigentum »* (« Vierteljahrschrift », vol. II, pp. 193-205, 1845), non signé (par Feuerbach) ;

Die letzten Philosophen, par Moses Hess (Darmstadt, 1845); *Feuerbach und der Einzige. Die Consequenzen Feuerbach's und ihr Kampf gegen die Kritik und den Einzigen* (non signé), pp. 123-138 du vol. III de la « Vierteljahrschrift » (1845); *Moderne Sophisten*, par Kuno Fischer (« Epigonen », vol. V).

A la critique de Stirner (G. Edward), Fischer a répondu par *Ein Apologet der Sophistik und « ein philosophischer Reactionär »* (« Epigonen », vol. IV, 1847).

V. encore les écrits d'Arnold Ruge, etc.;

Das unwahre Princip unsrer Erziehung oder Humanismus und Realismus, article par Max Stirner, réimpr. dans « Neue deutsche Rundschau » (Berlin), janvier 1895 ;

Kunst und Religion, dans la « Rheinische Zeitung » (14 juin 1842), réimpr. dans le « Magazin für Litteratur » (Berlin), 29 déc., 1894 ;

Ueber K. Rosenkranz' Königsberger Skizzen, publié, je crois, dans la « Rheinische Zeitung » ;

Traductions de J. B. Say et d'Adam Smith (avec notes), à Leipzig (1845-47) ;

Geschichte der Reaction (Berlin, 1852, un vol. in-8°).

Stirner, lui-même, ne prit pas au sérieux un livre individualiste publié à cette époque : *Verstandestum und Individuum*, anonyme (par Schmidt, auteur d'une histoire de la pédagogie?), 1846 ; v. ses remarques, « Epigonen », vol. IV. p. 151.

Un autre ouvrage : *Liebesbriefe ohne Liebe* von **Karl Bürger** (1846), jouit de la même réputation, mais, ne le connaissant pas, je ne puis dire s'il la mérite.

John-Henry Mackay continue, à l'heure actuelle, à professer les idées de Stirner, dont il prépare la biographie ;

Ses poésies : *Sturm* (Zürich, 1889, 2ᵉ édition, XII, 115 pp. ; la 1ʳᵉ édition de 1888 est communiste anarchiste);

Die Anarchisten, Culturgemälde aus dem Ende des XIX. Jahrhunderts (Zürich, 1891, XI, 370 pp., gr. in-8°) ; autre édition (Berlin, 1893, XVI, 285 pp.) ; édition illustrée (Berlin, 1895), la première livraison a été saisie, discontinuée ? ; réimpr. en grande partie dans la « Freiheit » (New-York), 3 oct. 1891, sq.; — traduction française : *Anarchistes. Mœurs du jour*, Paris, 1892 (IX,

417 pp., in-18°) ; — trad. anglaise : Boston, juin 1892, dans « The Anarchist » (Sheffield), 13 mai 1894, sq. (inachevé) ; — trad. hollandaise, Amsterdam, 1896, en cours de publication par livraisons ;

Poésies (extr. de « *Sturm* ») : *Arma parata fero ! Ein sociales Gedicht* (Zürich, 1887, 14 pp.) ; *Der Alte und der Junge*, dans « Anarchistisch-Communistische Bibliothek », n° 3, Londres, 1888, 8 pp.; — trad. hollandaise (Den Haag, 8 pp., s.a.); — trad. tchèque (« Mezdinara Bibliotheka », n° 5, New-York, 1890, 8 pp.) ;

Die Tragœdie von Chicago. Zur Erinnerung an den 11. November 1887 (Cincinnati, 1891, 16 pp., gr.in-8°; tiré de *Die Anarchisten*) ;

Nombre de recueils de poésies et de nouvelles *(Die Menschen der Ehe*, 1892, etc.)

Edgar Bauer : *Der Streit der Kritik mit Kirche und Staat* (édition de Berlin, 1843, complètement saisie ; Berne, Jenni, Sohn, 1844, 287 pp.) ; v. *Pressprocess Edgar Bauer's* (Berne, ib, 1845) et *Die Reise auf öffentliche Kosten* (le transport de l'auteur à la forteresse de Magdebourg, où il fut renfermé après la publication de ce livre anti-étatiste), dans « Die Epigonen » (Leipzig, vol. V. pp. 9-112, 1847).

Traductions allemandes d'écrits de **P. J. Proudhon** :

Was ist das Eigenthum ?... (trad. de F. Meyer), Berne, 1844, in-8°; nouvelle traduction (par A. F. Cohn), Berlin, 1895-96, in-8° ;

Philosophie der Staatsœkonomie oder Nothwendigkeit des Elends (trad. de Karl Grün), Darmstadt, 1847, 2 vol. ; autre traduction : *Die Widersprüche der Nationalœkonomie oder die Philosophie der Noth* (trad. de W. Jordan), Leipzig, 1847, 2 vol. ;

Die französische Februarrevolution. Nach dem franz. des P. J. Proudhon, von Karl Grün (dans : *Die Revolution im Jahre 1848. In zwanglosen Heften*...), Trier, 1848, 1. Heft ;

P. J. Proudhon, Manifest. Einleitung zu der von Proudhon redigierten Zeitschrift « Le Peuple » (Leipzig, 1848, 8 pp.);

Das Recht auf Arbeit, das Eigenthum und die Lösung der socialen Frage (Leipzig, 1849, VIII, 94 pp., du « Repr. du Peuple »);

P.J. Proudhon's neueste Schrift. Theoretischer und praktischer Beweis des Socialismus oder Revolution durch den Credit.

Herausgeg. von Theodor Opitz (Leipzig, 1849, 84 pp.) ; Œuvres, vol. 18, pp. 1-50 ;

Die Volksbank, Eingeleitet, übersetzt und erläutert von Ludwig Bamberger (Frankfurt a. M., 1849, 42 pp.) ;

Ausgewählte Schriften, Band I: Bekenntnisse eines Revolutionärs. Herausgeg. von Arnold Ruge (Leipzig, 1850, VIII, 328 pp.) ; *Band II: Revolutionäre Ideen*, mit einem Vorwort von Alfred Darimon (ib., 1850, XXX. 274 pp.) ;

Die sociale Revolution durch den Staatsstreich am 2. December erwiesen (Bremen, 1852, X. 235 pp. ; 2ᵉ édition, ib. 1871) ;

Die Gerechtigkeit in der Revolution und in der Kirche (traduction de Ludwig Pfau, Hamburg, 1858, 2 vol.) ;

Die literarischen Mjurate.... (Leipzig, 1832) ;

Kapital und Zins. Die Polemik zwischen Bastiat und Proudhon. Mit Einleitung und Uebersetzung herausgeg. von Dr. Arthur Mülberger (Iena, 1895, VIII. 232 pp.).

Napoleon I (dans « Neue Freie Presse », de Vienne, 9 et 10 octobre 1895).

V. encore l'article de H.B. Oppenheim : *P.J. Proudhon's Philosophie der Gesellschaft*, dans « die Opposition », 1846, etc.); le livre de Marx, *La misère de la philosophie* (Bruxelles, 1847, contre Proudhon), etc.

Plus tard le docteur **Arthur Mülberger** s'est occupé beaucoup de faire connaître Proudhon en Allemagne. Cf. *Von und über Proudhon* (dans « Die Wage », Berlin 1878-79); *Die Theorie der Anarchie* (dans « Die Neue Gesellschaft », Zürich, mars 1878, pp. 291-311 ; suivie d'articles de polémique socialiste par Geel et J. Franz); *Eine deutsche Schrift über Proudhon* (« Frankfurter Zeitung », Beilage, 13 novembre 1881), etc. ; *Studien über Proudhon* (Stuttgart, 1891, 171 pp., in-8°) ;

Cet auteur a encore publié :

Zur Wohnungsfrage (Leipzig, 1872, 28 pp.), suivi d'une brochure de polémique marxiste par F. Engels (*Zur Wohnungsfrage;* réimpr. avec additions dans « Socialdemokr. Bibliothek », n° 13, Zürich, 1887, 72 pp.) ;

Article: *Der Socialismus und das Landvolk* (dans «Die Zukunft», Berlin, 1877, suivi d'une polémique soulevée par A. Bebel);

Zur Kenntniss des Marxismus. Kritische Skizzen (Stuttgart, 1894, VI, 47 pp.);

Der Irrtum von Karl Marx. Aus Ernst Busch's Nachlass, herausgeg. von D^r. Arthur Mülberger (Basel, 1894, 59 pp.), a été écrit pour faire connaître l'œuvre d'**E. Busch** qui, de lui-même, arriva à quelques unes des conclusions de Proudhon (voir ses brochures: *Die sociale Frage und ihre Lösung* (Berlin) et: *Ursprung und Wesen der wirthschaftlichen Krisis....* (Leipzig, 1892);

B. R. Tucker: la propagande tuckerienne en langue allemande a, jusqu'ici, produit:

Libertas (Boston), mars à septembre 1888, 8 n^{os} (publié par B. R. Tucker, G. et E. Schumm);

Staatssocialismus und Anarchismus.... par Benj. R. Tucker (Berlin, 1895, 16 pp.), traduction de la brochure anglaise, publiée par les éditeurs de la nouvelle traduction de *Qu'est-ce que la propriété?* (Berlin, 1895-96).

Moses Hess, K. Gruen, W. Marr.

Moses Hess (1812-1875): Articles: *Socialismus und Communismus. Vom Verfasser der Europæischen Triarchie* (dans «Einundzwanzig Bogen aus der Schweiz», publié par G. Herwegh, Zürich et Winterthur, 1843, pp. 74-91);

Philosophie der That (ib., pp. 309-331).

Ses opinions sont déjà modifiées dans: *Ueber die socialistische Bewegung in Deutschland* («Neue Anecdota», Darmstadt, 1845, pp. 188-227, mai 1844); *Ueber das Geldwesen* (dans «Rheinische Jahrbücher für gesellschaftliche Reform», Darmstadt, 1845, vol. I., pp. 1-34).

Karl Grün (1813-188?), auteur de: *Die Sociale Bewegung in*

Frankreich und Belgien (Darmstadt, 1845, VI, 371 pp., histoire du socialisme contemporain) et de plusieurs autres écrits publiés, vers cette époque, dans les revues socialistes allemandes. Cf. aussi l'article : *Communismus, Socialismus, Humanismus,* par Hermann Semmig (dans «Rhein. Jahr., etc.», vol. I, pp. 167-174), etc., ainsi que les indications fournies sur ces différents auteurs par le professeur G. Adler dans son livre sur le premier mouvement socialiste en Allemagne; v. aussi : *Die Eine und ganze Freiheit!* dans le recueil cité de Herwegh, pp. 92-97.

Dès 1843, il se forma parmi les ouvriers allemands de la Suisse romande un mouvement d'opposition contre le communisme de Weitling, autoritaire et — tout au moins comme moyen de propagande — enveloppant ses principes de la phraséologie religieuse et chrétienne. Ce mouvement, libertaire et athée, forma la soi-disant Jeune Allemagne

Cf. *Das Junge Deutschland in der Schweiz. Ein Beitrag zur Geschichte der geheimen Verbindungen unserer Tage* von **Wilhelm Marr** (Leipzig, 1846, 364 pp.).

Du même auteur : *Der Mensch und die Ehe vor dem Richterstuhl der Sittlichkeit...* (Leipzig, 1848, 336 pp.) ;

Anarchie oder Autorität? (Hamburg, 1852, IV. 132 pp.).

L'organe de ce mouvement fut : *Blätter der Gegenwart für sociales Leben* (Lausanne, décembre 1844 à 1845, 8 n⁰ˢ mensuels).

Cf. encore : *Rapport général adressé au Conseil d'État de Neuchâtel sur la propagande secrète allemande et sur les clubs de la Jeune Allemagne en Suisse.* Imprimé par ordre du gouvernement (Neuchâtel, 1845) ; *Die geheimen Verbindungen in der Schweiz seit 1833...*(Basel, 1847, VII, 152 pp.) ; Amédée Hennequin : *Etudes sur l'Anarchie contemporaine. Le Communisme et la Jeune Allemagne en Suisse* (Paris, 1850, IV, 144 pp.) ; enfin les livres de G. Adler et de E. Kaler (*Wilhelm Weitling*, dans « Socialdemokr. Bibliothek », n° 11, Zürich, 1887, 104 pp.) et — sur Weitling principalement — : *Die Communisten in der Schweiz nach den bei Weitling vorgefundenen Papieren* (publié par Bluntschli, pour le gouvernement de Zürich, Zürich, 1843, 130 pp. ; édition française, Lausanne, 1843).

Il faudrait, pour être complet, signaler les théories communalistes que, à une certaine époque, manifesta **Eugen Dühring**, bien qu'il ne devint jamais libertaire.

Voir aussi les brochures : **Abraham Ensz**, *Engel's Attentat auf den gesunden Menschenverstand...* (Genève, 1877) ; la revue *Der Antikrat*, du même, qui dégénéra en organe antisémite, et la brochure d'un *dühringien* libertaire : *Der freiheitliche Socialismus im Gegensatz zum Staatsknechtsthum der Marxisten...* von **D**[r] **Benedict Friedländer** (Berlin, 1892, 125 pp., in-8°) ; plusieurs articles du même auteur, sur le même sujet, ont été, vers cette époque, publiés dans le « Socialist » de Berlin. L'organe actuel de cette école est *Der moderne Völkergeist* (Berlin, 1894 sq.).

CHAPITRE VIII.

Michel Bakounine.

Je m'abstiendrai de donner l'énumération complète des écrits publiés par Bakounine avant son séjour en Italie (1863), je citerai seulement l'introduction à une traduction de quelques discours de Hegel, du *Moskovskii Nabliudatel*, de 1836 ; *Die Reaction in Deutschland. Ein Fragment von einem Franzosen* (Jules Elysard), dans « Deutsche Jahrbücher... » (1842, 17-21 octobre) ; l'article sur le communisme du « Schweizerischer Republikaner ». de Zürich, de 1843 ; la lettre à Ruge, dans « Deutsch-Französische Jahrbücher » (Paris, 1844) ; le discours prononcé à la réunion polonaise du 29 novembre 1847 à Paris (éditions françaises, allemandes, polonaises) ; les *Grundlagen der neuen slavischen Politik*, dans des journaux polonais et tchèques de 1848 et le « Cech », de Genève, de novembre 1861 ; le *Aufruf an die Slaven* (Koethen, 1849 ; — trad. polonaise et tchèque) ; *A mes amis russes et polonais* (de 1862, publié d'abord, en russe, dans le « Kolokol », du 15 février 1862) ; la brochure *Narodnoe Dyelo* (Londres, 1862) ; les lettres et discours dans le *Aftonbladet* de Stockholm (trad. suédoise ; texte français dans la « Cloche », de Bruxelles), etc.

En outre de tous ces écrits et de bien d'autres encore, il a été publié des lettres de Bakounine datant de cette époque. Le plus grand nombre — en petite partie réimprimé de « Volnoe Slovo » (Genève) et « Russkaia Mysl » (de Moscow) — se trouve dans une édition russe de Genève (qui est encore en préparation) et dont la traduction allemande a paru, en mai 1895, sous le titre : *Michail Bakunin's Socialpolitischer Briefwechsel mit Alexander Iw. Herzen und Ogarjow* (édition de feu M. Dragomanov), CX, 420 pp. ; — trad. française (en partie) dans la « Société Nouvelle » de 1895, et (complète) à Paris, (1896) ; l'introduction biographique de Dragomanov ; — traduction française (par Marie Stromberg) : « Revue Socialiste », Paris, novembre et décembre 1895.

De 1853 datent les écrits purement anarchistes de Bakounine ; une grande partie, qui se compose surtout de lettres, en est encore inédite.

Je citerai d'abord *les Déclarations de principes de la Fraternité internationale* (nombre de manuscrits), des articles du « Popolo d'Italia » (en 1865) et d'autres articles, sur la question slave, que je n'ai pas vus, publiés dans « Libertà e Giustizia », de Naples, en 1866 ou 1867.

Dans l'énumération suivante, j'ai noté seulement les écrits principaux, donnés par Bakounine, depuis sa rentrée dans le mouvement révolutionnaire actif au Congrès de la Paix et de la Liberté, à Genève (septembre 1867) :

Discours de Bakounine au Congrès de Genève (« Annales du Congrès de Genève », Genève, 1868, in-8°), pp. 187-191 ; v.p. 186, n. 2 ;

Fédéralisme, Socialisme et Antithéologisme. Proposition motivée au Comité Central de la Ligue de la Paix et de la Liberté, ouvrage dont l'impression fut commencée en 1867-68, à Berne, mais non achevée ; publié dans : *Michel Bakounine, Œuvres...* (Paris, 1895, pp. 1-205 ; v.pp. XXIV-XXVIII) ;

Lettre d'adhésion, publiée dans le n° spécimen de « la Démocratie » de Ch. L. Chassin (Paris, 1868), renfermant son programme ; des extraits ont paru dans le « Kolokol » français (Genève, du 15 juin 1868) ;

Discours au Congrès de Berne, de la Ligue de la Paix et de la Liberté (septembre 1868), dans les « Annales du Congrès » (je ne les ai pas vues) ; ces discours ont été publiés dans le « Kolokol » français (Genève), du 1er décembre 1868, et l'un seulement dans la brochure : *Discours prononcés au Congrès de la Paix et de la Liberté à Berne* (1868) par MM. **Mroczkowski** (Ostroga) et **Bakounine** (Genève, 1869, 23 pp. in-8°) ; les autres sont réimprimés dans le *Mémoire adressé par la Fédération jurassienne...* (Sonvillier, 1873), pièces justif.,pp.20-38 ; — trad.russe : *Istoritcheskoe Razvitie Internacionala* (Zürich, 1873) pp. 317-365 ; — trad. italienne dans Costa : *Vita di Miche'e Bacunin* (Bologna, 1877), pp. 19-38 (extraits) ;

Dans « Narodnoe Dyelo » (journal russe : la Cause du Peuple), n°1, du 1er septembre 1868 : *Neobchodimoe obiasnenie* (pp. 1-6) et *Postanovka revoliucionnych voprosov. Statia pervaia. Nauka i Narod* (la Science et le Peuple), pp. 12-24 ;

Programme de l'Alliance de la Démocratie socialiste (réimpr. p. ex. dans le *Mémoire*, p. just., pp. 39-40) et diverses autres déclarations de principes etc. (manuscrits), dont quelques unes ont été éditées dans la brochure marxiste : *l'Alliance de la Démocratie socialiste et l'Association Internationale des Travailleurs* (Londres, 1873, 137 pp.) ; — trad. allemande : *Ein Complott gegen die I.A.A.* (Braunschweig, 1874, 119 pp.).

Pour juger convenablement ces déclarations, il faut consulter divers manuscrits d'une époque antérieure ainsi que d'autres lettres et manuscrits publiés ou inédits ; v. surtout le chapitre *Internacionalnyi Soiuz socialnych revoliucionerov* de *Istor.R.Int.* (pp. 301-317) et certaines parties de *Gos. i Anarchiia* ;

L'Association internationale des Travailleurs de Genève aux ouvriers d'Espagne (2 pp. in-4°, Genève, le 21 oct. 1868) ; — trad. allemande : *Vorbote* (Genève), novembre 1868 ; réimpr. *Mémoire*, p. just., pp. 40-45 ;

Discours dans une réunion publique de Genève, le 23 novembre 1868, rapporté dans la « Liberté » (Genève), du 5 décembre 1868 ; *Conférence donnée à la section du Locle*, rapportée dans le « Progrès » (du Locle), du 1er mars 1869 ; *Discours au meeting du Crét-du-Locle*, du 30 mai 1869 (V. le « Progrès » et le *Mémoire*, p. just. pp. 62-63) ;

Aux Compagnons de l'Association internationale des Travailleurs du Locle et de la Chaux-de-Fonds, série de lettres publiées dans le « Progrès » (du Locle), du 1er mars au 2 octobre 1869 ;

réimpr. dans *Œuvres...* (Paris, 1892), pp. 207-260 ; — trad. russe, « revue et augmentée par l'auteur », dans *Istor. Razvitie Internacionala* (1873), pp. 98-135 ; — trad. espagnole dans « El Esclavo », de Tampa, Florida, du 5 juin au 3 juillet 1895 ;

Nyeskolik slov k molodym bratiam v Rossii (vtoroi ottisk, Genève, 1869, 4 pp., in-8°, seconde édition russe); — trad. française : *Quelques paroles à mes jeunes frères en Russie* (Genève, mai 1869); dans la « Liberté » (de Bruxelles), du 5 septembre 1869 et, en 8 pp. in-8° (Bruxelles, impr. de Brismée) ; — trad. allemande dans le « Volksstaat », de 1839.

Quant aux publications russes non signées parues à Genève, en 1839, telles que : *Postanovka revoliucionnago voprosa* (4 pp., in-8°), etc., je pense qu'il vaut mieux — jusqu'à preuve du contraire — les attribuer à **S. G. Netchaev**. Il convient surtout de se tenir en garde contre les soi-disant extraits publiés entre « guillemets », par la brochure marxiste *l'Alliance...* (1873). Comme ils abondent en transpositions arbitraires, en omissions, parfois même en additions, et que les catalogues de la librairie officielle du parti socialiste allemand attribuent à Marx lui-même cette brochure anonyme, publiée par une commission nommée par la majorité du Congrès de la Haye (1872), ces extraits ne semblent pouvoir être considérés que comme une contribution curieuse à la question de l'exactitude des citations dans les œuvres de Marx, question qui a été soulevée par une brochure intitulée *Wie Carl Marx citirt ?*

Bakounine publia alors de nombreux articles et séries d'articles dont plusieurs dans l'« Egalité » (de Genève), notamment : *Les Endormeurs* (26 juin au 24 juillet) ; *La Montagne* (du 10 au 17 juillet); *Le Jugement de M. Coullery* (31 juillet au 21 août); *l'Instruction intégrale* (31 juillet au 21 août); *La politique de l'Internationale* (du 7 au 14 août) ; le *Rapport genevois au Congrès de Bâle sur la question de l'héritage*, etc., réimpr. en partie dans le *Mémoire*, p. just. pp. 68 sq. ; — trad. russe dans *Istor. Razvitie Int.* ; la *Politique de l'Internationale*, réimpr. dans l'« Internationale » (de Bruxelles) et la « Federación » (espagnole, de Barcelone);

Discours au Congrès de Bâle, de l'Internationale, v. le *Compte-rendu du Congrès* (Bruxelles 1839) et l'« Égalité », de Genève, n° 37, de 1839 ;

K officeràm russkoi armii (Genève, janvier 1870) ;

Vsesvyetnyi revoliucionnyi soiuz socialnoi democracii, russkoe otdyelenie — K russkoi molodeji (A la jeunesse russe), première livraison (Genève, 1870, 32 pp., in-8°) ; nouvelle édition, Genève (Elpidine), 1888, in-16° ;

Nauka i nasustchnoe revoliucionnoe dyelo (La Science et la Révolution), Genève, 1870, 32 pp., in-8° ;

Lettres sur la mort d'Alexandre Herzen et sur le mouvement révolutionnaire en Russie (ces dernières adressées au citoyen Liebknecht, rédacteur en chef du « Volksstaat »), dans « la Marseillaise » (Paris), du 2 mars et 24 avril 1870 ;

Les Ours de Berne et l'Ours de Saint-Pétersbourg. Complainte patriotique d'un Suisse humilié et désespéré (Neuchâtel, 1870, 45 pp.) ;

Article dans le « Kolokol » (russe), d'avril et mai 1870 (Genève) ;

Lettres à un Français sur la crise actuelle. Septembre 1870 (Neuchâtel, 43 pp. in-8°) ; la suite est restée inédite.

Pendant l'hiver de 1870-71, Bakounine continuait à formuler ses idées sur la situation créée par la guerre franco-allemande et, reprenant son *Antithéologisme* resté inédit, il exposait ses idées philosophiques générales dans un ouvrage dont la première partie est :

L'Empire Knouto-germanique et la Révolution sociale. Première livraison (Genève, 1871, 119 pp., mai 1871) ;

De la suite : *Sophismes historiques de l'école doctrinaire des communistes allemands*, dix pages du manuscrit ont été composées mais non publiées ; du même manuscrit a paru :

Dieu et l'État (Genève, Impr. jurassienne, 1882, 90 pp. ; préface de Carlo Cafiero et d'Elisée Reclus) ; réimpr. Paris (au bureau de la « Révolte »), 1893, 100 pp. in-8° ; — trad. italienne : *Dio e lo Stato* (« Biblioteca Popolare Socialista », n° 6, Milano, Fantuzzi, 1893, 158 pp., in-16°) ; — trad. espagnole : *Dios y el Estado*, dans « Revista social » (Madrid), 28 février sq., 1884 ; dans la « Bandera roja » (Madrid), 15 juin, sq., 1888 ; en brochure (Madrid, 188?, 87 pp. ; trad. de R. M [ella] et E. A [lvarez]) ; — extraits portugais: *O sentido em que somos anarquistas* (« Propaganda anarquista », n° 2, Lisboa, mars 1895, in-16°) ; — traduction roumaine : *Dumnezeu si Stàtul* (Foksani, 1884, in-8°) ; — trad. allemande : *Gott und der Staat* (Philadelphia, 1884, Verlag der Gruppe II, I.A.A.); dans la « Freiheit » du 2 mai au 13 juin 1891 ; dans «Internationale Bibliothek », n° 17 (New-York, 1892, 48 pp., in-8°) ; dans « Freidenker-Bibliothek », n° 1 ; des extraits, à Berlin (1893, 20 pp., publication du « Socialist ») ; — trad. anglaise : *God and the State...*, translated... by Benj. R. Tucker. (Boston, 1883, 52 pp. ; l'édition de Tunbridge Wells, 1883, 52 pp., est la même) ; réimpr. dans le « Commonweal », 28 août au 4 septembre 1892 (incomplet) et en brochure, London, Office of the « Commonweal », 1894, 54 pp., in-8°; nouvelle édition américaine à Colombus Junction, Iowa, (« Liberty Library », n° 2, février 1896, 40 pp., in-8°) ; — trad. hollandaise : *God en de Staat* (« Radicale Bibliotheek », n° 1, Amsterdam, 1888, 102 pp.) ; — trad. polonaise : *Bóg i panstrov* (« Bibliotheka Walki Klas », I, Miscellanea, 1re série, Genève, 1889, pp. 1-58, in-8°) ; — trad. tchèque : *Bùh a Stat* (dans «Dèlnické Listy », New-York, 18 janvier 1896, sq.) ;

Une fraction du reste du manuscrit a été publiée d'abord en anglais : *God and the State. Extracts from unedited manuscripts* (dans « Liberty », Londres, mars à septembre 1894) ; plus complet en français, dans *Œuvres...* (Paris, 1895, pp. 263-320) ;

Pour l'historique du manuscrit voir *Appendix* (pp. 52-54) de l'édition anglaise de 1894 (traduction française dans la « Liberté », de Buenos-Ayres, de 1894) et *Œuvres...* (1895), pp. XXVIII-XXXVIII ;

Trois conférences données par Bakounine dans la section centrale du district de Courtelary (Jura), en mai 1871, publiées dans la « Société Nouvelle » en 1895, mars (pp. 285-301) et avril (pp. 449-460) ; — trad. espagnole dans « El Esclavo » de Tampa, Florida (1895) ; — trad. allemande dans la « Freiheit » (New-York), du 16 mars au 6 avril 1895 *(Drei Vorträge Michael Bakunin's...)*; — trad. tchèque *(Tri prèdnaski M. B...)* dans « Dèlnické Listy »

(New-York, 22 juin sq., 1895) et en brochure (New-York, 1895, 37 pp., in-8°, « Dělnická Knihovna », n° 1) ;

La Commune de Paris et la notion de l'État (fin de juillet 1871), dans le « Travailleur » (Genève, avril-mai 1878, pp. 6-15); nouvelle édition dans les « Entretiens politiques et littéraires » (Paris, vol. V, n° 29, août 1892, pp. 59-70) ; réimpr. dans l'« Homme Libre » (Bruxelles), en 1892 ; — trad. russe : *Parijkaia Kommuna i poniatie o gosudarstvennosti*, dans « Obchtchina » (Genève, mai 1878, pp. 6-10, juin-juillet, pp. 7-9) ; en brochure, avec une lettre de P. Kropotkine dans « Anarchitcheskaia Bibliotheka » (Genève, 1892, 20 pp.) ; — trad. bulgare de D. Bran, dans « Bulgarska Socialistitcheska Biblioteka », n° 7 (Sofia, 1892, 34 pp., in-8°) ;

Réponse d'un International à Mazzini (« Liberté », de Bruxelles, 18 et 19 août 1871 ; pp. 3-17 de la *Théologie politique*...);—*Risposta d'un Internazionale a Giuseppe Mazzini per M. Bakounine* (brochure parue en août 1871, comme supplément au « Gazzettino Rosa », de Milan) ;

La Théologie politique de Mazzini et l'Internationale (Neuchâtel, 1871, 111 pp., in-8°) ; — trad. italienne : *La Teologia politica di Mazzini e l'Internazionale*, dans « Lo Schiavo » (Nice, 1887, 8 oct., etc.) et l'« Operaio » (Tunisie), 8 mai 1888 sq. (inachevé) ; — trad. allemande dans « Freiheit » (New-York, du 20 juin au 20 août 1891) ; — trad. anglaise dans « Liberty » (Boston), en 1887 ;

Risposta all' Unità Italiana per M. Bakounine, dans « Gazzettino Rosa » (de Milan), du 10 au 12 octobre 1871 ;

Circulare. Ai miei amici d'Italia in occasione del Congresso operaio convocato a Roma pel 1 novembre 1871 dal Partito Mazziniano, dans le « Paria » (Ancona), I. 13, 17 août 1885 sq.; en brochure : *Il Socialismo e Mazzini : lettera agli amici d'Italia* (Ancona, 1885, 103 pp.) ; réimpr. dans le « Nuovo Combattiamo » (Gênes), 17 août 1889 sq. ; dans « Lavoriamo » (Buenos-Aires), déc. 1891 - janvier 1893 (inachevé) ;

Lettre (sur la mort de Mazzini et la situation en Italie) *à Celso Cerretti*, de mars 1872, dans la « Société Nouvelle », février 1896, pp. 175-199 ;

Organisation de l'Internationale, dans l'*Almanach du peuple pour 1872* (Neuchâtel, pp. 12-24 ; il en existe deux éditions, plus une avec couverture de Bruxelles, *Simples questions sociales*...) ; réimpr. dans la « Science populaire » (Verviers), 8 décembre 1872 ; — trad. italienne dans la « Questione sociale » (Florence), n° 6, du 27 janvier 1884 ;

Lettre sur la circulaire privée du Conseil général de l'Internationale (Locarno, 12 juin 1872), dans le « Bulletin » (jurassien) du 15 juin 1872 ; pp. 11-16 de la brochure : *Réponse de quelques internationaux, membres de la Fédération jurassienne, à la Circulaire privée du Conseil général de Londres* (Extrait du « Bulletin »....), 45 pp., in-8° ;

Mémoire sur l'histoire de l'Alliance de la Démocratie socialiste, dans le *Mémoire* (jurassien), pièces just., pp. 45-58 ;

Programme de la Section slave de Zurich (publié dans l'*Appendix* de *Gos. i Anarchiia*, pp. 22-24) ; le programme plus intime de la « Fraternité slave » forme la base de la brochure *K russkim revoliucioneram*, de Genève (1873) ;

Program towarzystwa polskiego socialnorewolucyjnego w Zurychu (1 p., 4°, s.a.s.l.); édition française dans le « Bulletin » du 27 juillet 1872, v. aussi : Dragomanov, « Revue socialiste » (Paris), 5 sept. 1880 et *Volnoe Slovo* (Genève), 25 oct. 1881 ;

Gosudarstvennost i Anarchiia. Vvedenie. 1re Partie. 1873 (308 pp. et 24 pp. d'*Appendix*, in-8°), dans *Izdaniia socialno-revoliucionnoi partii*, vol. I ; — extraits français : *le Gouvernementalisme et l'Anarchie*, dans l' « Avant-Garde » (Chaux-de-Fonds) du 10 février au 21 octobre 1878 ;

A la rédaction de la « Liberté » (de Bruxelles), 5 octobre 1872, publiée dans la « Société Nouvelle » de juillet-août 1894, pp. 5-31 ; — trad. allemande dans le « Socialist » (Berlin), 1894, 29 sept. sq.;

Lettre sur la brochure marxiste l'« Alliance... », au « Journal de Genève » (25 sept. 1873), réimpr. dans le « Bulletin » (jurassien), du 12 oct. 1873 ;

Lettre *« aux Compagnons de la Fédération jurassienne »*, dans le « Bulletin » (jurassien), du 12 oct. 1873 ;

En dehors des lettres à Herzen, Ogarev, Talandier, etc., publiées par Dragomanov (1895) et de nombreuses correspondances restées inédites, des lettres et des articles épars se trouvent encore dans quelques journaux tels que « Rzeczcspospolita Polska », « Progrès », « Tagwacht », etc., ou dans des publications émanées d'adversaires comme la brochure *l'Alliance*, un livre d'O. Testu, etc.; enfin, divers fragments inédits ont paru, depuis 1891 et 1892, dans le Supplément de la « Révolte », la « Zukunft » (Vienne) et la « Lotta sociale » (Milan).

Les documents relatifs à la vie de Bakounine sont assez difficiles à rassembler : ceux qui possèdent une importance réelle sont dispersés en d'innombrables publications de tous genres et de tous pays et, pour la plupart, les articles ou brochures s'occupant spécialement de lui ne donnent que fort peu de renseignements exacts et n'ont donc qu'une très faible valeur biographique.

Cependant, on peut citer :

M. Bakunin i polskoe dyelo, par A. Herzen (« Sbornik posmertnych statii » (Genève, 1870, pp. 179-206) — désapprouvé par Bakounine dans une lettre à Ogarev ; v. aussi *M. A. Bakunin*, dans le « Kolokol » (Londres), du 15 janvier 1862 ; — trad. anglaise dans la « Cosmopolitan Review », Londres, 1er févr. 1862 ;

Erinnerung an Michael Bakunin, par Arnold Ruge (« Neue Freie Presse », Vienne, 28 et 29 sept. 1876) ;

Une page de la vie de Bakounine, par Ch. Alerini (« Bulletin jurassien », 1er octobre 1876) ;

Vita di Michele Bacunin, par Andrea Costa (« Biblioteca del Martello », vol. 1 ; Bologna, 1877, 48 pp., in-8°, inachevé) ;

Polska expeditionen och Bakunin i Stockholm (« Ryska Afslöjanden », Stockholm, en 1885 (?), pp. 130-201) ;

Notes sur Bakounine (un article de F. Turati du « Sperimentale », etc., publiées par E. Darnaud, Foix, 1890 (?), diverses éditions, septième mille, 14 pp., in-8°) ;

Michael Bakounine, by Henry Seymour (London, 1888, 8 pp., in-8°), est tiré en grande partie de E. de Laveleye (« Revue des deux Mondes », 1880, etc.).

Zur Biographie Bakunin's (« Freiheit », New-York, janvier-avril 1891) ; — trad. tchèque dans « Dělnické Listy » (New-York,

1895) et en une brochure : *Zivitopis Bakuninuv* (ib.), attribuée à J. Nekvasil, tandis qu'elle n'est qu'une traduction de la « Freiheit » de 1891 ;

Michel Bakounine, par A. Matthey (Arthur Arnould), dans la « Nouvelle Revue » (Paris, 1ᵉʳ août 1891, pp. 589-603) ;

Bakounine, par Adolphe Reichel (31 juillet 1892 ; supplément de la « Révolte », 25 novembre au 2 décembre 1893) ; — trad. espagnole dans le « Derecho à la vida » (Montevideo), en 1895 ;

Extrait de « *Vospominaniia Vl. Debagorio - Mokrievitcha* », 1ʳᵉ livraison (Paris, 1894, 111 pp.) dans la « Revue Blanche », 1ᵉʳ novembre 1895 (Souvenirs de D. M. sur Bakounine) ;

Introduction biographique à la Correspondance de Bakounine et Herzen, par M. Dragomanov ; édition allemande (Stuttgart, mai 1895, CX pp.) ;—trad. française : *Michel Bakounine et son action politique en Europe. Esquisse et notes biographiques* (dans la « Revue Socialiste », novembre 1895, pp. 549-569 ; décembre, pp. 672-679) ; etc. ;

Il a paru en volumes :

Michel Bakounine. Œuvres. Fédéralisme. Socialisme et Anti-théologisme. Lettres sur le Patriotisme. Dieu et l'Etat (Paris, 1895, en mars, XL, 326 pp., in-18°) ;

Michail Bakunin's Socialpolitischer Briefwechsel mit... Herzen und Ogarjew.... (Stuttgart, CX, 420 pp., in-8°, 1895, en mai); l'édition du texte russe original est en préparation ; — traduction française : *Correspondance de Michel Bakounine. Lettres à Herzen et à Ogarov* (Paris, 1896).

Est également en préparation une biographie, basée, en partie, sur des documents et des renseignements inédits ; la 1ʳᵉ partie, — renfermant le fragment autobiographique : *Histoire de ma vie*, par Bakounine — l'histoire de son enfance — paraîtra en édition polygraphiée de 50 exemplaires (en langue allemande).

CHAPITRE IX.

Le Collectivisme dans l'Internationale.
Les Congrès de l'Internationale. — Le Communisme-Anarchiste.

L'Internationale se refusa bientôt à adopter les théories mutuellistes et communistes autoritaires et, laissant de côté ces idées proudhonniennes et marxistes, elle chercha à élaborer une synthèse entre le mutuellisme et le collectivisme où le collectivisme serait considéré comme la base d'un système d'échanges qui garantirait à chacun le produit intégral de son travail, en dehors de toute autorité, de toute centralisation, de tout Etat. Bakounine, de Paepe et Varlin étaient les principaux représentants de cette conception que l'on appela alors le « collectivisme révolutionnaire » et qui est désignée aujourd'hui sous le nom de **collectivisme anarchiste**. Battus ainsi sur le terrain théorique, les marxistes le furent encore dans la question d'organisation et, depuis le Congrès de Saint-Imier (septembre 1872), l'Internationale devint un groupement anti-autoritaire.

Pour l'histoire de ce développement de l'Internationale voir d'abord : *Mémoire adressé par la Fédération jurassienne de l'Association internationale des Travailleurs à toutes les Fédérations de l'Internationale* (Sonvillier, 1873, en avril, 285 et 139 pp., in-8°) ; puis les journaux jurassiens et belges, les comptes-rendus des Congrès, etc. ; d'importants articles ont été réimprimés dans *Istoritcheskie razvitie Internacionala...* (Zürich, 1873, en russe);

Cf. aussi : *Notes sur le Mouvement. Résumé du Mémoire de la Fédération jurassienne*, de « *l'Avant-Garde* », du « *Révolté* » et de la « *Révolte* » (Foix, août-octobre 1891 ; 58, 76 et 67 pp., in-8°, publication d'Emile Darnaud).

Congrès de l'Internationale.

Rapports sur la question de la coopération, du crédit mutuel et du travail des femmes, présentés au Congrès de Lausanne (Chaux-de-Fonds, 1867, 36 pp., in-12°); extr. du compte-rendu officiel du Congrès de Lausanne (par César de Paepe) ;

Troisième Congrès de l'Association internationale des Travailleurs. Compte-rendu officiel (Bruxelles, septembre 1868, supplément au journal le « Peuple belge », 6 sept., etc., in-fol.) ;

Mémoire sur la propriété terrienne, présenté au Congrès de Bruxelles (Bruxelles, 1868, 30 pp., in-12° ; extr. du *Compte-rendu officiel*), par César de Paepe ; — trad. allemande et anglaise ;

Rapport sur les Grèves et les « Trades-Unions »..., du même auteur (ib., 24 pp., in-12°, extr., etc.) ; — trad. allemande et anglaise ;

Compte-rendu du IV° Congrès international, tenu à Bâle, en septembre 1869 (Bruxelles, 1869, XVI, 175 pp.); — *Verhandlungen des IV. Congresses...* (Bâle, septembre 1869, in-8°, bulletins quotidiens) ; — *Report of the furth Annual Congress...* (Londres, 36 pp., in-8°) ;

Mémoire sur la propriété terrienne, présenté au Congrès de Bâle (Bruxelles, 1869, 16 pp., in-12°). Extr. du *Compte-rendu officiel* (par César de Paepe); réimpr., ainsi que le *Mémoire* de 1869, dans la « Revue socialiste » (Paris), juin 1889 et en brochure

(Paris) ; — trad. italienne, espagnole, allemande, anglaise ;

Rapport sur la question de l'héritage, présenté au Congrès de Bâle (ib., 10 pp., in-12°), par César de Paepe : Extr., etc. ; — trad. italienne, espagnole, anglaise et allemande ;

V. la polémique poursuivie au sujet du collectivisme entre l' « Internationale » et la « Liberté » de Bruxelles, après le Congrès de Bâle ; v. aussi l' « Egalité » et le « Progrès », sur la propagande libertaire faite, à cette époque, par Bakounine et les Jurassiens ;

Circulaire à toutes les Fédérations de l'Association Internationale des Travailleurs ; Sonvillier, le 12 novembre 1871 ; Les délégués au Congrès de la Fédération Jurassienne (suivent les signatures) ; 2 pp., in-4°, s.l., réimpr. dans la « Révolution Sociale » (Genève), 14 décembre 1871 ; dans le *Mémoire*, pp. 227-233, etc.;

Réponse de quelques Internationaux, membres de la Fédération Jurassienne à la Circulaire privée du Conseil Général de Londres. Extrait du « Bulletin »... du 15 juin 1872 (45 pp. in-8°) : réponse à la brochure : *Les prétendues scissions*.... (Genève, 1872, en mai, 39 pp., in-8°) ;

Sur le Congrès de la Haye, v. surtout la « Liberté » (Bruxelles), 8 et 15 septembre ; le « Bulletin », du 1er octobre 1872 ;

Sur le Congrès de Saint-Imier, voir le « Bulletin », du 1er octobre 1872 ;

Compte-rendu Officiel du VIe Congrès général de l'Association Internationale des Travailleurs, tenu à Genève, du 1er au 6 septembre 1873 (Locle, 1874, 119 pp.) ;

Compte-rendu officiel du VIIe Congrès de l'Association Internationale des Travailleurs, tenu à Bruxelles, du 7 au 13 septembre 1874 (Verviers, 1875, 222 pp.) ; ce compte-rendu contient pp. 74-163, le rapport de César de Paepe sur les services publics dans la société future (traduit en plusieurs langues, russe, etc.), qui n'est plus anarchiste ; de même le rapport genevois sur cette question : « Par qui et comment seront faits les services publics dans la nouvelle organisation sociale ? » publié dans le *Compte-rendu* et en brochure (Genève, 1874, 31 pp.) ne peut, non plus être considéré comme anarchiste ;

Manifeste adressé à toutes les Associations ouvrières et à tous les Travailleurs par le Congrès général de l'Association Internationale des Travailleurs, etc. ; signé : Pour le Congrès, les secrétaires : Adhémar Schwitzguébel, J. N. Demoulin (Verviers, 17 pp., in-8°) ; — réimpr. dans l'« Ami du Peuple » (Liége), 11 oct. 1874, etc.,

Compte-rendu officiel du VIIIe Congrès général de l'Association Internationale des Travailleurs, tenu à Berne, du 26 au 30 octobre 1876 (Berne, 1876, 112 pp., in-8°) ;

Sur le IXe Congrès général, tenu à Verviers, du 5 au 8 septembre 1877, v. le « Bulletin » du 23 sept. 1877.

Des congrès et conférences anarchistes et des congrès auxquels les anarchistes prirent part, les plus importants sont :

Le Congrès universel de Gand (9 septembre et suiv. 1877) ; discussions entre anarchistes et autoritaires (parmi lesquels Liebknecht), v. le « Bulletin » du 23 septembre 1877 ;

Les Congrès Jurassiens de la Chaux-de-Fonds, d'octobre 1879 et 1880, où l'idée « communiste-anarchiste » fut élaborée par Kropotkine (en 1879) et Cafiero (en 1880) ; voir le « Révolté », 18 octobre, 1er novembre 1879, 16 octobre 1880 et les écrits de Kropotkine et de Cafiero ;

Le Congrès révolutionnaire international de Londres (1881) ; v. le « Révolté », 23 juillet-3 septembre 1881 ; v. aussi le « Bulletin du Congrès de Londres » (Bruxelles, 1881, 2 n^{os}, peut-être plus ?) ;

Sur le Congrès projeté d'abord pour 1884, puis pour 1885, et qui devait se tenir à Barcelone, il y a peu de renseignements ; voir surtout « The Anarchist », Londres, en 1885 ;

Les Conférences anarchistes internationales à Paris, en septembre 1889 ; v. la Révolte, 7, 14 septembre 1889 ;

La Conférence de Chicago, en 1893 ;

La Conférence de Zurich, en 1893, pendant le Congrès international soi-disant socialiste de 1893.

Les Conférences internationales de Londres, en 1896.

Les meilleurs journaux à consulter, pour qui veut se rendre compte de l'élaboration des idées d'abord « collectivistes » et plus tard « communistes-anarchistes », sont :

L'« Egalité » (Genève, 1869) ; le « Progrès » (Locle, 1868-70) ; la « Solidarité » (Neuchâtel 1870 ; Genève, 1871) ; le « Bulletin » jurassien (Sonvillier, Chaux-de-Fonds, Locle, 1872-78) ; le « Travailleur » (Genève, 1877-78) ; l' « Avant-Garde » (Chaux-de-Fonds, 1877-78) ; le « Révolté » (Genève, Paris, 1879-87) ; la « Révolte » (Paris, 1887-94) ; les « Temps Nouveaux » (Paris, 1895 sq.)

Le Communisme-Anarchiste.

Joseph Déjacque, dans le «Libertaire» et l'*Humanisphère*, préconisait déjà le communisme-anarchiste, qu'il entrevoyait comme devant être la forme de la société future après qu'elle aurait passé par les étapes nécessaires — selon lui — du collectivisme et du mutuellisme libertaires. Mais il resta plus ou moins isolé, comme d'autres précurseurs, parmi lesquels on peut citer Millière qui, dans la « Marseillaise » (Paris) de 1870, publiait des articles à tendances communistes et libertaires. L'élaboration du **communisme anarchiste** ne se fit que vers 1876 et la propagande large et suivie n'en commença que vers 1879. Cette conviction résulte pour moi tant des publications imprimées que j'ai pu connaître que de ce qui m'a été rapporté verbalement sur l'indépendance mutuelle des différents centres originaires du mouvement.

Dans une petite brochure intitulée : *Aux Travailleurs manuels partisans de l'Action politique*, par **François Dumartheray** (16 pp., in-32°) et parue probablement au commencement de 1876, il est dit à la p. 13 : « le groupe va publier prochainement une
» brochure ayant trait au communisme anarchiste, et nous pensons
» que là, ayant plus de temps, nous pourrons donner une définition
» exacte de ce que nous concevons par communisme anarchiste.»
Cette brochure est certainement antérieure au 4 mars 1876, car c'est à cette date qu'elle est signalée par l' « Economie sociale » de Bruxelles ; quant à la publication annoncée sur le communisme anarchiste, je n'ai pu savoir si elle avait paru.

Peu de temps après, le 18 mars 1876, se tint à Lausanne une

réunion, à laquelle B. Malon et Joseph Favre adressèrent une lettre (imprimée dans le « Bulletin », 30 avril-7 mai 1876), où ils réclamaient la « collectivité du capital » (instruments et matières nécessaires au travail) et la « possession individuelle des valeurs produites » ; à cette lettre, un article signé P. R. (j'ignore le nom complet de l'auteur) répondit dans le « Bulletin » (n° du 14 mai 1876) que les produits du travail « sont également des instruments
» de travail, destinés à produire d'autres richesses, le goût artis-
» tique, les connaissances scientifiques », et que « ceux qui auront
» su établir le règne de cette justice (sc. « que les instruments de
» travail soient sans obstacles à la disposition de ceux qui peuvent
» s'en servir, que les produits du travail soient employés par ceux
» qui les ont créés »), auront en outre le bon sens de jouir *en
» commun* du fruit de leurs travaux....»

La Fédération italienne de l'Internationale adopta le communisme anarchiste à son Congrès général, tenu à Florence en octobre 1876 ; v. « Arbeiter-Zeitung » (Berne), du 28 octobre 1876 : « eine wichtige Thatsache ist der Beitritt des italienischen Socia-
» lismus zur Gemeinschaftlichkeit des Arbeitsertrages, während
» derselbe bis jetzt nur dem gemeinschaftlichen Besitz der Arbeits-
» instrumente angenommen hat » ; et lettre de Cafiero et Malatesta au « Bulletin » (n° du 3 décembre 1876) : « La Fédération italienne
» considère la propriété collective des produits du travail comme
» le complément nécessaire du programme collectiviste, *le con-
» cours de tous pour la satisfaction des besoins de chacun* étant
» l'unique règle de production et de consommation qui réponde
» au principe de solidarité (1).

Au Congrès de la Fédération jurassienne, tenu à la Chaux-de-Fonds, en octobre 1879, P. Kropotkine lut son rapport : *Idée anarchiste au point de vue de sa réalisation pratique* (« Révolté »,

---

(1) Andrea Costa a écrit à ce sujet : « il primo a parlare apertamente del Comunismo anarchico, » fra gl' Italiani, fui io, nel 76, affermando che non solo la materia o gli strumenti da lavoro, » ma anche i prodotti del lavoro stesso appartener dovevano alla communità, e questo ripetei, » nel 77, al congresso di Verviers e di Gand, scandalezzando, al quanto, gli Spagnuoli ed » i Giurassiani....», t, *A miei Amici ed ai miei Avversari*, du 15 septembre 1881.
Il faut ajouter que, pendant ces années 1877 et 1878, nombre d'autres internationalistes italiens étaient en prison (procès de Bénévent, etc.). Dans les numéros de 1877, que je connais seuls, » Martello », rédigé alors par Costa je ne trouve pas de trace de cette propagande.

1ᵉʳ novembre 1879, et, séparément, 4 pp., in-4°, v. le chap. XII) ; dans ce rapport, il dit que les anarchistes veulent le « communisme » anarchiste comme but avec le collectivisme comme forme tran- » sitoire de la propriété » ainsi que « l'abolition de toutes les formes » de gouvernement et la libre fédération de tous les groupes pro- » ducteurs et consommateurs ».

L'année suivante, A. Schwitzguébel élabora le « Programme socialiste » présenté au Congrès de 1880 par la Fédération ouvrière du district de Courtelary (Genève, 1880, 32 pp.) qui fut la dernière formule jurassienne du collectivisme anarchiste ; à ce Congrès de la Chaux-de-Fonds, en octobre 1880, P. Kropotkine, Elisée Reclus, C. Cafiero, etc., combattirent cette théorie et proposèrent le rejet définitif du collectivisme, ce mot ayant perdu la signification large qu'il avait dix ans auparavant, et l'adoption du « communisme-anarchiste ». Le Congrès adopta cette idée.

Depuis lors (1879-1880), le « communisme anarchiste », appelé pendant quelque temps aussi « communisme libertaire » — « free communism » — a été propagé presque partout, ne rencontrant nulle part d'objections théoriques, sauf en Espagne, où l'on continue à professer le collectivisme anarchiste rendu plus libertaire par la propagande communiste.

Devant énumérer les principaux écrits qui composent la littérature anarchiste des différents peuples, je commence par la Suisse. C'est en Suisse, en effet, qu'ont vécu beaucoup de ceux qui ont le plus contribué au développement théorique des idées ; les évènements extérieurs et les persécutions y entravèrent relativement moins le mouvement, à son commencement, qu'en d'autres pays. Déjà cependant en 1870, en 1878, en 1885, des journaux anarchistes furent supprimés et, depuis, les expulsions et les procès ont rendu la propagande aussi difficile en ce pays que dans le reste du monde bourgeois. Depuis 1880, cette œuvre de propagande a surtout été continuée par les anarchistes de France.

CHAPITRE X.

La Suisse.

Je me suis efforcé de limiter ma nomenclature aux publications de propagande d'origine suisse ; celles de Bakounine, de Kropotkine, des proscrits français, italiens, russes, etc., etc., étant citées dans les autres chapitres ; d'autre part, les publications genevoises et jurassiennes se rattachent, en partie, au mouvement international et il était impossible — et inutile en même temps — d'établir entre elles une distinction bien nette.

Journaux :

Le Progrès (Locle), 18 décembre 1868-2 avril 1870 ; 42 n^{os} ;

L'Egalité (Genève), décembre 1868 (spécimen) ; 23 janvier 1869 sq., anarchiste jusqu'à la fin de 1869 ; devint ensuite l'organe de Outine et des politiciens ouvriers ;

La Solidarité (Neuchâtel), 11 avril-3 septembre 1870 ; 22 n^{os} ; nouvelle série (Genève) ; 28 mars-12 mai 1871, 4os ;

La Révolution sociale (Genève), 26 octobre 1871-4 janvier 1872, 10 n^{os} ; du n° 5 au n° 10, organe de la Fédération jurassienne ;

Le Travail (Genève), 21 août-13 septembre 1873, 4 n°°, etc., (pour ces deux journaux, v. le chap. *France*) ;

Bulletin de la Fédération Jurassienne de l'Association Internationale des Travailleurs (Sonvillier, Locle, Chaux-de-Fonds, Sonvillier), 15 février 1872-25 mars 1878 (année VII, n° 12), in-4° et in-fol. ;

Socialdemokratisches Bulletin, herausgegeben von den Internationalen Sectionen des Jura (Chaux-de-Fonds), 24 mai 1874, 1 n° (2 pp. in-4°) ;

Arbeiter-Zeitung (Berne), 15 juillet 1876-13 octobre 1877, 33 n°° ;

Le Travailleur, revue socialiste révolutionnaire (Genève), 20 mai 1877-avril 1878 (II° année, n° 4) ;

L'Avant-Garde, organe de la Fédération française de l'Association Internationale des Travailleurs (Chaux-de-Fonds), n°° 1-22 (2 juin 1877-24 mars 1878), journal collectiviste et anarchiste; organe jurassien, après la disparition du « Bulletin », n°° 23-40 (8 avril-2 décembre 1878) ; v. *Procès de l'Avant-Garde* (Chaux-de-Fonds, 1880, 74 pp., in-8°) ; v. aussi « Le Révolté », du 7 et 12 mai 1879 ;

Le Révolté, organe socialiste, jusqu'au 2 mars 1884, *organe anarchiste*, ensuite *communiste anarchiste*, depuis le 30 mars 1884 (Genève), 22 février 1879-14 mars 1885 (année VII, n° 24) ; (Paris), du 12 avril 1885 (II° série, 1°° année, n° 1) au 10 septembre 1887 (IX° année, n° 23) ; suivi de *La Révolte, organe communiste-anarchiste* (Paris), 17 septembre 1887-10 mars 1894 (année VII, n° 26), et de *Les Temps Nouveaux* (Paris), 4 mai 1895, sq. ;

L'Egalitaire (Genève), 30 mai 1885-janvier 1886 ;

La Critique Sociale (Genève), 26 mai 1888 sq.; en 1888 ;

(*L'Agitateur* (Chaux-de-Fonds), II 6, du 18 février 1893, n'est qu'une édition jurassienne du même journal de Marseille) ;

L'Avenir (Genève), 8 octobre 1893-30 juillet 1894, 17 n°° ;

Pour les journaux publiés par les proscrits français, italiens, etc., v. les chapitres concernant les différents pays.

Almanachs.

Almanach du peuple pour 1871 (Saint-Imier, Propagande socialiste, 48 pp., in-8°) ; article : *Une Commune sociale*, par Schwitzguébel, etc. ;

Almanach du peuple pour 1872 (Saint-Imier, deux éditions, de 51 et de 46 pp., plus une édition avec couverture imprimée en Belgique : *Simples questions sociales par....*); article de Bakounine : *L'Organisation de l'Internationale*, etc. ;

Almanach du peuple pour 1873 (Saint-Imier, Propagande socialiste, 40 pp., in-8°) ; articles : *Quelques mots sur la propriété*, par Elisée Reclus ; *Le suffrage universel*, par Jules Guesde (article contre le suffrage universel) ; *Le collectivisme*, par Schwitzguébel, etc. ;

Almanach du peuple pour 1874 (Locle, Propagande socialiste, 48 pp., in-8°) ; articles : *Gouvernement et administration*, par Schwitzguébel ; *les Chinois et l'Internationale*, par Elisée Reclus ; pp. 47-48 *le Droit du Travailleur*, chant international, avec le refrain :

> « Ouvrier, prends la machine,
> « Prends la terre, paysan ! »

par Charles Keller, etc. ;

Almanach du Peuple pour 1875 (Locle, propagande socialiste, 48 pp., in-8°) ; articles : *Les dangers du radicalisme*, par Paul Brousse ; *La coopération*, par A. Spichiger ; *Quelques difficultés dans la pratique des associations ouvrières. Scènes de la vie ouvrière jurassienne*, par Schwitzguébel, etc. ;

La Commune. Almanach socialiste pour 1877 (Genève, imprimerie du « Rabotnik », 86 pp., in-8°) ; articles : *l'Avenir de nos enfants*, par Elisée Reclus ; *La Liberté*, par Paul Brousse ; *Stenko Razine*, par A. Oelsnitz ; *De l'Antagonisme des Classes*, par Schwitzguébel ; *Le parti socialiste en Russie*, par Z. Ralli, etc.

Publications diverses.

Manifeste adressé aux ouvriers du Vallon de Saint-Imier (Neuchâtel, 1870, 19 pp., in-8°).

Adhémar Schwitzguébel: *La Guerre et la Paix* (Saint-Imier, Propagande socialiste, 1871, 15 pp., in-8°);

Le radicalisme et le socialisme, conférence publique (Saint-Imier, 1876, 40 pp., in-8°);

Libre-Echange et protectionnisme (Genève, 1879, 12 pp., in-16°, anonyme);

Chacun pour soi et Dieu pour tous (Genève, 1880, 11 pp., in-16°, anonyme; cette brochure ainsi que les deux précédentes a été tirée du « Révolté » et publiée par l'Imprimerie jurassienne);

Programme socialiste. Mémoire présenté au Congrès jurassien de 1880 par la Fédération ouvrière du district de Courtelary (Genève, 1880, 32 pp., in-8°, anonyme);

Des causes des crises industrielles et leurs conséquences... Rapport présenté par l'Union des sections internationales du district de Courtelary (Neuchâtel, 1873, 8 pp., in-8°);

Statuts de la Fédération ouvrière du district de Courtelary (Saint-Imier, 1873, 15 pp., in-8°);

Fédération des ouvriers graveurs et guillocheurs. Rendu-compte du cinquième Congrès tenu à Chaux-de-Fonds, les 17, 18 et 19 mai 1874 (Saint-Imier, 1874, 48 pp.);

La question des services publics dans l'Internationale. Rapport présenté au Congrès jurassien..., le 1-2 août 1875.... par la.... section des graveurs et guillocheurs du district de Courtelary (par A. Schwitzguébel, 15 pp.);

J. Guillaume. *Esquisses historiques. Etudes populaires sur les principales époques de l'histoire de l'Humanité*. 1re série. I. II. (Neuchâtel, 112 pp., in-8°; 1876?); — trad. italienne: *Bozzetti storici....*; — trad. espagnole: *Bosquejos historicos. Estudios popolares sobre las principales epocas de la historia de la Humanidad* (Barcelona?); reprod. dans des journaux mexicains, voir « Bulletin » du 8 octobre 1876;

Du même : *Idées sur l'organisation sociale* (Chaux-de-Fonds, 1876, 56 pp., in-8º) ;

Deux mots sur la peine de mort (Collection de brochures populaires à un sou, nº 2, Genève, 1879, in-32º) ;

Pour les autres brochures (de l'Imprimerie Jurassienne) tirées du « Révolté », voir Schwitzguébel, Brousse, Reclus, Kropotkine ;

Chants du Peuple, 1ʳᵉ série, nº 1 (Genève, Impr. jurassienne, 1879, 4 pp., in-8º) ; nº 2 (ib.) ; *Les Chants du Peuple*, nº 1 (Genève, ib, 1888, 15 pp., in-8º) ;

Fais ce que veux (Publications anarchistes, Genève, Imprimerie jurassienne, 1887, 30 pp., in-8º) ;

Manifeste des anarchistes suisses. Manifest der Schweizer Anarchisten. Août 1889 (2 pp., in-fol., en français et en allemand, imprimé à Paris) ;

Chez nous en Suisse ou les Libertés helvétiques mises à nu (Genève, Impr. jurassienne, 1889, 24 pp., in-8º) ;

Aux jeunes gens, signé : Les anarchistes jurassiens (s.a.- 189-? 8 pp., in-8º, polygraphié) ;

Les anarchistes et ce qu'ils veulent (Genève, 1892, 31 pp., in-8º); réimpr. dans l' « Agitateur » (Marseille), 21 janvier 1893 sq. (inachevé) ;

Nombre de manifestes, feuilles, etc., sont encore sortis des presses de l'« Imprimerie jurassienne » de Genève.

E. Held : *Aux Electeurs. Le Mensonge politique. Abstention* (Genève, 1896, 37 pp., in-16º).

CHAPITRE XI.

La France avant 1880.

Il est à constater que dans les années qui précédèrent la chute de l'Empire et où l'agitation socialiste fut des plus intenses, l'idée anarchiste — si clairement émise dix ans auparavant par Joseph Déjacque et quelques autres — ne trouva aucun propagandiste direct. Le mouvement politique était prédominant et le socialisme, dans son évolution, en arrivait assez péniblement au proudhonisme ou au collectivisme. Dans une lettre à Aubry, datée du 25 décembre 1869, Varlin appelle l'anarchie : « le socialisme collectiviste ou communisme non-autoritaire » (voir *Troisième Procès....*, pp. 33-36). A peu d'exceptions près, cependant, les Français de l'Internationale étaient anti autoritaires, et Marx, pour avoir au moins un semblant de groupe français parmi ses adhérents, en fut réduit à admettre les blanquistes, anciens ennemis de l'Internationale, et qui, d'ailleurs, s'en retirèrent au bout de peu de temps, en lançant la brochure : *l'Internationale et la Révolution* (1872).

On peut cependant citer, parmi les publications de cette époque, bien que pas une ne soit distinctement anarchiste :

Le Socialiste, organe de la Fédération des sections parisiennes de l'Internationale (Neuchâtel, 11 juin 1870, sq., 2os) ; v. *Troisième procès*, p. 205, et *Mémoire* jurassien ;

Peut-être encore, comme journal, *La Réforme sociale*, février 1870, organe de la Fédération rouennaise, imprimé à Bruxelles ?

Le Mémoire collectiviste de la minorité des délégués français au Congrès de Genève (1866), par **Varlin**, etc. (impr. plusieurs fois, notamment dans Fribourg, *Hist. de l'Intern.*, p. 67-86) ;

Paul Robin : *De l'Enseignement intégral* (extr. de « La Philosophie positive »), Versailles, 1869, 29 pp., in-8°; deuxième article (ib.), 1870, 20 pp., in-8° ;

Sur l'enseignement intégral. Rapport présenté au Congrès de Mayence par le Cercle d'Etudes sociales de Paris (Paris, juillet 1870, 18 pp., in-8°) ;

Les bases de la morale (Liége, 1875, par Bripon, tiré de « L'Ami du Peuple », 15 novembre 1874 sq.) ;

Sur cette période, voir encore :

Procès de l'Association internationale des Travailleurs. Première et Deuxième Commissions du bureau de Paris...., 2ᵉ édition (Paris, juillet 1870, 216 pp., in-8°) ; *Les grands procès politiques. Troisième procès de l'Association Internationale des Travailleurs...* (Paris, juillet 1870, VII-243 pp., in-8°) ; le discours de Varlin : — trad. russe : *Varlen pered sudom....* (Genève, 1890, Rabotchaia Bibl., n° 4), etc.;

Biographie de Varlin, par E. Faillet, (Paris, s.a.·, 187-, 61 pp., in-8°) ; par A. Clémence (« Revue Socialiste », 1885, I, pp. 415-426); v. aussi : A. Thomachot, dans « La Commune », n° 4 (Genève, juillet 1874), pp. 18-23.

L'influence de Bakounine était considérable dans le midi de la France, à Lyon, à Marseille, où lui même et ses amis prirent une part active aux événements de 1870-71. V. pour renseignements sur le mouvement dans cette région les documents, etc., reproduits dans :

O. Testut : *L'Internationale et le Jacobinisme au ban de l'Europe* (2 vol., Paris, 1871), ouvrage réactionnaire ;

B. Malon : *L'Internationale* (Propagande socialiste, 1872, 46 pp., in-8°); du même : *La troisième défaite du prolétariat français* (Neuchâtel, 1871, en octobre, 539 pp., in-8°), histoire de la Commune ;

G. Lefrançais : *Etude sur le mouvement communaliste à Paris* (Neuchâtel, 1872, un vol.) ;

Arthur Arnould : *Histoire populaire et parlementaire de la Commune de Paris* (3 vol., Bruxelles, 1878, Bibliothèque socialiste); - - trad. hollandaise ou flamande (?) : *De Commune van Parijs* ; du même, une longue étude sur la Commune dans la « Liberté » (Bruxelles), du 17 mars au 18 mai 1872 : *Paris et la Commune, Notes et souvenirs personnels* ; le même auteur a écrit dans la « Vrijheid » (La Haye, 1871), sous le pseudonyme d'Ahasverus.

Publications des proscrits français fédéralistes, communalistes (pas anarchistes, mais défendant l'Internationale anti-autoritaire) :

La Révolution sociale (Genève), 26 octobre 1871-4 janvier 1872, 10 n^{os} ;

Le Travail (Genève), 21 août-13 septembre 1873, 4 n^{os} ;

La Commune (Genève, avril 1874) qui devait changer son nom en : ▬▬▬▬, *Revue Socialiste* (mai-novembre 1874), 8 n^{os}, par **L. Chalain, N. Joukowsky, G. Lefrançais, Jules Montels, E. Teulière, A. Thomachot**) ;

L'Internationale. Bulletin n° 1 (2 pp., in-4°, Genève, le 25 décembre 1871, par **Dumay, Joukowsky, Lefrançais, Montels**, 2 ou 3 n^{os}) ;

Jules Montels : *Lettre aux socialistes révolutionnaires du midi de la France* (Genève, Publication de la « Revue Socialiste », 1876, 14 pp., in-32°) ;

Plusieurs brochures de Lefrançais, etc. ;

Toutes ces publications — de même que p. ex. « La Fédération », de Londres (24 août 1872 sq.; n° 8 est du 18 mars 1875), où les questions de personnalités tiennent une place trop importante), la « Commune » de la Nouvelle Orléans (1872-73 ?), le « Bulletin de l'Union Républicaine », de New-York, le « Bulletin de la Commune » (1875), etc., — sont fédéralistes-communalistes et non pas anarchistes.

La Solidarité révolutionnaire, organe socialiste-révolutionnaire. An-archie, collectivisme, matérialisme (Barcelone), du 10 juin au 1er septembre 1873, 10 n^{os}, par **Paul Brousse, Charles Alerini, Camille Camet** ;

Comité de Propagande révolutionnaire socialiste de la France méridionale.... (Signé par Brousse, Alerini et Camet, Barcelone, le 4 avril 1873), 2 pp., in-4°, polygraphié ;

Paul Brousse : *Le Suffrage Universel et le problème de la Souveraineté du Peuple* (Genève, 1874, 63 pp., in-8°) ; du même : *L'Etat à Versailles et dans l'Association Internationale des Travailleurs* (1874) ; *La Crise, sa cause, son remède* (Genève, Impr. jurassienne, 1879, 35 pp., in-16° ; tiré du « Révolté », du 9 août-20 septembre 1879, anonyme) ;

Les journaux « Arbeiter-Zeitung » (Berne), 1876-77 ; « L'Avant-Garde » (Chaux-de-Fonds), 1877-78, furent surtout rédigés par Paul Brousse, alors anarchiste.

Plusieurs petites brochures (in-64°), ont été publiées à Genève, en 1876, à l'époque des élections françaises :

Aux travailleurs manuels de la France, par **Colonna** (14 pp.) ;

Aux travailleurs manuels de Lyon, par **A. Perrare** ;

Encore un soufflet. Aux Lyonnais, par le même ; (8 pp.) ;

Aux travailleurs manuels partisans de l'action politique (14 pp.) suivi de *Aux électeurs de la Haute-Savoie* (pp. 15-16), par **François Dumartheray**, brochure dans laquelle est annoncée une autre brochure sur le communisme anarchiste ; je ne sais si elle a paru.

Arthur Arnould : *l'Etat et la Révolution* (série d'articles des *Droits de l'Homme*, fin de 1877), Genève et Bruxelles, in-8°.

Elisée Reclus : Articles dans les *Almanachs du Peuple* (pour 1873 et 1874) et dans l'Almanach *la Commune* (pour 1877) :

L'Avenir de nos enfants (réimpr. dans « La Question Sociale », Paris, 1885, pp. 197-200 et en brochure : 2° édition, Paris, 1887, Bibliothèque internationale, Librairie des Deux-Mondes) ; — trad. italienne : *L'Avvenire degli nostri figli* (et *I Prodotti dell'Industria*), Biblioteca di propaganda del Circulo Studi Sociali di Padova, n° 2, Padova, 1893, 16 pp. ;

Quelques mots sur la Propriété, dans l'*Almanach du Peuple* pour 1873 (Saint-Imier) ; réimpr. dans « La Tribune des Peuples » (Paris), avril 1886 ; — en brochure : *A mon frère le paysan*

— 68 —

(Genève, 1893, 15 pp., in-16°); autre édition « La Brochure », (Bruxelles, 1894, n° 7, 8 pp.); dans la « Liberté » de Buenos-Aires, 25 mars-8 avril 1894); — trad. espagnole: *A los campesinos* (Agrupacion de propaganda socialista, Sabadell, 1887, 11 pp.,in-8°); *A mi hermano el campesino*, dans « El Productor » (Barcelona), 6-13 juillet 1893 ; en brochure (La Expropriación, Grupo de propaganda comunista anarquica, Publicación n° 2, Buenos Aires, février 1895, 16 pp., in-16°); — trad. hollandaise: *Aan de Boeren* (Rotterdam-Kralingen, M. van Bloppoel, s.a.- 1895, 8 pp., in-8°); — trad arménienne (Publications anarchistes, n° 6, 1893, 22 pp., in-8°);

L'Evolution légale et l'Anarchie. Au compagnon Baux, dans le « Travailleur » (Genève), II° année, n° 1, pp. 7-14 (janvier 1878) et n° 2, pp. 15-19: *A propos de l'Anarchie* (février 1878) ; réimpr. dans « Terre et Liberté » (Paris), n°s 3-4, 8-15 novembre 1884 ; en brochure, (Bibliothèque des Temps Nouveaux, année 1895, n° 3,) Bruxelles, 1895, 17 pp., in-16°; — trad. hollandaise dans « Anarchie », Amsterdam, 1896 ;

Ouvrier, prends la machine ! Prends la terre, paysan ! (« Révolté » du 24 janvier 1880 ; en brochure, sans nom d'auteur (Genève, 1880, Impr. jurassienne, 8 pp., in-16°) ;

La Peine de Mort, conférence faite à une réunion convoquée par l'Association ouvrière de Lausanne (Genève, 1879, 10 pp., in-8°) ;

Evolution et Révolution (« Révolté », n° 27, 21 février 1880) ; en brochure : *Evolution et Révolution, conférence faite à Genève, le 5 février 1880*, (Genève, 1880, 25 pp., in-16°); 2° édit., revue et corrigée (ib. 1881, en avril) ; 3° édit. (ib, 1884, 28 pp., in-16°); 4° édit. (1886, 28 pp.); 6° édit. (Paris, au bureau de « La Révolte », 1891, 61 pp.,in-16°); dans « L'Agitateur », Marseille, 1er mars 1892 sq. (inachevé ?); — trad. italienne, dans « Rivista internazionale del Socialismo » (Milano), 15 novembre 1880 ; dans « Rivista italiana del Socialismo » (Lugo-Imola), mai 1887 ; *Evoluzione e Rivoluzione* (Biblioteca del « Sempre Avanti ! », n° 5), Florence, 1892, 74 pp., in-16°; — trad. espagnole : *Evolución y Revolución* (traduit de la 4° édit. française), Sixto folleto de la « Agrupación de propaganda socialista » (Sabadell, 1887, 16 pp., in-16°; autres éditions : Madrid, 1891, pp. 3-16, pp. 17-31 : *La Commune de Paris*, por Pedro Kropotkin; Buenos Aires, (Biblioteca del Grupo Juvendud Comunista-Anárquica, n° 3, septembre 1892, 22 pp., in-16°) ; dans « El Productor » (Habana), en 1893 ; dans « Archivo Social » (ib.), 1894 ; dans l' « Idea libre » (Madrid), 13 août-17 novembre 1894 et en brochure (1895) ; — trad. portugaise : dans « A Revoluçâo social » (Porto), 1889 ; — trad. roumaine, dans « Revista sociala » (Jassy), n° 7, novembre-décembre 1884, pp. 264-274 ; en brochure : *Evolutie si Revolutie* (Jassy, 1885, 16 pp., in-8°) ; — trad. allemande : dans « Die Autonomie » (Londres), 1892 ; dans « Freiheit » (New-York), 6 août-10 septembre 1892; *Evolution und Revolution* (Anarchistisch-Communistische Bibliothek, n° 10, Londres, s.a., 16 pp., in-8°) ; — trad. anglaise : *Evolution and Revolution* (Londres, 1885 ; 2ᵉ édit. 1885, 15 pp., in-8° ; 3ᵉ édit. 1886 ; 4ᵉ édit. 1892 ; 5ᵉ édit. 1894, 16 pp., in-8°) ; dans « The Commonweal » (Londres), 20 juin-4 juillet 1891 ; dans « Truth » (San Francisco), 1883, et en brochure, en Amérique (?) ; — trad. tchèque dans « Volné Listy » (Brooklyn), 1895, n° 44, sq. ;

Anarchy by an Anarchist (« Contemporary Review », vol. 45, pp. 627-641, mai 1884) ; réimpr. en brochure en Amérique, 188? («followed by a Sketch of the criminal record of the author by E. Vaughan ») ; dans « Liberty » (Londres), 1894 janvier-mai, et en brochure : *An Anarchist on Anarchy* (Liberty Press, 1894, 16 pp., in-8°, et « Liberty Library », n° 3, avec : *The Commune of Paris*, by P. Kropotkine, Columbus Junction, Iowa, mars 1896, in-8°) ; dans « The Firebrand » (Portland, Oregon), 1895, 28 avril sq.; dans «The Commonweal» (Londres),10 octobre 1891 (inachevé); — trad. norvégienne : *En Anarkist om Anarkie* (« Fedraheimen », Tönsett, 1890, n° 13, brochure in-8°) ; — trad. tchèque : *O Bezvladi* (Mezinarodni Knihovna, n° 4, New-York, 1890, 20 pp., in-8°) ;

Lettre (sur l'abstention) du 26 septembre 1885, en placard (Paris); réimpr. dans « Le Révolté », 11 octobre 1885 ; — trad. anglaise dans « The Anarchist » (Londres), 1885 ;

L'Idéal et la Jeunesse (« Société nouvelle »... 1894); en brochure : Bruxelles, 1894, 13 pp., in-8° ; — trad. anglaise : *The Ideal and*

Youth, dans « Liberty » (Londres), et en brochure (London, Liberty Press, 1895, 16 pp., in-8°) ; — trad. roumaine (par Panaite Zosin) dans « Carmen Sylva », n°s 2, 3 (nov. 1895) et en brochure *Idealul tinerimei* (Bucarest, 1895, 24 pp., in-16°).

L'Anarchie (« Les Temps Nouveaux », 18 mai-1er juin 1895) ; brochure (Paris, Publications des « Temps Nouveaux », n° 2, 1896, 23 pp., in-8°) ; — trad. italienne dans la « Questione Sociale » de Paterson N. J., 30 juillet 1895 sq.; — trad. allemande dans le « Socialist » de Berlin, 20 juin 1896 sq.; — trad. flamande : *Anarchie. Eene Voordracht*.... (publié par le « Vrije Groep » de Malines, 1895, 18 pp., in-8°).

Articles, etc., dans « Le Travailleur » (*l'Internationale et les Chinois ; la Grève d'Amérique*), « Le Révolté », « La Révolte », « Les Temps Nouveaux », etc. ; préfaces de *Paroles d'un Révolté* (1885), de *la Conquête du Pain* (1892) de Kropotkine et de la *Civilisation et les Grands fleuves historiques*... par L. Metchnikoff (Paris), 1889 ;

On a imprimé une feuille : *Pourquoi sommes-nous anarchistes ?* dans la *Tribune des Peuples* (Paris, 1886, n° 2) ; réimpr.: Bruxelles, s.a. — commencement de 1894 — Imprimerie du « Libertaire », 1 p., in-4°) ; dans « La Débâcle sociale » (Ensival), 29 février 1896) ; reproduit par « Le Patriote » et « La Chronique » (Bruxelles) ; — trad. flamande : *Waarom zijn wij Anarchisten?* supplément à la « Fakkel », du 25 février 1894, Gand, 1 p., in-4°) ; — trad. allemande, dans le « Socialist » (Berlin), 10 mars 1894 ; — trad. italienne, *Perchè siamo anarchici?* s.a. 4 pp., in-16° (Propaganda anarchica-rivoluzionaria) ; — trad. espagnole : *Porqué somos anarquistas?*, supplément du « Perseguido », n° 75 ; — trad. tchèque dans « Volné Listy », Mai 1896.

Cf. aussi : *Leçon d'ouverture du cours de géographie comparée dans l'espace et dans le temps....* Extrait de la « Revue Universitaire » (Bruxelles, 1894, 16 pp., in-8°).

Les brochures suivantes sont d'Elisée Reclus en collaboration avec un anonyme :

Les Produits de la Terre, en brochure : Genève, Imprimerie jurassienne, 1885, 31 pp., in-32° ; 2° édition, 1887, mars ; et

Les Produits de l'Industrie, dans « Le Révolté » du 26 février au 26 mars 1887 ; en brochure : Paris, 1887, 16 pp., in-32 ; les deux ont été réunies : Dijon, 1891, 40 pp.,in-8" (Publications de la « Revue Sociale », journal socialiste); — trad. italienne : *I Prodotti della terra* (Biblioteca dei Lavoratori, n° 2) Milano, 1893, 30 pp., in-16° ; *I Prodotti della Industria* (même série, n° 3), 1893, 15 pp.; *I Prodotti della terra* (Propaganda socialista), Genova, 1886, 24 pp., in-16 ; dans l'« Operaio » (Reggio, Calabria), en 1888 ; — trad. espagnole, dans « El Socialismo » (Cádiz) 5 mai 1887 sq. ; dans « Acracia » (Barcelone), p. 484 sq. et 512 sq.; dans le « Productor » (Barcelone), 24 décembre 1891 sq. ; — trad. portugaise dans « O Protesto Operario » (journal socialiste, Porto), 1888 ; — trad. roumaine *Roadele Pamintului (Produits de la Terre)*, dans « Scoala noua » (Roman), n° 14, février 1890) ; — trad. allemande, dans « Autonomie », 5-24 septembre et 31 octobre-17 novembre 1891 ; dans « Freiheit », 1891 ; — trad. norvégienne : *Treng nokon vera matlaus* (« Fredraheimen », Tönsett), 1890, n°s 25 et 26, 19 pp.,in-8°

La Richesse et la Misère (« Révolté », 25 juin 1887 — « Le Révolte », 5 novembre 1887) ; en brochure : *Richesse et Misère* (Paris, au bureau de « La Révolte », 1888, 72 pp., in-16°, sans nom d'auteur); dans « La Liberté » (Buenos-Aires), 1894 (inachevé ?); — trad. italienne : *Ricchezza e Miseria* (Biblioteca del Proletario, n° 1, Marsala, 1891 janvier, 18 pp.) ; dans « Il Socialista » (Buenos-Aires), 28 août 1887 sq. (inachevé) ; — trad. espagnole *Riqueza y Miseria*, dans « El Socialismo » (Cádiz), 21 juillet 1887-2 mars 1888; dans la « Bandera roja » (Madrid), 1888; dans « El Productor » (Barcelona), 29 juin 1893 sq. (inachevé ?) ;

CHAPITRE XII.

Pierre Kropotkine.

Paroles d'un Révolté, ouvrage publié, annoté et accompagné d'une préface (du 1er octobre 1885), par Elisée Reclus (Paris, 1885 en octobre, X, 333 pp., in-18°) ;

La Conquête du Pain, préface par Elisée Reclus (Paris, 1892, XV, 298 pp., in-18°) ;

La liste suivante comprend, rangés par ordre chronologique, les articles principaux donnés par Kropotkine au « Révolté », à « La Révolte », aux « Temps Nouveaux », etc., avec l'indication des traductions qui en ont été faites et des brochures où ils ont été réimprimés. Les 2 volumes que je viens de citer contiennent, révisés, un certain nombre de ces articles.

La Situation (« Révolté », 8 mars 1879 ; *Paroles* pp. 1-8) ; — trad. italienne : *La Situazione. Lo sfacelo degli Stati* (Biblioteca per il popolo, n° 1, Torino, 1890) — trad. anglaise dans « The Alarm » (Chicago), 7 juillet 1888 ; — trad. allemande dans « Freiheit », 14 mars 1896 ; — trad. danoise dans « Proletaren », 26 avril 1896 ;

La Décomposition des Etats (« Révolté », 5 avril 1879 ; *Paroles*, pp. 9-16) ; — trad. italienne : *Lo sfacelo degli Stati* (Biblioteca dei lavoratori ; Opusculi popolari socialisti, n° 4, Milano, 1893, 15 pp.) ; — trad. portugaise dans « A Revolta » (Lisboa), 1893 ; — trad. allemande : *Die Zersetzung der Staaten* dans le « Socialist »

(Berlin), 19 juin 1892, et dans « Freiheit », 18 avril 1896 ; — trad. danoise dans « Proletaren », 24 mai 1896 ; — trad. arménienne (Paris, 1892, 10 pp., in-8°, et : Publications anarchistes, n° 4, 1893, 16 pp., in-16°).

Le Procès de Solovieff (La vie d'un socialiste russe), Genève, 1879, 24 pp. (juillet 1879) ; — trad. italienne : (Propaganda socialista, n° 13, Milano, 1879, 15 pp., in-16°) ;

Idée anarchiste au point de vue de sa réalisation pratique. Conclusions d'un rapport sur ce sujet, lues par Levachoff à la Réunion Jurassienne (« Révolté » du 1er novembre 1879) ; *L'Idée anarchiste au point de vue de sa réalisation pratique. Conclusions du travail sur ce sujet lues par le comp. Levachoff à la réunion de la Fédération jurassienne du 12 octobre 1879 (à la Chaux-de-Fonds)*, Genève (Imprimerie jurassienne, 4 pp., in-4°), premier exposé fait par Kropotkine des idées communistes anarchistes ;

La prochaine Révolution (« Révolté », du 7 février 1880 ; *Paroles*, pp. 25-32) ; — trad. allemande dans « Freiheit », 30 mai 1895 ;

Le gouvernement représentatif (« Révolté », du 6 mars 1880 sq. ; *Paroles*, pp. 169-212) ; — trad. allemande : *Representative Regierungen* (Anarch.-Communistische Bibliothek, n° 2, Londres, 1888, 43 pp) ; dans la « Freiheit », du 29 septembre au 3 novembre 1888 ; — trad. anglaise dans « The Commonweal » (Londres), du 7 mai au 9 juillet 1892 ; — trad. hollandaise dans le « Anarchist » (1894, janvier-avril) ; — trad. tchèque : *Zastupovaci vláda*, dans « Volné Listy », Brooklyn, en 1896 ;

La Commune de Paris (« Révolté », 20 mars 1880 ; *Paroles*, pp. 119-141) ; la révolution parisienne de 1871 a été l'objet de plusieurs articles et discours de Kropotkine, que je n'ai malheureusement pas séparés dans mes notes : *The Paris Commune. A Speech delivered... at the Commemoration at South Place* (Londres) *on the 17th of March 1887* (« Freedom », avril 1887) ; *Past and Future* (discours de 1889, « Freedom », avril 1889) ; *The Commune of Paris* (discours de 1891, « Freedom », avril 1891) ; autres éditions : *The Commune of Paris* (Freedom Pamphlets, n° 2, Londres, 1891, 15 pp., in-8°) ; dans la « Liberty Library », n°3 (Columbus-Junction, Iowa, mars, 1893 16 pp. in-8°) avec: *An Anarchist on*

Anarchy, by E. Reclus; — trad. allemande : *Die Commune von Paris* («Freiheit», 19 mars 1892).— *De Commune van Parijs* (hollandais, «Anarchist», mars 1889 ; brochure hollandaise, La Haye, s.a., 16 pp., in-8°). — *Past and Future* (1889) : trad. espagnole dans «El Socialismo» (Cádiz) 1889 ;— trad. portugaise dans «A Revolução Social» (Porto), septembre-octobre 1889 ; — trad. norvégienne dans «Fedraheimen» (Tönsett), 27 juillet 1889 sq., — *Discours de 1891* («Freedom») : trad. norvégienne, ib., avril 1891, — en espagnol : *La Commune de Paris*, pp. 17-31 (pp. 3-16 : *Evolución y Revolución*), Madrid, 1891, in-8° ;

La Commune («Révolté», 1-15 mai 1880 ; *Paroles* pp. 103-118) ;

Aux Jeunes Gens («Révolté», 26 juin-21 août 1880 ; *Paroles*, pp. 43-75) ; en brochure : Genève, 1881, 32 pp., in-8° ; 2° édit., 1884, 32 pp., 3° et 4° édit., Paris, 1889 ; — trad. italienne : *Ai Giovani*, trad. de C. L(azzari) et *Alle fanciulle* (de A. M. Mozzoni), Milano, 1884, 66 pp., in-16° ; Cremona, 1887, 58 pp., in-8° ; *Ai Giovani*, Nice, 1889, 30 pp. ; Naples, 1890, 31 pp. ; Milano (Bibl. dei Lavoratori, n° 10), 1893, 47 pp., in-16° ; dans «La Lotta» (Mantoue), 13 mars 1887 sq. ; dans «La Nuova Gioventù» (Florence), 1891 ; — trad. espagnole : *A los jovenes*, 1885, 32 pp. ; Cádiz, s.a.- 1888 (Biblioteca del Trabajador), 32 pp., in-16° ; Madrid, 1895 (Bibl. de la «Idea Libre» ; «Idea Libre», n°° 41-45, 32 pp., in-8°; trad. d'E. Alvarez) ; dans la «Federación de Trabajadores» (Montevideo), 1885 (inachevé ?) ; dans «El Socialismo» (Cádiz), 1886 ; dans «Il Socialista» (italien) de Buenos-Aires, 1887, en espagnol ; — trad. portugaise : *A Mocidade*, dans «A Revolução social» (Porto), 1889-90 ; — trad. roumaine : *Scrisorea unui batran pandur catre studentii reuniti in «Asociatiunea generala» studentilor universitari din Romania* (Bucarest, 1880, 26 pp., in-8°, adaptation libre de : *Aux jeunes gens*) ; *Catra Tineri* (trad. de J. Nadejde), dans «Revista Social» (Jassy), n°° 8-11 ; en brochure : Jassy, 1886, 24 pp., gr. in-8° ; Braïla, 1888 ; — trad. allemande : *An die jungen Leute* (trad. de J. Schultze), New-York, s.a.- 1884, 28 pp., in-8° ; *An die jungen Leute* (et *An die Proletarier der Kopfarbeit*), Internationale Bibliothek, n° 7, (New-York, 1887, in-18°) ; Anarchistische Bibliothek, n° 2, (Berlin, 1893, 15 pp., in 8°);

dans le « Socialist » (Berlin) du 15 au 29 juin 1893 ; dans « Freie Wacht » (Philadelphia), 1895 ; — trad. anglaise : *An appeal to the young* (dans « To day » et dans « Justice », Londres, 23 août au 11 octobre 1884, trad. de H. M. Hyndman) ; en brochure : Londres, Modern Press, 1885, 16 pp., in-8° ; nouvelles édit. : Justice Printery, 1889 ; Twentieth Century Press, 189?, 15 pp., in-8° ; nouvelle traduction : « The Torch Library », n° 3, Londres, 1895, 19 pp. ; in-8° ; dans « The People » (San-Francisco, 1887) : *Lettres to young People*, dans « The Labor Enquirer » (Denver, Col., 1887, en mai ; dans « The Alarm », 1888 ;— trad. flamande : dans le « Werker » (Anvers), 1888 ; — trad. hollandaise : *Een woord aan de jongelieden*, La Haye, Liebers et C°, 1885, 27 pp. in-8° ; — trad. danoise : *Til de Unge* (traduit pour « Arbejderen », et en brochure, Copenhague, 1891, 30 pp., in-8°) ; — trad. norvégienne : *Til de Unge* (« Fedraheimen », 1890, n°ˢ 22-23, 32 pp., in-8°) ; — trad. tchèque : *Nasi mladezi* (New-York ?, 189?) ; — trad. polonaise : *Do Mlodziezy* (« Biblioteczka Proletaryata », II, Warsawa 1883, 36 pp., in-8°, édition clandestine ; — trad. bulgare : *Km mladitye*, 2ᵐᵉ édit., Sevlievo, 1892, 39 pp., in-16° ; — trad. grecque : *Ecclésis eis tous neous kata metaphrasin* Platonos E. Drakouli (Athènes, 1886, 56 pp.) ;

Cette liste, qui comprend pourtant une quarantaine d'éditions, est loin d'être complète : *Aux Jeunes Gens* paraît être la brochure anarchiste ayant été traduite dans le plus grand nombre de langues. Sous ce rapport le second rang doit être occupé — sans qu'il me soit possible de donner une indication précise — par *Dieu et l'Etat, Evolution et Révolution, Entre Paysans* et, *le Salariat*.

La question agraire (« Révolté », 18 sept. 1880-19 févr. 1881 ; *Paroles*, pp. 143-167) ;

La Nécessité de la Révolution (« Révolté », 5 Mars 1881 ; *Paroles*, pp. 17-24) ; réimpr. dans la « Liberté », Buenos-Aires, 1894 ; — trad. italienne : *Necessità di un mutamento sociale* (pp. 5-13) ; suivi de *Suo prossimo avvenimento* (*La prochaine Révolution*), pp. 15-21, et *I Diritti politici*, pp. 23-30 de la « Biblioteca per il popolo », n° 1 (Turin), 1890 ; — trad. espagnole : dans « El Esclavo » (Tampa, Florida), 5 septembre 1894 ; « El Perseguido » (Buenos-

Aires), 22 novembre 1894 ; — trad. allemande dans l'« Autonomie »,
21-28 mai 1892 ; « Freiheit », 18 juin 1892 ; et 11 avril 1896.

La Vérité sur les Exécutions en Russie, suivie d'une Esquisse biographique sur Sophie Perovskaia (Genève, Impr. jur., 1881, en avril, 29 pp., in-16º) ;

L'Esprit de Révolte («Révolté», 14 mai au 9 juillet 1881 ; *Paroles*, pp. 275-305) ; en brochure : Genève, 1881, en octobre, 34 pp., in-16º ; 2ᵐᵉ édit., 1882, en septembre ; Genève, mai 1888 ; Paris, 1889, en septembre, 32 pp. ; 5ᵐᵉ édit., Paris, 1892, 32 pp. ; dans le « Droit social » (Lyon), 16 juillet 1882 sq., et « L'Etendard révolutionnaire » (Lyon), 6 août 1882 sq. (inachevé) ; — trad. espagnole dans « El Productor » (Habana), 1889 ; — trad. portugaise dans « A Revolta » (Lisboa), 11 septembre 1892 sq. ; — trad. allemande dans « Autonomie » (Londres), 11 juin-9 juillet 1892 ; « Freiheit » (New-York), 2-23 juillet 1892 ; — trad. anglaise dans le « Commonweal » (Londres), 19 mars au 16 avril 1892 ; — trad. tchèque dans « Volné Listy » (Brooklyn), 1ᵉʳ novembre sq. (inachevée) et en brochure : *Revolucni Duch* (Mezinarodni Knihovna, Nº 10, New-York, janvier 1894, 15 pp., in-8º) ; — trad. arménienne : Paris 1892, pp. 1-4 (inachevé) et 1893, 14 pp., in-16º, Impr. Libre de la Fédération, 1ʳᵉ publication ;

Tous Socialistes ! (« Révolté », 17 septembre 1881 ; *Paroles*, pp. 267-273) ; — trad. italienne dans l'« Amico del Popolo » (Milano), 23 janvier 1892 ;

L'Ordre (« Révolté », 1ᵉʳ octobre 1881 ; *Paroles*, pp. 97-104) ; dans « l'Idée » (Bruxelles), 10 juillet 1894 ; — trad. italienne dans « Il Grido degli Oppressi » (New-York), 17 septembre 1892 ; — trad. espagnole dans « El Corsario » (La Coruña), 4 juin 1893 ; — trad. allemande dans le « Socialist » (Berlin), 28 avril 1894 ; dans « Der Anarchist » (New-York), 7 juillet 1894 ; — trad. anglaise dans «The Alarm» (Chicago), 23 juin 1888 ; — trad. hollandaise dans « Anarchist », mai 1889 ; — trad. hollandaise dans « Licht en Waarheid » (Amsterdam), 8 sept. 1894 ; — trad. flamande dans « De Fakkel » (Gand), 18 mars 1894 ; — trad. norvégienne dans « Fedraheimen » (Tönsett), 24 août 1889 ;

Les Minorités révolutionnaires (« Révolté », 26 novembre 1881 ;

Paroles, pp. 87-95) ; dans « le Drapeau Noir » (Bruxelles), 1889 ; — trad. espagnole dans « El Perseguido », 16 juin au 10 juillet 1892 ; — trad. portugaise dans « A Revolta », en 1889 ; — trad. arménienne, Publications anarchistes, n° 8, 1894, 16 pp., in-16° ;

Les Droits politiques (« Révolté », du 18 février 1882 ; *Paroles*, pp. 33-41) ; « La Brochure » (Bruxelles), n° 9, 1894, pp. 65-72 ; — trad. allemande dans le « Socialist », 26 juin 1892 ; « Freiheit », 6 juin 1893 ; — trad. arménienne, Paris, 1892, 11 pp., in-8° et « Publications anarchistes », 1893, 20 pp., in-16° ;

La Loi et l'Autorité (« Révolté », du 31 mai au 19 août 1882 ; *Paroles*, pp. 213-244) ; en brochure : Genève, 1882, en septembre (Petite Bibliothèque socialiste), 31 pp., in-16° ; 2me édit., Genève, 1884, 31 pp., in-16° ; 3me édit., 1888, en mai, 31 pp., in-8° ; 6me édit., Paris, 1892, 37 pp., in-16° ; — trad. espagnole : *La ley y la autoridad* (Biblioteca pará el Proletariado, Barcelona, 1886, 32 pp.) ; Biblioteca de « El Despertar », Brooklyn, 1893, 24 pp., in-8° ; dans « El Despertar », 31 octobre 1892-15 janvier 1893 ; — trad. portugaise : *A lei e la autoridade* (Bibliotheca anarchista, édit. de « A Revolta », Lisboa, 1893, 48 pp.) et dans « A Revolta », 19 février-12 mars 1893 ; — trad. allemande : *Gesetz und Autorität* (London, herausgeg. von der Gruppe « Autonomie », 1886, 31 pp., in-8°) ; New-York (Internationale Bibliothek, n° 8, 1887, 16 pp., in-8°) ; — trad. anglaise : *Law and Authority* (Londres, 1886) ; — trad. hollandaise : *Wet en Gezag* (« Anarchist », janvier-mai 1888) ; — trad. suédoise : *Lov och autorite!* (brochure publiée en Amérique) ; — trad. en jargon juif (The People's Library, United Groups « Knights of Liberty » of England and America, 1889, 24 pp.) ; — trad. tchèque dans *Matice dělnická* (New-York), 1893, dans « Volné Listy » (New-York), 1893, et en brochure *Zakon a autorita* (Mezinarodni Knihovna, n° 9, New-York, 1893, 16 pp., in-8°) ;

Le Gouvernement révolutionnaire (« Révolté »... (1), *Paroles*, pp. 245-265) ; — trad. espagnole : *El Gobernio revolucionario* (Sabadell, 1892) ; dans « El Productor » (Barcelona), 2-17 décembre 1891 ; dans « La Anarquia » (La Plata), 1895 ; — trad. portugaise :

---

(1) Au moment de la compilation de cette liste je n'ai pas pu consulter les années du « Révolté » qui contiennent l'édition originale de cette brochure et de quelques autres.

O Governo revolucionario, (Bibliotheca do grupo anarchista « Revolução social », n° 2, Porto, 1892, 18 pp., in-8°) ; — trad. allemande : *Revolutionäre Regierungen* (Anarchistisch-Communist. Bibliothek, n° 1, Londres, 1887, en décembre, 19 pp.) ; (Anarchistische Bibliothek, Berlin, 1893, 15 pp. ; nouv. édit., 1894) ; — trad. anglaise : *Revolutionary government* (Londres, Office of « The Commonweal », 1892, 15 pp.) ; dans le « Commonweal », du 19 décembre 1891 au 6 février 1892 et réimpr. le 6 août 1892 (inachevé) ; — trad. hollandaise : *Revolutionaire Regeeringen* (La Haye, s.a. ; autre édit. : s.a. s.l., vers 1894, 14 pp.) ; — trad. tchèque : *Revolucny Vlády* (Mezinárodní Knihovna, n° 6, New-York, 1890) ;

Théorie et Pratique (« Révolté »...., *Paroles*, pp. 307-314) ;

La Guerre (« Révolté ».... *Paroles*, pp. 77-85) ; — *War* (Londres, H. Seymour, 1886, 8 pp., in-8°) ;

L'Expropriation (« Révolté », 25 novembre 1882 ; *Paroles*, pp. 315-342) ; c'est le dernier article de Kropotkine dans le « Révolté », avant son emprisonnement, de 1882 à 1886 ;

L'Expropriation (« Révolté », 14 février 1886) ; *Comment on s'enrichit* (« Révolté », 29 mai au 3 juillet 1886), forment le chapitre *l'Expropriation*, de la *Conquête du Pain* : pp. 47-53 ; ils sont suivis de *la Pratique de l'Expropriation* (« Révolté », 10-17 juillet 1886) ;

Traductions de la première partie, reproduite dans les *Paroles* : en espagnol : *la Expropriación*, I⁰ parte (Biblioteca del Trabajador, Cádiz, 1887, 31 pp.) ; — en portugais : dans « A Revolução social » (Porto), 1888, 26 février-8 avril ; — en anglais : *Expropriation* (Londres, H. Seymour, 1886, 8 pp., in-8°) ; — réimprimé en français dans « le Drapeau Noir » (Bruxelles, 1889) ;

Traductions de la partie reproduite dans la *Conquête du Pain* : en italien, dans « Il Pensiero » (Chieti), 24 juin-22 juillet 1894 ; en brochure, publiée par l'« Avvenire » (San Paulo, Brésil), 1895 ; — en espagnol, dans « El Derecho á la vida » (Montevideo), 18 mars 1894 sq. ; « La Luz » (ib.), 23 février 1896, sq. ; — en portugais, dans « A Revolta », 1ᵉʳ janvier 1893 sq. ; — en allemand, dans l'« Autonomie », 23 janvier, 3-24 septembre 1892 ; « Freiheit »,

17-24 septembre 1892 ; — en anglais : *Expropriation* (Freedom Pamphlets, n° 7, Londres, 1895, 39 pp., in-8°) ; — en tchèque, dans « Matice délnická » (New-York), 1893, n°s 1, 2.

L'Anarchie dans l'Evolution socialiste (« Révolté », 28 mars au 9 mai 1886) ; en brochure : Paris, 1887, en mars, 31 pp., in-16° ; 3ᵐᵉ édit., Paris, 1889 (décembre 1888) ; Bruxelles, 1895, 35 pp., in-16° (Bibliothèque des Temps Nouveaux, n° 2) ; dans « Harmonie » (Marseille), février-mars 1893 ; — trad. italienne : *L'Anarchia nell' evoluzione socialista* (Turin, édit. de « La Nuova Gazzetta Operaia », du 18 mai au 9 juin 1889, 30 pp., in-16°) ; dans « Ordine », 24 nov. 1893 sq. ; — trad. espagnole : *La Anarquia en la evolución socialista* (publ. par le groupe « Expropriación » (Buenos-Aires, juillet 1895, 21 pp., in-8°) ; — trad. portugaise : *A Anarchia na evolução socialista* (Bibliotheca dos trabalhadores, Publicação dos grupos comunistas-anarchistas de Lisboa e Porto) Porto, 1887, 16 pp., in-8° ; — trad. allemande dans « Freiheit », 7-28 janvier 1888, sous le titre *Der Anarchismus* ; — trad. anglaise : *The Place of Anarchism in Socialist Evolution*, London, H. Seymour, 1887, 7 pp.; 2ᵐᵉ édit., London, W. Reeves, 7 et II pp.) ; dans « The Anarchist » (1ᵉʳ juillet 1886) ; — trad. hollandaise dans « De Vrije Pers » (1887) ; — trad. bulgare : *Anarchiata vo socialistitcheskata evoliucia* (Roustchouk, 1895, 31 pp., in-8°), publié d'abord dans « Borba » (n°s 17-23, de Philippopoli ; — trad. grecque : *Exelixis ton neoteristikou pneumatos tou enestôtos aiônos* (Bibliotheke « Ardên » Athènes, 32 pp., in-32, et dans « Ardên » avril-juin 1887 ;

Les Prisons (« Révolté », 14-21 août 1886) ; *Influence morale des prisons sur les prisonniers, Conférence faite le 20 décembre 1887 à la salle Rivoli* (« Révolté », 24 décembre 1887-16 juin 1888) ; en brochure : *Les Prisons....* (Paris, 1888, 59 pp., in-16°). Dans les traductions étrangères, selon que la conférence a été traduite du « Révolté » ou de la brochure, elle porte le titre : *Influence, etc.*, ou *Les Prisons;* ce dernier titre est aussi celui des articles antérieurs du « Révolté », j'ai négligé d'établir cette distinction très nettement dans mes notes. — Traductions : en italien, dans le « Combattiamo !» Gênes), 1890 ; *Influence morale*, etc., dans l' Operaio » (Tunisie), 1888) ; — en espagnol : *Los Cárceles* (la brochure) dans le

« Productor », 11 juin-23 juillet 1891 ; dans « El Trabajo » (Guanabacoa, île de Cuba, 1891, inachevé ?) ; *Influence morale*, etc., dans « El Socialismo » (Càdiz), 1888 ; — en portugais, dans « O Emancipador » (Porto), 1892, inachevé ; dans « A Propaganda » (Lisboa), 1894-1895 ; — en allemand, dans « Freiheit » (23 juin-1er septembre 1888) ; — en hollandais, *De Gevangenissen* (La Haye, B. Liebers et C°., 1889, 36 pp., in-8°).

In Russian and French Prisons (London, 1887, IV, 387 pp., in-8°) ;

Cf. aussi : *Russian Prisons* (« Nineteenth Century », Londres, janvier 1883) ; *The Fortress Prison of St-Petersburg* (ib., juin 1883) ; *Outcast Russia, I. The Journey to Siberia* (ib., décembre 1883) ; *The Exile in Siberia* (ib, mars 1884).

Le Logement (« Révolté », 24 juillet-7 août 1886 ; *Conquête*, pp. 99-111) *Les Denrées* (« Révolté, 2 octobre-27 novembre 1886 ; *Conquête*, pp. 65-97) ; *Le Vêtement*, (« Révolté » 25 décembre 1886 ; *Conquête*, pp. 113-129) ; *Les Besoins scientifiques* (« Révolté », 29 janvier-12 février 1887) ; — trad. italienne : *L'Alloggio*, dans « Il Pensiero » (Chieti), 1894 ; — trad. allemande : *Die Bekleidung. Die Lebensmittel. Die Wohnung. Zweck und Leistungsfähigkeit der Production* (*Les Voies et les Moyens*, *Conquête*, pp. 119-129) dans « Lichtstrahlen » (Berlin, 1893-94) ;

La Libre Entente (« Révolté » 2 avril-23 juillet 1887, *Conquête*, pp. 164-185) ; — trad. allemande, dans le « Socialist » (Berlin, 7-14 janvier 1893) ;

Production et Consommation (« Révolté », 2 juillet 1887, *Conquête*, pp. 235-244 : *Consommation et production*) ; — trad. allemande dans le « Socialist » (Berlin), 21-28 janvier 1893 ; dans la « Brandfackel » (New-York), 1894 ;

The Scientific Basis of Anarchy (« Nineteenth Century », Londres, février 1887, pp. 238-252) ; *The Coming Anarchy*, (« Nin. Cent. », août 1887, pp. 159-164) ; réimpr. sous le titre : *Anarchist Communism : its basis and principles*, (Freedom Pamphlets, n° 4, Londres, 1891, 35 pp., in-8° ; 2e édit. 1895) ; aussi dans Parsons' *Anarchism* (Chicago, 1888), en anglais et en allemand ; — trad. espagnole : *Bases cientificas de la Anarquia*, dans « El Productor » (Barcelona), 22-25 février 1887 ; dans « Acracia » (Barcelona), novembre-décembre 1887 ; dans « El Productor », (Habana), 1888 ; dans « El Despertar », décembre 1894-95 ; — trad. portugaise dans « A Revolta », 23 juin 1889 sq.; — trad. allemande dans « Freiheit », 26 mai-16 juin 1888 ; — trad. tchèque, dans « Volné Listy » (Brooklyn), 1ᵉʳ novembre 1894-avril 1895 ; — brochure espagnole : *La Anarquia* (« Biblioteca anarquista », Madrid, s.a., 1889 ? ; 31 pp., in-8°), trad. de *The Scientific Basis...* ; en espagnol aussi : *La Anarquia*, dans « Il Socialista » (italien) de Montevideo, 29 septembre 1889 sq.; — trad. française de *The Coming Anarchy : L'inévitable Anarchie*, dans « La Société Nouvelle », janvier 1895 et en brochure (« Bibliothèque des Temps Nouveaux », n° 6, Bruxelles, 1896, 35 pp., in-16) ; — trad. française de *The Scientific Basis....* dans « La Question sociale » (Bruxelles), le 15 juillet 1890 (inachevé); — réimpr. anglaise dans « Freedom » (Chicago), janvier 1892 sq. ; — en arménien : *l'Anarchie* (Publications anarchistes, n° 5, 1893; 15 pp. in-16°) trad. de *The Coming Anarchy* (?) ;

The Breakdown of our industrial system (« Nineteenth Century », avril 1888, pp. 497-516) ; — trad. française : *La Faillite du système industriel* (« Société Nouvelle », juillet 1895) ; — trad. espagnole: *El Hundimiento de nuestro sistema industrial* (« Acracia », mai 1888, pp. 575-591) ;

The Coming Reign of Plenty (« Nineteenth Century », juin 1888, pp. 817-837) ; — trad. française : *La future Abondance* (« Société Nouvelle », février 1896) ; — trad. espagnole : *Principio del futuro reinado de la abondancia* (« Acracia », juin 1888, pp. 601-615) ;

The Industrial Village of the Future (« Nineteenth Century », octobre 1888, pp. 513-530) ; — trad. française dans « La Société Nouvelle » juillet 1896 ;

Communist Anarchism. A speech delivered...... at the Freedom Group meeting, March 15ᵗʰ 1888 (« Freedom », Londres, Avril 1888) ; — trad. espagnole, dans « El Socialismo » (Cádiz), 4 juin 1888 ; — trad. portugaise, dans « A Revolta » (Porto, 1889) ;

Le Salariat (« La Révolte », 26 août-30 septembre 1888 ; *Conquête*, pp. 213-234 : *Le Salariat collectiviste*) ; en brochure : *Le Salariat* (Paris, 1889, en août, 35 pp., in-16°; 2ᵐᵉ édit., 1892) ; — trad.

italienne : *Il Salariato* (Biblioteca della « Gazzëtta degli Operai », n° 1, Turin, 1891, 24 pp. in-16°) ; édit. de l'« Ordine » (Turin), 1892, 2me édit.; « Pubblicazioni anarchiche del giornale l'«Avvenire », n° 2, San Paulo, Brésil, impr. à Montevideo, 1895, in-32° (inachevé?); — trad. espagnole: *El Salariado* (Biblioteca anárquico-comunista del «Perseguido », Buenos Aires, 1891, 32 pp. in-16) ; dans «El Socialismo» (Cádiz), 21 novembre 1889, sq.;— trad. portugaise : *O Salariado* (« Bibliotheca anarchista », n° 3, édit. de « A Revolta », Lisboa, 1893, 32 pp.); dans « A Revolta », 2 septembre 1889 sq., et, en 1893 ; *O Regimen do Salario* (« A Revoluçào social », 1890) ; — trad. allemande : *Das Lohnsystem* (« Anarchistisch-Communist. Bibliothek », n° 4, Londres, 1890, 18 pp. in-8°) ; «Anarchistische Bibliothek»,n°5, Berlin s.a.-1894, 16 pp.in-8°); dans « Die Autonomie », 22 septembre-3 novembre 1888 et 4 janvier-1er mars 1890 ; *Communismus und Lohnsystem*, dans « Der Anarchist » (Saint-Louis, n°7, 1891) ; — trad. anglaise : *The Wage System* («Freedom Pamphlets», n° 1, London, 1889; nouv.éditions: 1894, 1895, 15 pp., in-8°) ; dans « Freedom », septembre-décembre 1889 ; — trad. hollandaise : *Het Loonsystem* (La Haye, 1890) ; — trad. norvégienne : *Lönsystemet* («Fedraheimen», 14 février 1891, Skien, 16 pp., in-8°) et dans « Fedraheimen » (Tönsett) du 21 décembre 1889-1890 ; — trad. tchèque : *Namezdni Soustava* « Mezinarodni Knihovna», New York, 1892, 15 pp.) et dans «Volné Listy » (Vienne), 1895 ; — trad. bulgare : *Salariata ili segachnata forma na ocenjavanie truda* (« Anarchicheska Biblioteka », n° 2, Razgrad, 1895, 15 pp., in-8°) ;

1789-1889 (« Révolté », 13 janvier-24 mars 1889) ; *Le Centenaire de la Révolution* (« Révolte », 30 juin-21 septembre 1889) ; *The Great French Revolution and its Lessons* (« Nineteenth Century », juin 1889, pp. 838-851) ; — en brochures, la première série d'articles : *Un siècle d'attente 1789-1889* (Paris, au bureau de « La Révolte », 1893, 32 pp., in-8°) ; la deuxième série d'articles : *La Grande Révolution* (ib., 1893, 39 pp.) ; — trad. espagnole : *El Centenario de la Revolución* (« El Productor », Barcelona, 20 août-24 septembre 1891) ; — trad. portugaise : *1789-1889*, dans « A Revolta », 1889 ; — trad. allemande *(Un siècle d'attente)* : dans

« Der Anarchist » (New York), 1894 ; — trad. tchèque du même dans « Délnické Listy » (New York), 1894 ;

La Division du Travail (« La Révolte », 21 avril 1889) ; *Le Commerce extérieur et la Misère à l'Intérieur* (« La Révolte », 5 mai-15 juin 1889), base des chapitres : *La Division du Travail* (*Conquête*, pp. 245-249) et *La Décentralisation des Industries* (*Conquête*, pp. 251-264) ; — trad. allemande : *Die Decentralisation der Industrie*, dans le « Socialist » (Berlin), 4-11 février 1893 ;

(*Le Vingtième Siècle*, dans « La Révolte », 30 novembre-28 décembre 1889, série d'articles sur *Looking backward*, de Bellamy, est certainement l'œuvre de Kropotkine) ;

Le Travail agréable (« La Révolte », 1-8 février 1890 ; *Conquête*, pp. 153-164) ; — trad. allemande : *Angenehme Arbeit* (« Autonomie », 14-28 février 1891) ; traduit de la *Conquête*, dans le « Socialist » (Berlin), 25 février-4 mars 1893 ;

Brain Work and Manual Work (« Nineteenth Century », mars 1890, pp. 456-476) ;

La Morale anarchiste (« La Révolte », 1ᵉʳ mars-16 avril 1890 ; *Encore la Morale*, 5-19 décembre 1891) ; en brochure : *La Morale anarchiste* (Paris, 1891, 74 pp., in-16°) — trad. espagnole dans « El Socialismo » (Cádiz), 1890 ; — trad. portugaise dans « A Revoluçâo social », décembre 1890-1891 ; — trad. allemande : *Die Anarchistische Moral* (« Anarchistisch-Communist. Bibliot. », n° 6, 40 pp., in-8°; « Anarchistische Bibliothek », n° 4, Berlin, 1893, 24 pp., in-8°) ; dans « Autonomie » (13 juin-29 août 1891) et « Freiheit » (4 juillet-19 septembre 1891) ; — trad. anglaise : *Anarchist Morality* (« Freedom Pamphlets », n° 6, 1892, 36 pp.; 3ᵐᵉ édit., 36 pp., in-8°) ; dans « Freedom » (Londres), octobre 1891-juillet 1892 ; — trad. hollandaise : *De Onafhankelijke Moraal* (La Haye, B. Liebers et C°, « Volksbibliotheek », n° 4, 1891, 63 pp., in-8°) ; — trad. danoise : *Anarkistisk Moral*, dans « Proletaren », Copenhague, 10 mai 1896 s. l. ; — en jargon juif, publ. par la « Freie Arbeiterstimme » (New York, International Series, 1892, 74 pp., in-8°) ; — trad. tchèque : *Mravonka Anarchie*, dans « Délnické Listy » (New York), 1896 ;

Nos richesses (« La Révolte » 26 juillet-31 août 1890 ; *Conquête*, pp. 1-14) ; *L'Aisance pour tous* (« La Révolte », 6-20 septembre

1890 ; *Conquête*, pp. 15-29) ; *Le Communisme anarchiste* (« La Révolte », 11 octobre-15 novembre 1890 ; *Conquête*, pp. 31-45) ; — trad. allemande : *(Nos richesses)* dans le « Socialist » (Berlin), 19-26 novembre 1892 ; « Freiheit » du 18 avril 1896 ; *Anarchistischer Communismus*, dans « Autonomie », 15 octobre-19 novembre 1892 ; dans « Die Zukunft » (Vienne), 1893 ; — trad. en jargon juif : *Das menschliche Recht (Unsere Reichthümer—Allgemeiner Wohlstand — Expropriation — Communistischer Anarchismus)*, « Anarchistisch-Communist Bibliothek » ; Radical Library Series, n° 2, New York, 1894, 5, 20, 9 et 10 pp., in-8° ; — trad. tchèque : *(Nos richesses)*, dans « Tydnï List Hlas Lïdu » (New York), 1893, et « Volné Listy » (Vienne), 1895 ; *(L'Aisance pour tous): Vseobecny blahobyt*, dans « T. L. Hlas Lïdu », 1893 ;

Mutual Aid among Animals (« Nineteenth Century », septembre et novembre 1890) ; *Mutual Aid among Savages* (ib., avril et décembre 1891) ; *Mutual Aid among the Barbarians* (ib., janvier 1892) ; *Mutual Aid in the Medieval City* (ib., août et septembre 1894) ; *Mutual Aid among Modern men* (ib., janvier, 1896), *Mutual Aid among ourselves* (ib., juin 1896 ; dernier article) 1896 ; — trad. française (en partie) dans « La Société Nouvelle » : *La lutte pour la vie et l'appui mutuel* (1892), etc.; — trad. espagnole : *La Lucha por la existencia y el apoyo mutuo* (« El Productor », 26 mai-22 septembre 1892) ; *El apoyo mutuo entre los Salvajes* (ib., 23 février-13 avril 1893 ; — *(Mutual Aid among Savages)* trad. allemande dans « Der Anarchist » (New York, 10 juin-25 novembre 1893) ; — trad. norvégienne de *Mutual Aid among Animals*, dans « Fedraheimen », 1891 (j'ignore si elle est complète). Toute cette série paraîtra prochainement réunie en un volume ;

L'Agriculture (« La Révolte », 12 décembre 1890-14 février 1891 ; *Conquête*, pp. 265-297) ; en brochure : Paris, 1893, 32 pp., in-8° ;— trad. italienne *L'Agricultura* (brochure, publ. à Turin ?) ; — trad. roumaine dans « Munca », Bucarest, vers 1893 ;— trad. anglaise dans « Liberty » (Londres), juillet 1896 sq. ;

Le Capital de la Révolution (« La Révolte », 7 mars 1891) ;

Intensive Agriculture (« The Forum », juin 1891) ;

Etude sur la Révolution (« La Révolte » ; 10 juillet-7 novembre

1891) ; — trad. anglaise : *Revolutionary Studies*, dans « The Commonweal » (Londres), 19 décembre 1891-6 février 1892, et en brochure (London, Office of « The Commonweal », 1892, 31 pp., in-8°);

L'Utopie Gouvernementale (« La Révolte », 11 novembre 1892-21 janvier 1893) — résumé en portugais : *A Utopia governemental* (« Propaganda anarquista », n° 1, Lisboa, Ediçào do « Grupo de Estudos sociaes », décembre 1894, 13 pp., in-16° : resumido de « La Révolte », brochure non signée de l'auteur); dans l'« Avvenire » (São Paulo), 1895, (en portugais) ;

Une Conférence, faite le 5 mars 1893, sur l'Anarchie (« La Révolte », 18 mars-2 septembre 1893) ; en brochure : *Les Temps Nouveaux (Conférence faite à Londres)*, Paris, au bureau de « La Révolte », 1894, 63 pp., in-8° ; (premier compte-rendu de la Conférence), dans « Freedom », avril 1893 ; — trad. espagnole dans « Anarquia » (Madrid), 1893, « El Despertar » (1893), « El Perseguido » (7 mai 1893 sq.), « La Alarma » (Habana), 31 décembre 1893 sq., (inachevé) ; — trad. portugaise *(Novos Tempos)*, dans « A Propaganda » (Lisboa), 13 février 1894-27 janvier 1895 ; — trad. allemande dans le « Socialist » (Berlin), 29 avril-28 octobre 1893 ; — trad. anglaise *(The New Era)*, dans « Solidarity » (New York), 1895 (inachevé), dans « The Rebel » (Boston), 1895-96, n° 1 sq.;

Lettre sur une colonie communiste-anarchiste (16 février 1895), publiée dans le « Newcastle Daily Chronicle », du 20 février 1895 ; réimpr. dans « Liberty » (London), mars 1895 ; — trad. française, « Temps Nouveaux », 9 mai 1896 ;

Un temps d'arrêt (« Les Temps Nouveaux », n°ˢ 4-19, 25 mai-7 septembre 1895), extraits traduits en allemand dans « Freiheit », 1895, n°ˢ 40-43.

Je n'ai pu retrouver ni dans « Le Révolté », ni dans « La Révolte », les éditions originales des chapitres suivants de la *Conquête du Pain* ; il y a donc lieu de croire — sauf erreur de ma part — qu'elles ne s'y trouvent point :

Les voies et moyens (pp. 109-129) ;

Les besoins de luxe (pp. 131-151) ; — trad. italienne : *I bisogni di lusso*, dans le « Sempre Avanti ! » de Livourne, 1893 ;

Objections (pp. 187-211).

Traductions des *Paroles d'un Révolté* (1885) ; — en anglais : (est-elle assez complète ?), dans un journal non anarchiste de l'Ouest de l'Amérique dont il m'est impossible de retrouver le nom ; dans « The Anarchist » (Sheffield), 18 mars 1894 sq. (quelques chapitres seulement) : *The Words of a Rebel ;* — en allemand : *Worte eines Rebellen* (Londres, 1896, in-8°, en livraisons) ; — en hollandais : *Woorden van een Opstandeling* (Amsterdam, mai 1896 sq., en livraisons) ; — en russe (Genève, 1re livraison, fin d'août 1896).

Traductions de la *Conquête du Pain :* — la traduction italienne par G. Domanico qui devait paraître à Bologne, en 1894, n'a pas été publiée ; — en espagnol : *La Conquista del Pan* (Buenos Aires 1895, 215 pp., in-12°) ; réimpr. dans « El Esclavo » (Tampa, Fl.), 29 août 1894 sq. ; — en portugais : *A Conquista do Pao* (Porto, 1895-96, en 23 livraisons) — en allemand : *Der Wohlstand für Alle...* Deutsch von B. K. (Zürich, 1896, X-320 pp., in-8°) ; — en anglais : dans « Freedom », juillet 1892 sq. (inachevé?).

L'Anarchie, sa philosophie, son idéal (Paris, Stock, juin 1896, 59 pp., in-18°.

P. Kropotkine a de plus écrit nombre d'articles et de notes insérés dans « Le Révolté », « La Révolte », « Freedom », etc., sans sa signature, entre autres les chroniques russes, parues dans les organes révolutionnaires jurassiens ou genevois lors de son séjour en Suisse. Je n'ai pas à mentionner ici les articles scientifiques donnés par lui à diverses publications telles que le « Nineteenth Century », etc.

CHAPITRE XIII.

France (1880-1896).

Journaux et Revues Anarchistes.

La Révolution sociale, organe anarchiste (Paris), 12 septembre 1880-18 septembre (?) 1881, 56 n^{os} (?) ;

Bulletin des Groupes anarchistes (Paris), 15 novembre 1881, 1 n°, polygraphié ;

Le Droit social (Lyon), 12 février-13 juillet 1882, 24 n^{os}, suivi de L'Etendard révolutionnaire, 30 juillet-15 octobre 1882, 13 n^{os} ;

La Lutte (Lyon), 1er avril-5 août 1883, 19 n^{os} ; Le Drapeau Noir, 12 août-2 décembre 1883, 17 n^{os} ; L'Emeute, 9 décembre 1883-20 janvier 1884, 7 n^{os} ; Le Défi, 3-17 février 1884, 3 n^{os} ; L'Hydre anarchiste, 17 février-30 mars 1884, 6 n^{os} ; L'Alarme, 13 avril-1er juin 1884, 8 n^{os} ; Le Droit anarchique, 8 juin-22 juin 1884, 3 n^{os} ; (Hors la loi, v. « Le Révolté » du 20 juillet 1884, n'a pas paru);

La Vengeance anarchiste (Paris), 6 mars-1er avril 1883 (2 n^{os} ?);

Le Paysan Révolté (?), 1884, 2 n^{os} ;

L'Affamé (Marseille), 15 mai-27 juillet 1884, 6 n^{os} ;

La Revue antipatriote et révolutionnaire (Paris), octobre, novembre 1884 (2 n^{os} ?);

Terre et Liberté (Paris), 25 octobre 1884-14 février 1885, 17 n^{os} ;
L'Audace, 7-21 mars 1885, 3 n^{os} ;

Revue anarchiste internationale (Bordeaux), novembre 1884-20 février 1885 (4 n^{os}) ;

Le Glaneur anarchiste (Paris), 1er janvier et mai 1885, 2 n^{os} ;

(*La Varlope*, Paris, 1er mars 1885 sq., organe corporatif) ;

(*L'Esprit de Révolte*, Paris, num. progr. et n° 1, mai 1885) ;

Le Droit social (Marseille), 16 mai 1885 sq. ;

Le Révolté (12 avril 1885-10 septembre 1887, hebdomadaire depuis mai 1886), suivi de *La Révolte* (17 septembre 1887-10 mars 1894): v. le chapitre concernant la Suisse ; *La Révolte, Supplément littéraire* (1er vol. 404 pp., in-fol. ; 2me vol. 408 pp., in-fol. ; du 3me vol. ont paru 206 pp., in-fol.) ;

Le Drapeau rouge (Paris), 24 mai 1885 sq. (3 n^{os} ?) ;

Le Forçat du Travail (Bordeaux), 19 septembre 1885-1886 (le n° 12 est du 31 mars 1886) ;

La Lutte sociale (Lyon), 1886, 6 n^{os} ;

La Révolte des affamés (Calais), 1886 (en été) ; 18 n^{os} (?) ;

(*La Révolution cosmopolite*, Paris, 4 septembre 1886 sq. ; 1887, en revue, 5 n^{os} ; « indépendant », comme aussi *Le Va-nu-pieds*, 18 mars 1887, sq.) ;

L'International anarchiste (Marseille), 17 octobre-novembre 1886 ;
L'Action révolutionnaire (Nimes), 5 mai 1887 ;
L'Action révolutionnaire (Alger), 1887 ;
L'Autonomie individuelle (Paris), mai 1887-mars 1888, (9 n^{os}) ;
L'Avant-Garde cosmopolite (Paris), 1887, 8 n^{os} ;
L'Ouvrier révolté (Calais), 19 juin 1887 sq. ; **2** n^{os} ;
L'Idée ouvrière (Le Havre), 10 septembre 1887-1888 (le n° 40 est du 9 juin 1888) ;

Le Ça ira (Paris), 27 mai 1888 sq., 10 n^{os} ;

L'Attaque (Paris), 1888 - fin avril 1890, devenue anarchiste en 1889 ;

Le Travailleur (Le Mans), 1888, polygraphié, (v. « La Révolte », du 21 octobre 1888) ;

Le Drapeau noir (Marseille), 1888 ;

Le Drapeau rouge (Lyon), 1889 ;

Le Père Peinard (Paris), 24 février 1889-21 février 1894, 253 n°⁸ ;
Brochures périodiques du « Père Peinard » (Londres, in-32°) : *Il n'est pas mort* (septembre 1894), 31 pp. ; *A roublard, roublard et demi* (octobre 1894), 30 pp. ; *Histoire ancienne. Un Vaillant.... en 1836* (octobre 1894) ; *L'A. B. C. D. de la Révolution* (novembre 1894), 31 pp. ; *L'Abattoir patriotique* (décembre 1894), 15 pp. ; *Tout à l'Egout* (décembre 1894), 15 pp. ; *Judas!* (janvier 1895), 15 pp. ; *Débacle bourgeoise* (janvier 1895), 15 pp. ; soit 8 brochures ; *Almanach du Père Peinard pour 1894* (Paris, 1893, 56 pp.) ; — *pour 1896* (Paris, 1895, 64 pp. in-8°) ; onze placards in-fol. *(Le Père Peinard au populo....)* à l'occasion des élections, etc., du 27 janvier 1889 (la date du 2ᵐᵉ placard m'est inconnue), 28 juillet, 22 septembre, 6 octobre 1889 ; 27 avril, 13 juillet, 2 novembre 1890 ; 1ᵉʳ mai 1892, 16 avril, 20 août, 3 septembre 1893 ;

Le Bandit du Nord (Roubaix), 9-16 février 1890, 2 n°⁸ ;

Le Producteur (Le Havre), 30 avril 1890, 1 n° ;

Le Tocsin (Alger), 25 avril 1890 sq. (12 n°⁸ ou plus ?) ;

Bulletin de propagande antipatriotique (Paris), août 1890, polygraphié (2 n°⁸ ?) ;

Le Révolté sédanais (Sédan), 1891, polygraphié ;

Le Forçat (Paris), 4 juillet 1891 ;

L'Antipatriote (Paris), 1891 (le n° 2 est du 26 juillet) ;

Le Riflard (Paris), 1891 (-92 ?) ;

Le Pot-à-Colle (Bagnolet, Seine), 1891-92 ;

Le Cri typographique (Paris), 1891-92 ;

L'Indépendant (Commercy), 1891 (le n° 3 est du 22 août) ;

(Vendémiaire, Paris, 1ᵉʳ juillet 1891 sq., 4 n°⁸ ?) ;

L'En-Dehors (Paris), 5 mai 1891-10 février 1893, 91 n°⁸ ;

Le Conscrit (Paris), 1 n°, janvier 1892 ;

Le Falot cherbourgeois (Cherbourg), 1ᵉʳ janvier 1892, sq. ;

Le Libertaire (Alger), 10 janvier 1892 sq. ; le n° 7 est du 25 avril ; polygraphié ;

Le Déchard (Damery-Brunet, Marne), 27 février 1892.... ;

L'Agitateur (Marseille), 1ᵉʳ mars 1892, 8 num. (?), jusqu'au 17 avril 1892 (?) ; publié de nouveau en 1893, le n° 6 est du 18 février 1893 ;

(Le Gueux, Paris, 27 mars 1892, 2 n°⁸) ;

(*Entretiens politiques et littéraires*, Paris, anarchiste pendant quelque temps, en 1892) ;

(*Harmonie*, Marseille, octobre 1891-septembre 1893, 24 n^{os}, revue ; anarchiste en 1893) ;

Le Paria (Paris), journal manuscrit, 1892-1895 ; le n° 13 et dernier est d'avril 1895 ;

La Marmite sociale (Alger), 15 janvier 1893.... ;

La Lutte pour la vie (Paris), 27 mai-25 juin 1893, 4 n^{os} ;

L'Insurgé (Lyon), 12 août 1893, sq., 15 n^{os} ;

La Revue anarchiste (Paris), 15 août 1893 sq., 8 n^{os}; suivi de *La Revue Libertaire*, 15 décembre 1893-20 février 1894, 5 n^{os} ;

La Mistoufle (Dijon), fin de 1893.....

Ici, se place une période où tous les périodiques anarchistes furent supprimés ou cessèrent de paraître (1894).

(*Le Courrier social*, illustré, Paris, 1er novembre 1894 ; 2 n^{os} (?) ;

(*L'Œuvre sociale*, Marseille, février 1895 sq., 6 n^{os} ;

Les Temps Nouveaux (Paris), 4 mai 1895 sq.; *Les Temps Nouveaux, supplément littéraire*, 4 mai 1895 sq., 8 pp., in-4° ;

La Sociale (Paris), 11 mai 1895 sq.; 1 placard in-fol., publié en 1895 ;

Sur le trimard (Paris), 4 juillet 1895 sq.; (3 n^{os} ?) ;

La Nouvelle Humanité (Paris), août 1895 sq., polygraphié ;

Le Libertaire (Paris), 16 novembre 1895 sq. ;

Le Riflard (Paris), 16 décembre 1895, sq. ;

(*L'Action*, Paris, 1er février 1896, suivi de *l'Action sociale*, n°s 2-5, 8-29 février 1896) ;

Le Père Duchêne (Paris), 21 mars 1896 sq.;

La Clameur amiénoise (Amiens), 3 nov, 1896...;

Il faudrait citer encore plusieurs revues littéraires françaises et belges, notamment *la Revue blanche*, *l'Enclos* (avril 1895-juin 1896, 8 n^{os}) ; le *Mercure de France*, la *Revue Rouge* (3 n°s 1896); le *Livre d'Art* (1896) ; (1895), le *Bulletin des Harmoniens*, (1895-96), etc. A voir, tout particulièrement, le n° 97, du 1er mai 1893 de *la Plume* (numéro exceptionnel, composé par **André Veidaux** et consacré à l'Anarchisme).

Journaux anarchistes français, publiés hors de la France :

L'International (Londres), mai 1890 sq·, 7 n°˙ (?) ;
La Tribune libre (Londres), 15 novembre 1890 sq., 4 n°˙ (?) ;
Le Rothschild (Londres), 15 juin 1891 sq., 3 n°˙ (?) ;
Le Tocsin (Londres), 31 décembre 1892-93 ou 94, 9 n°˙ (?), dont plusieurs en placards ;
Le Communiste (Londres), 23 avril 1892, 1 n° ;
La Liberté (Buenos Aires), 23 janvier-17 avril 1893, 13 n°˙ ;
La Liberté (Buenos Aires), 18 mars-9 septembre 1894 (26 n°˙: j'ignore s'il en a paru davantage).
Le Cyclone (Buenos Aires), 12 novembre 1895, sq.; (5 n°˙ ?) ;
Le Réveil des Masses (Newfoundland, Pennsylvania), 1889-90 ;
Le Réveil des Mineurs (Hastings, Cambria County, Pennsylvania) 1 nov. 1890-92 (?) ;
La Crise Sociale (New York), 1891 : doit, je crois, être considérée comme anarchiste ;
L'Ami des Ouvriers (Charleroi, Pennsylvania) 1ᵉʳ avril 1894-1896 ; suivi de *La Tribune libre* (25 juin 1896 sq.).

Livres, Placards et Brochures :

Dans cette nomenclature, j'ai cru devoir citer un certain nombre de placards qui, en quelques occasions, ont tenu lieu, pour la propagande, de brochures ou de journaux. Par contre, j'ai écarté les multiples placards abstentionnistes publiés lors de diverses élections ; il en existe plusieurs centaines, dont quelques collections ont pu être réunies et conservées (1). Le chapitre suivant contient la liste des brochures, placards, articles divers se rapportant aux procès des anarchistes ainsi que leurs déclarations devant les tribunaux.

---

(1) L'importance en est suffisante pour que leur réunion et leur publication en un volume, qui pourrait s'intituler, par exemple, « Les Murailles Anarchistes » ne fut pas dénuée d'intérêt. Quelques uns ont été reproduits dans *Documents pour servir à l'histoire de notre époque*, par Gabriel de la Salle et A. Hamon (Supplément de « L'Art Social », nov. 1893-février 1894, 32 pp. in-8°).

La question électorale (« Publications de l'Alliance des groupes socialistes-révolutionnaires », Paris 1880, 14 pp., in-8°) ;

Emile Gautier : *Le Darwinisme social. Etude de philosophie sociale* (Paris, 1880, 110 pp., in-18°) ;

Du même : *Propos anarchistes : I. Le Parlementarisme* (1880 ; autre édition : 1885, 31 pp.) ; *II. Les Endormeurs. 1. Les Libertés politiques* (1880 ; 29 pp.) ; *III. Les Endormeurs. 2. Les Heures de Travail* (23 pp.) ;

L'Anarchie (« Le Groupe parisien de propagande anarchiste ») Paris, in-fol., 2 pp. à 4 col., commencement de 1882) ; publié en brochure par le groupe d'études sociales de Bourges, Cher, 24 pp., in-16°, s.a. 1889 ; v. « La Révolte » du 10 février 1889 ;

Mort aux voleurs (« Propagande anarchiste », publié par le même groupe ; v. sur ce groupe « Le Révolté », du 4 février 1882 ; Paris, in-fol., 1 p. à 4 col.) ; imprimé dans le n° supplémentaire du 27 août 1882 de « l'Etendard révolutionnaire » (Lyon) ; réimpr. en placard en 1889 et, aussi, sur le placard : *La Défense du Compagnon Pini* (p. 2), Paris, 1889 ;

Anarchie et Autorité (Propagande anarchiste, in-fol., 4 col.), 1882 ;

La première des Anarchistes aux Travailleurs. Les Anarchistes et l'Internationale (« Le Groupe parisien de propagande anarchiste », Paris, 1883, in-fol., 4 col.) ;

Manifeste anarchiste du groupe de propagande anarchiste de Paris, 2me édit. (Paris, 1885, 12 pp., in-12° : j'ignore quel est ce manifeste).

Louise Michel : collaboration à « La Révolution sociale », « La Semaine rouge » (1881) et à nombre de journaux dont le dernier est « Le Libertaire » (de 1895-96) ;

Grèves et révoltes, par Maria et Louise Michel, dans le feuilleton du « Droit Social » (Lyon), 1882-83 ;

Les Paysans, par L. Michel et Emile Gautier (128 pp., gr. in-8°) ;

Nombre de romans tels que *La Misère, Les Méprisés, La Fille du Peuple, Les Microbes humains* (1886, 328 pp., in-18°) ; *Le Monde nouveau* (1888, 356 pp., in-18°) ;

La Grève dernière (nouvelle), 1882 (en brochure) ;

The Strike, a drama, dans « The Commonweal » 19 septembre 1891-10 octobre 1892, inachevé (?) ;

L'Ere Nouvelle (« Bibliothèque ouvrière cosmopolite », Paris, A. Leroy, 1887, 24 pp.) ;

Prise de possession (Publication du groupe anarchiste de Saint-Denis « la Jeunesse libertaire », Saint-Denis, 1890, 32 pp.); réimpr. dans « Le Tocsin » (Alger), 2 août 1890 sq., inachevé ;

Mémoires de Louise Michel, écrits par elle-même, Tome I (unique), Paris, 1886, 490 pp., in-18° ;

The Commune of Paris, commencé dans « The Commonweal » (1894), continué dans « Freedom » (1894) et « Liberty » (1895), inachevé.

Adolphe Bonthoux : *Menace à la bourgeoisie* (Lyon, 1882, 32 pp.) ;

La répartition des produits du travail (brochure) ;

Discours de défense, comme gérant du « Droit social », dans « l'Etendard révolutionnaire » (Lyon), n° suppl. du 27 août 1882 ;

Compte-rendu des Conférences contradictoires individualistes et collectivistes... avec quelques mots d'appréciation.... par le Groupe de propagande anarchiste de Bordeaux (Lyon, 1882, 14 pp.).

(Peuple, au vert ! Paris, s.a.- 1882, 14 pp., in-8°) ;

Jean Grave : *La Société au lendemain de la Révolution* (non signé), dans « le Droit social » (Lyon), du 9 avril au 22 septembre 1882 ; en brochure : *La Société....* (Publications du Groupe des 5me et et 13me arrondissements), Paris, 1882, 31 pp., in-8° (impr. à Genève, Impr. jurassienne), par **Jehan Le Vagre** (Jean Grave) ; 2me édit.: Paris, 1889, en septembre, 165 pp. ; 3me édit., onzième mille (Paris, au bureau de « La Révolte », 1893, 194 pp., in-8°) ; la 2me et la 3me édit. sont augmentées de : *L'Autonomie selon la Science*, etc.; — trad. italienne (si je ne fais pas erreur) : *L'Indomani della Rivoluzione*, dans « Il Operaio » de La Spezia, 1891-92 en brochure : *All' Indomani della Rivoluzione* (brochure à 5 cent., en 1890 ou avant ; j'ignore si cette publication est la traduction de l'œuvre de Jean Grave) ; — trad. espagnole : *La Sociedad el dia siguiente de la Revolución* (« Biblioteca anárquico-comunista », n° 1, Barcelona,

1887, 48 pp., in-16°), tiré de « La Justicia humana » de Gracia (1886), n° 2 sq. ; dans « El Productor » (Habana), 16 février 1890 sq. ; — trad. portugaise : *A Sociedad no dia seguinte ao da Revolução*, dans « A Revolução social » (Porto), 12 février-8 avril 1888 ; — trad. roumaine : *Societa dupa revolutie* de Jehan le Vagre (« Biblioteca unni core comunist-anarchist », Bucarest, 1887, 36 pp.); —trad. allemande : *Die Gesellschaft am Tage nach der Revolution. Im Anschluss, an die Artikel im « Droit Social » mit Rücksicht auf deutsche Verhältnisse*, dans « Freiheit » (Londres), 22 avril 1882 sq.; — trad. en jargon juif : *Die anarchistische Gesellschaft* (« An.-Comm. Bibl.»; Radical Library Series, n° 1, New York, 15 févr. 1894, 57 pp.); — trad. anglaise : *Society on the morrow of the Revolution* (trad. de l'éd. de 1889), dans « Freedom », de janvier 1890-septembre 1891 ; — trad. danoise : *Samfundet dagen efter revolutionen*. Oversat.... pa Foranledning af de skandinavske Diskussionsforening i London (Londres, 1885, 31 pp., in-8°) ;

Organisation de la propagande révolutionaire (dans « le Droit social », du 2 au 23 juillet 1882 sq.) ; en brochure (Publications des groupes des 5° et 13 arrond., Paris, 1883 ; Imprimerie jurassienne, Genève, 19 pp., in-18°) ;

L'Autonomie selon la Science, dans « Le Révolté » du 4 février 1882 sq.; en brochure : *La Révolution et l'Autonomie selon la Science*, par Jehan le Vagre (Paris, 1885, 32 pp., in-12°) ; dans « La Question Sociale » (Paris, 1885, pp. 104-111, avec d'autres articles réimprimés en même temps) ;

Autorité et organisation, dans « Le Révolté », 16 mars-8 juin 1885 ; — trad. espagnole : *Autoridad y organización* (sans nom d'auteur) (« Biblioteca anárquico-comunista », Barcelona, 1888, 30 pp.), tiré de « La Justicia humana » (Gracia), 1886, n° 7 sq.; — trad. portugaise dans « A Revolução social » (Porto), 1890, mars sq.;

L'Enfant dans la Société nouvelle, dans « Le Révolté » (1885) etc.;

Tous ces articles et d'autres encore ont été incorporés dans les deux livres *La Société Mourante et l'Anarchie* et *la Société future* :

La Société mourante et l'Anarchie. Préface par Octave Mirbeau (Paris, 1893, 298 pp., in-18°) ; le même : Edition populaire, augmentée, etc..., Paris, au bureau de « La Révolte », 1894, janvier, 193 pp., in-16° (impr. à Bruxelles) ; le même : édition complète...., (impr. à Londres), 1895 (janvier), 196 pp., in-16°; — trad. espagnole : *La Sociedad moribunda y la Anarquia* (Buenos Aires) ; dans « El Despertar » (New-York), 20 février 1895 sq.; dans « El Derecho á la Vida » (Montevideo), avril 1895 sq.; — extraits allemands, dans le « Socialist » (Berlin), 1893 ; — trad. hollandaise : *De Stervende Maatschappij en de Anarchie....* vertaald door B. P. van der Voo (Rotterdam, 1895, 286 pp., in-8°) ; extrait, en brochure : *Na de Revolutie* (ib.) ; — trad. arménienne : du chap. I : *L'Idée anarchiste et ses développements*, dans « Le Hamaïnk », 1894, n° 4 ; du chap. XVI : *Pourquoi nous sommes révolutionnaires*, brochure, « Publications anarchistes », n° 7, 1894, 24 pp., in-16° ;

La Société future (Bibliothèque sociologique, Paris, 1895, 414 pp., in-18°), où se trouvent réimpr., entre autres articles : *Le lendemain de la Révolution, Autorité et organisation, L'Enfant dans la Société nouvelle, L'Autonomie selon la Science ;* — trad. espagnole : *La Sociedad futura* (Madrid, « Biblioteca de Jurisprudencia, Filosofia è Historia ») ; à Buenos Aires (1896).

La Grande Famille. Roman militaire (Paris, « Bibliothèque sociologique », n° 18, juin 1896, 336 pp., in-18°) ;

Cf. deux lettres de 1888, publiées par E. Darnaud : *Aux Anarchistes de l'Ariège* (Foix, 31 octobre 1889, 3 pp., in-4°, etc.);

Solution de la question sociale par le communisme anarchiste. Ouvrage destiné au concours du prix Pereire, par **Cabossel** et **Airam Labigaud** (Paris, 1883, VII-74 pp., in-8°) ;

Emile Digeon : *Droits et devoirs dans l'Anarchie rationnelle* (Paris, 1882, 35 pp., in-8°) ;

Du même : *Propos révolutionnaires* (Paris, 1884, 24 pp.) ; *Le 14 Juillet 1789....* (Paris, 1884, 8 pp.) ; *La Commune de Paris devant les Anarchistes* (4 pp., in-fol., à 2 col., Bruxelles, s.a.-18 mars 1885); d'après « L'Insurgé » (Bruxelles), du 22 mars 1885, cette dernière publication est en majeure partie l'œuvre de E. Digeon ;

A l'Armée (s.a.s.l., 15 pp., in-32°), réimpr. dans « La Lutte »

(Lyon), du 22 juillet 1883 ; — trad. allemande dans « Freiheit » (New York), en 1883 ;

Ne Votons pas (Propagande abstentionniste. Elections municipales de 1884. Groupe anarchiste « La Liberté), n° 2, 8 pp., in-32°;

G. Faliès, *L'Avenir du Socialisme* (« Petite Bibliothèque de la Jeunesse Socialiste », n° 1, Paris, novembre 1882, 15 pp., in-32°) ;

La Révolution et la Jeunesse (même série, n° 2, 17 pp., février 1883) ;

Nécessité de la Révolution (même série, n° 3, 1884, 8 pp.) ;

Sévérin Férand, *Phraseurs et Prolétariat* (1884) ;

La foire aux candidats par Rebellus, précédé d'une introduction par **Ch. Guérin** (1884-85) ;

E. Henry : *Les Soudoyés du pouvoir et les anarchistes devant l'Opinion publique*, publié par le Groupe « La Vengeance sociale » de Troyes, 1884 ;

Election et Révolution, par Un Niveleur (Troyes, 1885, 12 pp., in-8° (Publications du groupe anarchiste « les Niveleurs » de Troyes) ;

Hypothèse sur la possibilité d'une forme sociale communiste-anarchiste. Réponse aux Etatistes (« Le Drapeau noir », Groupe de propagande anarchiste, Paris (?), s.a.- 1886, 8 pp., in-8°) ;

CHANSONS ET POÉSIES.

La Dynamite; A bas la Politique; Père La Purge; Peuple Debout! (poésies, Paris, 4 pp., in-4°, 1886, publ. par « La Jeunesse anarchiste du XV°») ;

La Carmagnole sociale (Calais, au bureau de « La Révolte des affamés », 1 p., in-4°, 1886) ;

Les Ramages du Beffroi révolutionnaire (Publication des anarchistes d'Armentières, de Roubaix et de Monveaux), Armentières, 1888, in-8°, n°ˢ 1, 2 ;

Faut plus d'Gouvernement ; *La Mort d'un Brave* ; *Le Chant des Peinards* ; *L'Internationale* ; *Le Droit à l'Existence* ; *Y'a rien d'changé* ; *Le Père Peinard au Populo* ; *Les grands principes* ; *Ce que nous voulons* ; *Les Conscrits insoumis* ; *Comme c'est bon la vie* ; *Germinal* ; *J'n'aime pas les sergots* ; *Le Père Duchesne* ; *La Carmagnole sociale* et *la Carmagnole des Mineurs* ; *Prise de Possession* ou *Ouvrier, prends la Machine, etc.* ; *Les Briseurs d'Images* ; *Debout, frères de misère* ; *Le Chant des Trimardeurs* ; *Les Pieds plats* (Paris, François Brunel) ;

Le Tréteau électoral... par **Démocrite** (Paris, s.a., 12 pp., in-8°), publié d'abord dans le Supplément de « La Révolte » ;

Paul Paillette : *Tablettes d'un Lézard* (Paris, in-18°, édition à 5 francs, 1893 ou avant ; nouvelle édition, in-8°, s.a., en 1895) ; *Les Tablettes d'un Lézard, extraits* (Paris, N. Blanpain, 1888, 110- 10· 2 pp., in-12°) *Chansons et Poésies extraites des Tablettes d'un Lézard* (Paris, s.a.- 1892 ?, 72 pp., in-12°) ; *Les Enfants de la Nature* (1887) ; *Echos anarchiques (Quand nous en serons au temps d'anarchie* et *La Chanson des Enfants de la Nature)*, s.a., 7 pp., in-8° ; *Amour Libre*, s.a., 3 pp. ; *Voix nouvelle*, s.a., 3 pp.; — Celles des chansons contenues dans ce recueil qui sont anarchistes ont été souvent réimprimées (p.ex. dans « L'Attaque », « L'Agitateur », « L'Insurgé » de Lyon, « Le Libertaire » de Paris, etc).

Publications du Groupe cosmopolite « Bibliothèque révolutionnaire cosmopolite » :

L. Schiroky : *Les Guerres de demain*, 1887, 8 pp.;

Jacques Prolo : *Le Communisme devant le Parti Ouvrier; VIII° Congrès*, 1887, 8 pp. ;

Charles Malato : *Avant l'heure*, Paris, 1887, 20 pp.;

Les Travailleurs des Villes aux Travailleurs des Campagnes, Paris, 1888, mars, 24 pp., in-8° ; autre édition, Lyon, impr. de « L'Insurgé », 1893, 23 pp., in-8° ; — trad. italienne dans « Nuova Gazzetta Operaia » (Turin), 31 mars-28 avril 1888 : *I lavoratori di città ai lavoratori di campagna* ; annoncé comme devant paraître en brochure à Turin (j'ignore si cette brochure a paru) — trad. allemande : *An die Landarbeiter*, s.a., s.l., 16 pp., dans la

« Freiheit », du 9 juin au 9 juillet 1888 ; — trad. tchèque : *Venkovskému dělnictvu*, s.a., s.l., 1895 ou 96 pp., in-8° ;

La Philosophie de l'Anarchie, Paris, s.a., 141 pp., in-8° (février 1889) ; nouvelle édition en préparation ;

Révolution chrétienne et Révolution sociale (Paris, 1891) ;

Cf. aussi : **E. Gegout** et **Ch. Malato**, *Prison fin-de-siècle, Souvenirs de Pélagie*, illustrations de **Steinlen** (Paris, 1891, 352 pp.) et : *De la Commune à l'Anarchie* (par Ch. Malato, Paris, 1894, 296 pp., in-18°) ; l'article : *Some Anarchist portraits* (« Fortnightly Review », septembre 1894), etc.

Aux affamés (Publication de l'Union des Groupes anarchistes des XII°, XX° arrondissements et de Montreuil-Vincennes), Paris, 1887, 15 pp.;

L'Indicateur anarchiste (s.a., vers 1887 ? Londres, 40 pp., in-8°) ; autre édit. abrégée, 16 pp., in-8°, polygraphiée, vers 1893 (?) ;

La Grève de Cholet, par **Luss** (1888) ;

Les Préjugés et l'Anarchie, par **François Guy** (Béziers, 1888, 158 pp.) ; nouvelle édition en préparation ;

Jacques Roux (pseudonyme) : *L'Anarchie et la Révolution* (Paris, s.a.-1889, 31 pp.) ;

Poignée de vérités sur le socialisme, ses chefs, ses meneurs et ses traqueurs, 2me édit. (Publication du groupe « La Liberté »), Paris, 1890, 48 pp.;

Exemple de fonctionnement de la Société anarchiste (Groupe anarchiste d'Agen), Agen, 1891, 21 pp., in-8° ;

Publications d'**Emile Darnaud** (Foix, Ariège) :

Le Socialisme en 1888. Lettres d'un militant à un néophyte (Foix, 1888, 24 pp., in-16°) ;

Radical ou anarchiste ? Simple révision de papiers conservés depuis le 1er janvier 1887 (Paris, 1888, 95 pp., in-8°, juin 1888) ;

Messidor (Foix, 1888, 31 pp.) ; *Thermidor* (ib., 30 pp.) ; *Fructidor* (ib., 30 pp.) ; *Brumaire* (ib., 31 pp.) ;

Les Compagnons ariègeois. Groupe d'Etudes (juillet 1888, 32 pp.);

La Paternité anarchiste (4 mars 1889), 2 et 2 pp., in-4° ;

Aux anarchistes de l'Ariège (31 octobre 1889) ; deux lettres de Jean Grave, en 1888 ; 3 pp. ; in-4° ;

Propos d'un philosophe rose, 31 pp. (18— ?)

89 (1889, 26 pp.);

140, rue Mouffetard, Paris (1889, 40 pp.) ; cf. aussi l'article du « Figaro », du 15 février 1889, reproduit en partie dans *La Paternité anarchiste*, pp. 3-4 ; « L'Illustration », du 2 mars 1889 ;

Vagabonds et Mendiants (1889, 35 pp.) ;

Une Révolte à Foix (13 janvier 1810), 37 pp., (18— ?) ;

Le Communisme anarchiste expliqué aux paysans par un ancien maire de village (1889), 4 pp., in-4° ;

La Société future (1890, 38 pp.) ; 29ᵉ et 30ᵉ mille, 15 pp., in-16° ; — la 1ʳᵉ brochure est traduite en portugais : *A Sociedade futura....* (Bibliotheca « Primeiro de Maio », n° 1) Coimbra, 1891, 32 pp., traducção ampliada ; — et en hollandais : *De toekomstige Maatschappij* (sans nom d'auteur, La Haye, s.a., 20 pp., in-8°) ; — il existe aussi deux traductions italiennes, faites, si je ne me trompe, d'après la deuxième brochure, réduite : E. Darnaud, *Discorso sociale sulla società futura* (« Biblioteca dei lavoratori », n°8, Milano, Fantuzzo, 1893, 15 pp., in-16°) et une traduction dans *l'Almanacco* « *L'Amico del Popolo* » (Marsala, « Bibl. del Proletario », n° 6, 1892) ;

Causerie (1890, 23 pp.) ; — trad. norvégienne dans « Fedraheimen » (Skien), avril 1891 ;

La vraie morale (1891, 15 pp.) ;

La séparation des bêtes et des gens (25 août 1891, 3 pp., in-4°), etc.;

Puis des réimpressions : *Lettre d'un bourgeois*, publiée dans « Le Révolté » du 20 janvier 1884 ; en brochure, décembre 1891, 16 pp. ;

Anarchie et Communisme, par **C. Cafiero** (1890, 20 pp.) ;

Notes sur le mouvement (1891, 58, 76, 67 pp., in-8°, 3 parties) ;

Précis sur le mouvement (1892, 31 pp., in-16°) ;

Notes sur Bakounine (plusieurs éditions), etc.

En 1895, la publication des écrits de propagande fut reprise avec beaucoup de vigueur.

Sébastien Faure : *Autorité ou Liberté* (Paris, 1891, 21 pp.) ;
Féodalité ou Révolution (deuxième édition, 1891, 27 pp.) ;
L'Anarchie en Cour d'Assises (1891, 29 pp.) ;
Almanach anarchiste pour 1892 (Paris, 1891, 96 pp., in-8º) ;
La Douleur Universelle. Philosophie libertaire.... (Paris, 1895 juillet, XII-396 pp., in-18º) ;

Ravachol anarchiste? Parfaitement! («Bibliothèque anarchiste», Paris, 1892, 20 pp., in-8º) ;

G. Edinger : *Dialogues des Morts. Carnot et Ravachol aux Enfers* («Les Pamphlets révolutionnaires», Paris, s.a.- 1892 ou 93, 63 pp., in-32º) ;

La Dynamite et l'Anarchie («Propagande anarchiste révolutionnaire», Lille, 7 pp., in-8º, janvier 1893) ;

Groupe de Propagande communiste-anarchiste par la «Brochure à distribuer» (Paris, au bureau de «La Révolte»), 1893 : Nº 1, *Le Conseil de Révision*, par le comte **Léon Tolstoï** (1893, octobre, 8 pp., in-8º, tiré du «Figaro») ; nº 2, *Riches et Pauvres* (tiré de l'*Enquête sur le Socialisme*, de Jules Huret, «Figaro», 1893, 16 pp., in-8º) ;

Daniel Saurin : *Lettres sur l'Anarchie*, dans «La Révolte», du 3 juin au 12 novembre 1893 ; en brochure : *L'Ordre par l'Anarchie* («Bibliothèque anarchiste», Paris, décembre 1893, 72 pp., in-8º) ; — trad. portugaise dans «Os Barbaros» (Coimbra), 15 novembre 1894 sq. (lettres I-IV.) ;

Adolphe Retté : *Lectures Libertaires. Réflexions sur l'Anarchie* (Paris, 1894, Initiative du Groupe «l'Idée nouvelle», 16 pp., in-16º, impr. à Laeken, Belgique) ; — trad. tchèque : *Uvahy o Anarchii*, dans «Moderní Revue», Prague, avril-mai 1896 ;

Promenades subversives (Paris, «Bibliothèque artistique et littéraire», 1896, 50 pp., in-18º), contenant une réimpression des *Réflexions*, pp. 7-22 ;

Similitudes (Paris, 1895) ; *La Forêt bruissante* (Paris, 1896), poésies, etc.;

Charles Albert: *Aux anarchistes qui s'ignorent*, Extr. des « Entretiens pol. et litt. », 1892, n° 33 ; « Bibliothèque des Temps Nouveaux », n° 1, Bruxelles, 1893, 11 pp., in-16° ; dans « La Débâcle » (Bruxelles), 23 janvier 1893 ;

Résolution et Révolution !!! Manifeste des Groupes Socialistes ralliés à l'Anarchie adressé à leurs ex-camarades du Parti Ouvrier Socialiste Révolutionnaire Français (13 pp., in-16°, juin ou juillet 1894, impr. hors de France) ;

(Lettres prolétariennes, publiées par **Bernard Lazare**, n° 1 : *Antisémitisme et Révolution*, Paris, 15 pp., in-8°, mars 1895) ;

Zo d'Axa: *Le Grand Trimard* (Bruxelles, 1895, mai, 197 pp., in-18°) ; réimpr. dans le feuilleton de « La Renaissance » (Paris), 1895-96, inachevé.

En dehors (Paris, 1896, IX, 248 pp., in-18°) ;

Victor Barrucand: *Le Pain gratuit* avec des articles de Henri Rochefort, Elisée Reclus, Kropotkine, etc. (Paris, 1896, avril, 252 pp., in-18°) ;

L. Parsons: *L'Ordre social et le contrat libre* (Paris, 1896) ;

Emile Pouget: *Variations guesdistes....* (Paris, 1896, juillet, 36 pp., in-16°).

Les Révolutionnaires au Congrès, suivi du *Compte-rendu des Conférences de Londres*, (Paris 1896, en vente à « La Sociale » et aux « Temps Nouveaux » ;

Le Congrès de Londres, par **Eugène Guérard** (Paris, 1896, impr. Allemane) ;

Quelques Placards et Manifestes.

Manifeste aux Etudiants du monde entier (Groupe international d'Etudiants anarchistes), suivi de : *Agli studenti* (Gli studenti anarchici italiani) et : *Ai militari* (supplément à « La Révolte » du

19 avril 1890, 4 pp., in-fol.); le premier de ces manifestes a été traduit en russe (4 pp., in-8°) ;

Dynamite et Panama (1 p., in-fol., fin de 1892) ;

Ce qu'il faut faire (1 p. in-fol.) ;

Mort aux Juges ! Mort aux Jurés ! (1 p., in-fol.) ;

Manifeste des Dynamiteurs (1 p., in-fol.) ;

Déclaration des Soldats anarchistes (1 p., in-fol., février 1893) ;

Message au Peuple, signé : « Pour Carnot : le Tocsin » (n° 3, 1 p. in-fol., 1893) ; *Jules Ferry au Peuple* : « le Tocsin » (n° 4, 1893, 2 pp., in-fol.);

18 Mars 1871-1893 (1 p. in-fol.) ;

Fête du 14 Juillet (Le Groupe « Avant-Garde » de Londres), 1 p., in-fol., 1893 (?) ;

A bas le Tzar ! octobre 1893 (« La Ligue des Anti-Patriotes », 1 p., in-4°) ;

Mort à Carnot ! (1894) ; etc.

Il m'est impossible d'énumérer tous les articles ou tous les écrits à tendances plus ou moins libertaires, quand ils ne sont pas entièrement anarchistes, publiés dans les «jeunes revues» ou même parfois dans les grands journaux. Je citerai seulement quelques noms : Paul Adam, Jean Ajalbert, Victor Barrucand, Bernard Lazare, Charles Albert, Charles Châtel, Darien, Alexandre Cohen, Lucien Descaves, Félix Fénéon, Henri Gauche, A. Ferdinand Hérold, H. G. Ibels, Maximilien Luce, Ludovic Malquin, Camille Mauclair, Octave Mirbeau, Maurice Pujo, Pierre Quillard, Gabriel Randon, Adolphe Retté, Laurent Tailhade, Théodore Jean, André Veidaux (auteur de : *Dialogues des Primitifs*, dans « Le Libertaire », Paris, n°s 2-8, 1895) ;

V.p.ex.: Hamon, *Hommes et théories de l'Anarchie*, 1893, p. 24 sq.; Ajalbert, *Le Flirt rouge*, «Gil Blas», 6 juin 1893.

Quelques uns ont modifié leurs vues (v.p.ex. : **Paul Adam** : *Critique de l'Anarchisme et de l'Anarchie*, « Revue Blanche », 25 mai 1893), d'autres se sont jetés dans le mysticisme, oubliant les répugnances profondes de la jeunesse libertaire d'il y a 30 ans, qui, au Congrès de Liége, se déclarait franchement matérialiste et athée ; d'autres enfin professèrent avec ostentation un individualisme soi-disant aristocratique et copièrent Nietzche, mais il n'en reste pas moins certain que la jeune littérature française est, à l'heure actuelle, entraînée dans un indéniable mouvement anti-autoritaire.

Il faut surtout citer d'**Octave Mirbeau**, l'article célèbre : *La Grève des Electeurs* (« Figaro », du 28 novembre 1888, réimpr. dans « La Révolte » du 9 décembre 1888, et en feuille, 2 pp.,in-4° 1889), reproduit encore dans « L'Insurgé » (Lyon), 12 août 1893 ;— trad. italienne : *Lo Sciopero degli Elettori* (1 p., in-fol., 1895) ;

A. Hamon mérite une mention spéciale pour les œuvres suivantes :

Les Hommes et les Théories de l'Anarchie. Nouvelle édition complétée (Paris, au bureau de « La Révolte », 1893, 31 pp., in-8°), tiré de « L'Art Social » (Paris) ; — trad. italienne dans « L'Articulo 248 » (Ancona), 14 janvier 1894 sq., et en brochure : *Gli Uomini e le teorie dell' anarchia* (« Bibl. della Questione sociale », Paterson, N. J., n° 2, 1896, mars, 38 pp., in-16°) ; — trad. espagnole dans « El Perseguido », 1895 ;

Psychologie de l'Anarchiste-Socialiste (« Bibliothèque sociologique », Paris, 1895, 323 pp., in-18°) ; résumé dans *Le Péril anarchiste* de Fr. Dubois, Paris, 1894, pp. 217-252, par l'auteur lui-même ; — trad. espagnole (Buenos Aires) en préparation ;

Patrie et Internationalisme (« Bibliot. des Temps Nouveaux », n° 1), Paris, 1896, janvier, 24 pp.,in-8° ; tiré des « Temps Nouveaux », Paris, 31 août 1895 sq.; — trad. italienne dans la « Questione sociale » (Paterson) et le « Scalpellino », de Barre, Vermont, avril 1896 sq.; — trad. espagnole : *De la Patria* (« Biblioteca acrata », Barcelona, 1896, 30 pp.) ;

Un Anarchisme, fraction du socialisme, dans « La Société nouvelle », février-mars 1896 ; — trad. espagnole (« Ciencia social ») et allemande (« Soc. Akademiker », Berlin).

Paul Robin, de Cempuis, directeur de « L'Education Intégrale » (parue jusqu'en 1895), **Fernand Pelloutier**, représentant des idées libertaires dans les groupements corporatifs, auteur (avec **Henri Girard**) de *Qu'est-ce que la grève générale ?* (Paris, s.a- 1895, 16 pp., in-8º), et de *L'Art et la Révolte* (« Bibl. de l'Art social », Paris, 1896, 32 pp., in-16º), **Emile Gravelle**, du groupe des « Naturiens » (cf.: *L'Etat naturel et la part du prolétaire dans la civilisation*, 2 nᵒˢ, Paris, à 4 pp., in-fol., février 1895), etc., sont tous, à un degré quelconque, des représentants d'une idée d'émancipation, hostiles à l'autorité, aux conventions, aux préjugés qui sont l'essence même de la société actuelle et, par conséquent, peuvent tous être rangés parmi les destructeurs de l'Etat.

Enfin il faudrait citer les nombreux dessins et gravures libertaires (par **Maximilien Luce, Pissaro, H. G. Ibels, Steinlen, Signac,** etc.); v.p.ex.: « Le Père Peinard », « La Sociale »; l'*Album* publié par « Les Temps Nouveaux » (3 planches jusqu'en août 1896); *Gueules noires*. Dessins de Maximilien Luce, d'après l'œuvre de Constantin Meunier, préface de Charles Albert (Paris, 1896, publ. de « La Sociale ») ; etc.

CHAPITRE XIV.

La Société bourgeoise devant les Anarchistes.
Persécutions, Procès, etc.

Si active qu'ait été la propagande imprimée ou orale, elle ne suffisait pas aux anarchistes. Aux paroles, aux écrits, ils ajoutèrent les actes. Et de ces actes, comme parfois des paroles ou des écrits, ils eurent souvent à répondre devant les différentes juridictions inventées par l'Etat pour sa défense.

Aux réquisitoires furibonds prononcés contre eux, ils répondaient, non pas pour s'excuser ou pour atténuer « leurs crimes », mais pour dresser à leur tour d'autres réquisitoires contre un système social qui permet à un homme de s'ériger en juge et de disposer en maître de la destinée, de la liberté, de la vie d'un autre homme.

Je me borne, dans la liste suivante, à énumérer, autant que possible par ordre chronologique, les plus importants de ces procès intentés aux anarchistes dans tous les pays du monde, sous les prétextes les plus divers :

Le procès russe des Netchaevcy (1871), le procès des Cinquante (1875), etc.; les procès des internationalistes italiens (Rome, Florence, Bologne, Trani) 1875-76 ; les procès pour les faits de Bénévent (1878), de Florence, de Pise, etc.; les procès de Passanante (v. « Le Révolté », du 22 mars 1879), de Hoedel (v.« L'Avant-Garde »), en 1878 ; le procès suisse (le 18 mars 1877, à Berne) en 1877 ; les procès Merstallinger (1882), Stellmacher (1884), de l'imprimerie secrète (fin de 1884), les autres grands procès de 1887 et 1894 à Vienne ; les procès de Reinsdorf (1884), Lieske (1885), Neve (1887) en Allemagne ; les procès de Montceau-les-Mines (1882), de Lyon (1883), de l'Esplanade des Invalides (Louise Michel, Pouget, etc.), en 1883 ; le procès du manifeste suisse (Nicolet, etc.) en 1889 ; les procès anglais de Sheffield (Dr. Creaghue), de Walsall (F. Charles, etc.), de Londres (D. J. Nicoll, T. Cantwell, etc.) en 1891-1894 ; les procès du 1er Mai 1891 à Rome (Palla, Cipriani, Koerner, etc.), de P. Schicchi à Viterbo (1893), de P. Lega (Rome), de L. Galleani, etc., à Gênes (1894), de Merlino à Florence (1895), des anarchistes de Livourne (O. Lucchesi, etc.) en 1895, etc., etc.; les procès de Chicago (1886-87), de Most (1881, 1886, 1888-90), de Berkmann (1892), etc.; les procès de Liége (Moineau, etc., en 1892 et l'affaire Sternberg en 1895) ; les procès de la « Mano Negra », de Jerez (1892), de Pallás et des autres anarchistes de Barcelone (1893-1894), de Salvador Franch, etc., etc., en Espagne ; enfin les innombrables procès français dont je ne viens de citer que quelques uns.

Une bibliographie très complète devrait signaler les rapports les plus étendus et les compte-rendus imprimés: je n'énumérerai ici que les publications relatives à quelques uns de ces procès ; d'autres seront encore mentionnés dans les chapitres ayant trait à la littérature anarchiste de chacun des différents pays.

Compte-rendu du procès de Lyon (Genève, Impr. jurassienne, 1883, 64 pp., in-16º) ; *Le Procès des anarchistes devant la Police correctionnelle et la Cour d'appel de Lyon* (Lyon, 1883, 191 pp., in-8º). — Une brochure bulgare : *Anarchitcheski proces na russkiia nihilist knjaz Petr Krapotkin i Cie.... v Lion*, traduite du russe du « Golos », fut publiée à Sofia en 1883, 59 pp., in-8º ;

La déclaration des anarchistes de Lyon (« Révolté » du 20 janvier 1883) a été traduite en une feuille anglaise (Londres, 1 p., in-4º) ;

Défense de **Cyvoct**, dans « L'Hydre Anarchiste » (Lyon, 9 mars 1884, sq.), continuée dans « La Lutte » et « Le Droit anarchique »;

L'Attentat de la Bourse. **Gallo** *devant ses juges* (in-fol., 2 pp., 4 col., Paris, juin 1886);

Le Pillage de l'Hôtel de la rue Monceau. L'Anarchiste **Duval** *devant ses juges. Défense que devait prononcer le compagnon Duval* (1 p., in-fol.; sur la 2me page : *Le Procès des Anarchistes de Chicago* (1 p., in-fol., Paris s.a.- 1887); v. « La Révolte », 29 janvier et 3 avril 1887; — trad. allemande dans « Die Autonomie », 26 février-12 mars 1887; — trad. espagnole dans « La Libre Initiativa » (Rosario), 1896; — lettre de Ch. Duval, dans « L'Insurgé » (Lyon), 21 octobre 1893;

Compte-rendu du Procès de l'Anarchiste **Jahn** *devant la Cour d'Assises du Hainaut* (Bruxelles, groupe « La Liberté », 12 pp., in-4°; décembre 1887);

L'Anarchiste Jahn, condamné par la Cour d'Assises de Mons, publié par « le groupe anarchiste de Liége » (Liége, janvier 1888, in-fol., 1 p.); v. *Le procès de Jahn* (« Révolte », 3 décembre 1887); — trad. allemande : « Autonomie », 17 novembre-15 décembre 1888; « Freiheit » 1er décembre 1888;

Le Procès de Montbrison. Défense de **Bordat** (Genève, Impr. jurassienne, 1888, 15 pp.);

Défense de l'Anarchiste **Gille** *devant la Cour d'assises de Brabant* (Bruxelles, 2 pp., in-4°; 1889);

La Défense du Compagnon **Pini** (Paris, 2 pp., in-fol., suivi de : *Mort aux Voleurs!*); — brochure italienne: *Uno brano della difesa del nostro compagno Vittorio Pini* (1889, 15 pp., in-16°); — trad. allemande de la *Défense* dans « Autonomie », 15 mars-26 avril 1890;

Procès des anarchistes de Vienne.... (12 avril 1890).... (Saint-Etienne, 1890, 64 pp., in-8°);

Procès de « L'Attaque » (v. « Révolte » du 31 mai 1890);

Procès de **Lorion** (v. « Révolte », 15 novembre 1890, 3 janvier 1891); *Défense de Lorion* (ib. 10 janvier 1891), publiée aussi en feuille (à Roubaix); — en allemand: « Autonomie », 20 novembre 1890, 17-24 janvier 1891; (v. aussi « La Sociale », du 8 mars 1896 et suivant);

L'Anarchie en Cour d'Assises (par Sébastien Faure), Paris, 1891, 29 pp.: procès du 1er mai 1891 **(Decamp, Dardare et Leveillé)**;

Déclaration du compagnon **Ravachol** (Paris, 2 pp., gr. in-8°, 1892); dans « La Révolte », du 1er juillet 1892; dans « La Misère » (Bruxelles), 9 juillet 1892; — trad. italienne dans « Sempre Avanti! » (Livourne), 2 juillet 1892; — trad. espagnole dans « El Productor » et « El Perseguido », 1892; — trad. allemande : dans « Freiheit », 23 juillet 1892; « Anarchist », même date; « Socialist » (Berlin), 20 août 1892; — trad. anglaise, dans « The Commonweal » (Londres), 16 juillet 1892;

Mes idées sur l'Armée (par Ravachol), dans « L'Insurgé » (Lyon), 16 septembre-18 novembre 1893; — trad. italienne dans « Sempre Avanti! », (Livourne), 7 oct. 1893;

V. aussi : *Ravachol* (brochure publiée par le groupe « la Expropriación » de Buenos Aires, publication n° 4, Buenos Aires, mai 1895, 32 pp., in-8°); — *11 de Julho de 1892 — 11 de Julho de 1893. Ravachol Commemorando* (7 pp., in-16°, Grupo « Os Invisiveis »), en portugais;

Déclarations de **G. Etiévant** (Paris, 1893, bureau de « La Révolte », 29 pp., in-8°), tiré de « La Révolte », 15-22 octobre 1892 (II-III) et 29 octobre (I); il y a aussi : *Défense d'Etiévant que les Jugeurs de Versailles ont refusé d'entendre* (Paris, 4 pp., in-4°, s.a., Imprimerie A. Berio, 9, rue Rodier, en 1892); autre édition de ces déclarations : *Un anarchiste devant les Tribunaux*, par G. Etiévant (« Bibliothèque des Temps Nouveaux », année 1895, n°4, Bruxelles, 34 pp., in-8°); — trad. italienne dans « Sempre Avanti! » (Livourne), 22 octobre-12 novembre et « Ordine » (Turin), 19-26 novembre 1892; dans la « Favilla » (Mantova), 1893; en brochure : *Dichiarazioni di G. Etiévant* (« Biblioteca di propaganda anarchica », Londres, août 1895, 31 pp., in-16°, deux éditions); — trad. espagnole dans « El Productor » (Barcelone), 1-15 décembre 1892; « Archivo Social » (Habana), pp. 59-60 de *Sociologia*, 1894; en brochure : *Declaraciones de J. Etiévant* (Groupe « La Expropriacion » de Buenos Aires, Grupo de propaganda comunista-anárquica, 1re publication, Buenos Aires, janvier 1895, 32 pp.); — trad. portugaise dans « A Revolta », 19 novembre-4 décembre 1892;

en brochure : *Jorge Etievant : A minha defeza* (« Bibliotheca anarchista », Ed. da « Revolta », n° 1, Lisboa, 1892, 31 pp.); — trad. allemande, dans « Der Anarchist » (New York), 19 novembre-24 décembre 1892 ; — trad. anglaise dans « The Commonweal », 13 avril-16 mai 1894 ; en brochure dans *Anarchy on Trial* (« Freedom Pamphlets »), n° 9, 1896, 30 pp.) ; — trad. hollandaise, dans « De Anarchist » (Rotterdam), 1892-93 ; — traduct. flamande, en brochure (Anvers, 1895 ?) ;

Défense du Compagnon **Sébastien Faure** (pour un discours prononcé dans une réunion publique, le 12 mars 1892), 1892, 4 pp., in-fol.;

Procès de Liége, v. « Révolte », 6-20 avril 1892 ; « La Débâcle sociale » (Ensival), n° 7, 29 mars 1896 ; *Déclaration de J.* **Moineau**, dans un journal belge(?); — trad. espagnole : « La Anarquia », 21 septembre 1892 ; — trad. allemande : « Autonomie », 20 août 1892 ; « Anarchist », 3 septembre 1892 ; — trad. anglaise, dans « Solidarity » (New York), 1892 ; — *Plaidoirie de M^e* **Emile Royer**.... *pour l'anarchiste Jules Moineau*.... (Bruxelles, 1894, 46 pp., in-4°); dans « L'Homme Libre » (1892) ; en brochure : Ensival, mars 1896 23 pp., in-8$_o$; — trad. espagnole, dans « La Anarquia » (Madrid), 1892 ; — trad. allemande, « Freiheit », 1-8 octobre 1892 ; — trad. hollandaise, « Anarchist », mars 1893 ;

Procès de **Berkmann**, de Pittsburgh ; v. surtout « Der Anarchist », (New York), « Solidarity » (ib.), « El Despertar », 1er mars 1893, etc.;

Procès d'**Emma Goldmann** : v. *Eine ungehaltene Rede* (« Brandfackel », New York, novembre 1893), et la brochure de **Voltairine de Cleyre** ;

Paulino Pallás Latorré : lettre, dans « El Rebelde » (Zaragoza), 11 novembre 1893 ; v. « El Corsario », « Despertar », etc.;

Lettre de **Léauthier** à S. Faure (du 12 novembre 1893), réimpr. p. ex. dans « Le Libertaire », Bruxelles, 17 octobre 1893, etc.;

Santiago Salvador Franch : v. « El Despertar », n°s 90, 100, 101 ; « El Corsario », « El Perseguido », 31 mai 1895 ; *Extraits de la Défense de l'Anarchiste Salvador Frank* (sic), Signé : L'Anonymat (1 p., in-fol.) ;

Auguste Vaillant : *Déclaration*, dans « La Révolte », du 20 janvier 1894 ; dans « L'Avenir » (Genève), 28 janvier 1894, dans « Le Libertaire » (Bruxelles), 28 janvier 1894 ; — trad. espagnole, dans « El Corsario », 7 février ; « El Perseguido », 18 février ; « El Despertar », 15 février 1894 ; — trad. allemande, « Socialist » (Berlin), 10 février ; « Anarchist » (New York), 10 mars 1894 ; — *Lettres* (« Révolte », 6 janvier 1894) ; — *Mes derniers jours de liberté* (Extraits), dans « Le Figaro », du 21 juillet 1894 ; — *Testament* et *Lettres à S. Faure*, p. ex.: « Journal des Débats », du 6 février 1894, etc. ;

Jean Grave (Procès de *La Société mourante, etc.*) ; *Plaidoyer de Me de Saint-Auban*, dans « La Libre Parole »,du 25 février 1894 et dans son livre : *L'Histoire sociale au Palais de Justice* (Paris, 1895, in-18°) ; dans « Le Plébéien » (Ensival), 1895 ; — extraits en allemand : « Freiheit », 28 avril 1894, « Socialist » (Berlin), 15-24 septembre 1894 ; — trad. anglaise dans « Freedom », juin-juillet 1894 ; dans la brochure : *Anarchy on Trial* (« Freedom Pamphlets », n° 9), 1896 ;

Emile Henry : *Déclaration d'Emile Henry.... le 28 avril 1894* (« La Brochure », 2e série, n° 1), Bruxelles,1894,15 pp.,in-16°;—trad. italienne : *Dichiarazione di Emile Henry alle assise della Senna il 29* (sic) *aprile 1894* (s.l., 15 pp., in-8°) ; dans « Il Pensiero » (Chieti), 20 mai 1894 (incomplet) ; — trad. espagnole dans « El Despertar » (1894) ; dans « El Oprimido » (Lujan, prov. de Buenos Aires), 1894 ; dans « Archivo social » (Habana), 1894, n° 16 ; en brochure: *Emilio Henry. Su discurso ante los tribunales* (« Bibl. de la Questione sociale », Buenos Aires, 1896) ; — trad. portugaise dans « A Propaganda » (16 mai 1894) incomplet ; — trad. allemande dans « Freiheit », 19 mai 1894, » Anarchist » (1894); — trad. hollandaise dans « Morgenrood » (Amsterdam), n°s 9, 10, de 1895 ; dans « An-archie » du 13 juin 1896 ; — trad. flamande, dans « De Fakkel » Gand), 13 mai 1894, etc. Quelques aphorismes posthumes d'Emile Henry ont été publiée dans « Le Libertaire » (Paris), fin de mai 1896.

Caserio Santo : *Déclaration* (dont la publication fut interdite par la loi française), dans *Il n'est pas mort !* Brochures périodiques du « Père Peinard », n° 1, Londres, fin de septembre 1894) ; — trad. italienne dans « La Sera », journal bourgeois de Milan, 8 août 1894 ; — trad. allemande (d'après l'italien de « La Sera ») dans « Freiheit » (New York), 1ᵉʳ septembre 1894 ; — trad. espagnole : « El Despertar », 30 août 1894, « El Perseguido », 11 novembre 1894, 24 juin 1895 ; — trad. portugaise dans « A Propaganda », 14-21 septembre 1894 ; — trad. anglaise « Freedom », octobre 1894 ; « Liberty », octobre 1894 ; dans la brochure : *Anarchy on Trial* (« Freedom Pamphlets », n° 9) ; — trad. flamande dans « De Fakkel » (Gand), 30 septembre 1894 ; — trad. arménienne, dans « Hamaïnk » (1894, n° 4) ; — Lettres inédites, dans « Le Figaro » du 9 juillet 1894 ;

Procès de **Paolo Lega**, v. « Socialist » (Berlin) 28 juillet-11 août 1894 (tiré du « Secolo ») ; « Freiheit », 11-18 août 1894 ;

Procès des « Trente », août 1894 : discours de S. Faure ; — trad. allemande dans le « Socialist », 15 septembre 1894 ; plaidoyer de Mᵉ de Saint-Auban, dans *L'Histoire Sociale au Palais de Justice*, 1895 ;

L'Anarchie en Cour d'Assises. Plaidoirie de Mᵉ **Royer** (pour Henri Willems, du « Libertaire » de Bruxelles), Publications du « Plébéien », Ensival, 23 pp., in-16°.

Les mauvais traitements, les tortures même, dont sont victimes les anarchistes condamnés, emprisonnnés ou déportés, ont fait l'objet de relations et de protestations nombreuses.

Pour les déportés français à la Guyane, v. « Le Réveil Social » (Paris), du 7 octobre 1893 ; *Voix du Bagne* (signé : les Forçats anarchistes de la Guyane), Paris, 2 pp., in-4°, s.a.; réimpr. dans « L'Insurgé » (Lyon), du 18 novembre 1893 ; *le Massacre des Anarchistes à la Guyane en 1894*, article de « La Sociale » (Paris),

8 mars 1806 et autres articles de « La Sociale » (1895-96, notamment sur Lorion (Girier).

Pour les condamnés espagnols, v. **J. Montseny**, *El Proceso de un gran crimen* (La Coruña, 1895, 50 pp., in-16°), etc.

Les horreurs du *domicilio coatto* italien ont été signalées dans l'« Asino » (Rome), 1895, « Les Temps Nouveaux », etc.

Sur les prisons anglaises et américaines, v. les publications de John Most, D. J. Nicoll, etc.

CHAPITRE XV.

Belgique.

Cf. le Chap. V. « Mutuellisme ».

Journaux en langue française.

La Tribune du Peuple (Bruxelles), 12 mai 1861-4 avril (?) 1869 ;
La Nouvelle Tribune du Peuple (ib.), quelques n°⁵, en 1869 ;
La Rive Gauche (ib.), 14 mai 1865-5 août 1866 ;
L'Internationale (ib.), 17 janvier 1869-fin de 1873 ;
La Liberté (ib.), 7 juillet 1867-1ᵉʳ juillet 1873 ;
Le Mirabeau (Verviers), décembre 1867-mai 1880 (n'était plus anarchiste dans les dernières années de sa publication) ;

D'autres journaux, de langue française ou flamande, publiés à l'époque de l'Internationale, « De Werker » (Anvers, 1867 sq.), « Vooruit » (Bruges, 1869) ; « Le Devoir » (Liége, d'abord colinsien), etc., ont bien été libertaires et révolutionnaires, mais on ne peut les considérer comme absolument anarchistes ;

Les Cahiers du Travail (Liége), 10 juillet 1870 sq.;

La Science populaire (Verviers), 27 octobre 1872-30 mars 1873, 22 n°°, anarchiste ;

Le Cri du Peup'e (Verviers), 7 juillet 1878-79 ;

La Persévérance (Verviers), août 1880-81 ;

Le Drapeau rouge, organe de la Ligue collectiviste-anarchiste (Bruxelles), 1880 ;

Ni Dieu ni Maître (Bruxelles), 24 mai 1885-86; plus tard, des éditions françaises ont paru sous les titres: *La Guerre sociale* et *L'Interdit* ;

Le Fer rouge (ib.), 1 n°, 18 pp., in-8°, 1886 ;

La Torche (ib.), 1 n°, 24 pp., in-18°, 25 juin 1886 ;

La Liberté (Bruxelles), 23 octobre 1885 sq,; (Verviers), du 11 décembre 1886 au 29 mai 1887, 18 n°° ;

Le Drapeau noir (Bruxelles), avril-29 août 1889, 11 n°° ;

L'Homme Libre (Bruxelles), 11 avril 1891-10 décembre 1892, 1re année, 35 n°°, 2° année, 8 n°° ;

L'Armée nationale (ib.), 6 février 1892, numéro unique ;

La Misère (ib), 9 avril-24 septembre 1892, 10 n°° ;

La Débâcle (ib), 7 janvier 1893 sq., 11 n°° ;

Le Libertaire (ib.), 22 octobre 1893-10 mars 1894, 11 n°°;

L'Antipatriote (ib.), 1894, numéro unique ;

L'Idée (ib), 15 mai 1894 sq.; série I, n°° 1-2 ; série II, n°° 1-7 (25 juin 1894 sq.) ;

Le Pygmée (ib.), 27 janvier 1895 ;

Le Plébéien (Dison), 1er avril-13 mai 1894, 4 n°°; (Vaux-sous-Olne, Nessonvaux, puis Ensival), 6 janvier-25 décembre 1895, 25 n°°, suivi de *La Débâcle Sociale* (Ensival), 4 janvier 1896 sq., 10 n°° ;

L'Insurgé (Bruxelles), 1er mai-juillet 1896, 3 n°° ;

Le Cri des Opprimés (Charleroi), octobre 1896, 2 n°° ;

Il faut encore mentionner les n°° 4 et 5 de *La Question sociale* (continuation de *La Réforme sociale)*, de 1890, « revue mensuelle de sociologie anarchiste », devenu plus tard un organe colinsien ;

La Société Nouvelle (Bruxelles), 20 novembre 1884 sq., revue mensuelle, qui, dans ces dernières années, a été largement ouverte aux publications anarchistes ;

(*La Lutte pour l'Art* (ib.), 1892-93), etc.

Journaux en langue flamande.

De Opstand (Anvers), fin de 1881-1882, publié à nouveau à Bruxelles, 20 septembre 1885-1886 (?) ;

De Opstand (Gand), 25 septembre 1887 sq. (7 n⁰ˢ ?) ;

Van Nu en Straks (Anvers), revue dont la première série (10 n⁰ˢ, d'avril 1893 à octobre 1894), était surtout littéraire et artistique, les questions sociales n'y étant traitées qu'accessoirement. La seconde série, franchement anarchiste, paraît depuis janvier 1896 (3 n⁰ˢ). Articles de **A. Vermeylen, Domela Nieuwenhuis, J. Mesnil, Heuvels**.

De Fakkel (Gand), 28 janvier 1894 sq., 30 numéros ou plus ;
De Opstandeling (Anvers), février, 1894 sq., 4 n⁰ˢ ?;
De Loteling (Malines), 1894 ;
De Noodkreet (Malines), août 1894-févr. 1895, 7 n⁰ʳ;
De Korrektie (Gand), février 1895, numéro unique ;
De Ontwaking (Anvers), 1896.

Brochures, etc., en langue française.

Les chapitres concernant le mutuellisme et le collectivisme renferment l'énumération des écrits de César de Paepe, auxquels il faut ajouter : *Les services publics précédés de deux essais sur le collectivisme....* (« Bibliothèque populaire », Bruxelles,1895,n⁰ˢ 2,3 ; 135, 149 pp., in-16⁰), réimpression des rapports faits aux Congrès de l'Internationale, etc.

Réponse d'un socialiste à M. Mestdagh de Ter Kiele (Bruxelles, 1871, 100 pp., in-12⁰), tiré de « L'Internationale » ;

Almanach de l'Internationale pour 1870, Iʳᵉ année (Liége), 1869, 95 pp. ;

Chansonnier populaire (publication du Cercle « L'Etincelle », de Verviers), E. Piette, imprimerie de « La Persévérance », 1879, 5 part. à 32 pp., in-16⁰ ;

La Commune de Paris devant les Anarchistes (s.a.- vers le 18 mars 1885), Bruxelles, « Les groupes anarchistes bruxellois », 4 pp., in-fol. ;

Catéchisme d'un anarchiste, réponse au sieur Léon Defuisseaux (Bruxelles, 1886, 8 pp., in-8°) ;

Le Communisme anarchiste (Publications du « Drapeau Noir »), Bruxelles, 1889, 16 pp., in-16° ;

Essai sur la Grève générale. Premier fragment. La Grève généra'e et le patriotisme par le compagnon **N...**, (Bruxelles, 1890, 20 pp., in-8°) ;

Réponse à Jules Guesde (Bruxelles, 14 pp., in-16°, s.a.) ; réimpr. dans « La Révolte », du 28 mars 1891 ;

Dialogue entre un anarchiste et un autoritaire (« Publications anarchistes », Bruxelles, s.a.- 1891, 2 part., 32 pp., in-16°) ; réimpr. de « La Révolte » ; (par **Hector Morel**, v. chap. VI.) ;

L'Etincelle. Chants, pensées et poésies révolutionnaires (1re année, n° 1, Bruxelles, 12 nov. 1892, 14 pp., in-16°) ;

Catéchisme du jeune propagandiste, par le compagnon **P. Flaustier**,.... (Saint-Josse-ten-Noode, 1893, 14 pp., in-16°) ;

Guerre aux Préjugés ! Almanach de l'Affranchissement pour 1894 (Bruxelles, 1893, 64 pp., in-16°) ;

« La Brochure » (Bruxelles), 1re série, nos 1-10, 80 pp., in-16°, 1894 ; IIme série, n° 1 (15 pp., in-16°) ; « Bibliothèque des Temps Nouveaux » (ib), 1895 sq., deux séries de réimpressions de brochures et d'extraits ; aussi la réimpression de *L'Esclave Vindex*, par Louis Veuillot (Saint-Josse-ten-Noode, Impr. D. Villeval, 1893, 20 pp., in-8°);

Le Communisme révolutionnaire par **Chrétien Cornelissen**, éd. de la « Société Nouvelle », Bruxelles, 1896.

Parmi les manifestes et placards publiés à Bruxelles mentionnons :

Aux étudiants bruxellois (1891), *Ce que veulent les anarchistes, Camarades de l'Armée, Pourquoi nous sommes anarchistes, Le rêve d'un niveleur* (1893), *Travailleurs et Électeurs* (1894), *Aux typographes, Vive le suffrage universel*, etc.

Brochures en langue flamande.

De achturige Arbeidsdag, een niet-afdoend middel (Gand, 1894, 8 pp., in-16°, publ. de « De Fakkel ») ;

Waarom wij Anarchisten zijn en wat wij willen. Openbar debat tusschen onzen kameraad **G. Bus** *en der Heer V. Heymans, gewezen professor* (Gand, 1894, 41 pp., in-8°).

CHAPITRE XVI.

Italie.

Il n'existe aucun ouvrage traitant sérieusement de l'histoire et encore moins de la bibliographie du mouvement italien. C'est à peine si l'on peut citer : *Il Socialismo in Italia*, par A(gostino) P(istolesi), dans « l'Avvenire », de Modena, 1er juin 1878 sq.; O. Gnocchi-Viani: *La Letteratura socialistica in Italia* (« Rivista internaz. del Socialismo », Milan, 1er août 1880 ; publié d'abord dans la « Revue Socialiste », Paris, 20 janvier 1880) ; enfin les correspondances italiennes dans les journaux jurassiens (« Bulletin », etc.), dans « Le Révolté », de Genève, « La Révolution sociale », de Paris (F. S. Merlino), etc.

Carlo Pisacane (22 août 1818-2 juillet 1857): *Saggi storici-politici-militari sull'Italia* (Milan, 1860, in-8°), spécialement vol. III : *Terzo Saggio. La Rivoluzione* (188 pp.) et *Testamento Politico di Carlo Pisacane* (l.c. vol. IV, pp. 150-162) ; réimpr. du 3me essai : *Saggio sulla Rivoluzione...* (« Biblioteca Socialista », vol. I, Bologna, 1894, IX-270 pp., in-8°), contenant aussi le *Testament politique*, etc.;

Il Testamento politico di Pisacane (Biblioteca del « Proletario », 1.° 7, Marsala, 1892, 15 pp., in-16°) ; — trad. française dans la Biographie de Mazzini par Simoni (1869), pp.267-272 ; — extraits des aggi : *L'Idea politico-sociale di Carlo Pisacane* (« Rivendicazione »,

Forli, 1887, n°⁵ 45-48, 55); *Il Testamento* dans l'« Avvenire » (Modena), du 8 juin 1878, « In Marcia !» (Fano Pesaro, du 31 janvier 1886) ;

F. S. Merlino, *Carlo Pisacane* (Milano, Bignami, vol. 11 des *Opusculi*...., 15 pp., in-16°, vers 1879) et dans « In Marcia ! », du 31 janvier 1886 ; E. Zuccarini : *Pisacane e il Socialismo moderno* (Biblioteca « Humanitas », vol. 6, Naples, 1887); « Lo Sperimentale » (Brescia) et « Humanitas » (n° 17), du 2 juillet 1887 ; Niccolò Converti : *Brevi Cenni su Carlo Pisacane*, réimpr. dans « La Questione Sociale » de Paterson (New Jersey) en 1895 ; *Pisacane e i Mazziniani*, « Questione Sociale » (Florence), du 29 décembre 1883 ; le numéro unique *Carlo Pisacane*, de Naples, en 1884 ; un manifeste de Forli, en 1885, etc.; extraits en français dans l'article de B. Malon (« Revue Socialiste », Paris, novembre 1888) ;

V. encore : *Guerra combattuta in Italia negli anni 1848-49. Narrazione di Carlo Pisacane* (Gênes, 372 pp., in-8°), surtout aux pp. 359, 362, 367 ; — trad. allemande (Coire, 1852, in-8°).

L'œuvre de Pisacane était restée presque inconnue jusque vers 1875, et ce n'est qu'à cette époque qu'elle fut, pour ainsi dire, découverte par les anarchistes de l'Internationale et surtout par **E. Covelli.**

Parmi les écrits mutuellistes italiens, on cite ceux de **Nicolò de Benedetto**, de Palerme ; une brochure anonyme intitulée *Circolazione quasi gratuita dei capitali* (v. Malon, *Hist. du Socialisme*, vol. 4, p. 1391) et *Il Proletario*, journal de **Nicolò Lo Savio** (Florence, vers 1865); je ne connais pas ces différentes publications.

Proudhon parait avoir été peu traduit en italien ; il existe seulement : *Sistema delle contradizione economiche o Filosofia della miseria* (« Biblioteca dell' Economista », III° série, vol. 1, 1882) et *Teoria delle imposte* (II° sér., vol. 10, 1868), qui ne sont pas des publications de propagande.

L'Abolizione dello Stato (trad. par F. S. Merlino, de *The Abolition of the State*, by **Dr. S. Engländer**, London, 1873, 183 pp., in-8°, basé sur l'*Histoire des Associations ouvrières*, livre allemand du même auteur, Hambourg, 1864), dans la « Biblioteca de 1 lira al volume » (Milano, Bignami, 1879, vol. 6, 176 pp.); c'est dans cette même série qu'ont été publiés un résumé du *Capital* de Marx par Cafiero et un récit du mouvement cantonaliste et du siège de Carthagène (1873), par « un Pirata ».

Les publications collectivistes anarchistes, internationalistes à partir de 1869, commencent à paraître en Italie dès 1866, sous l'influence des idées de Bakounine.

Libertà e Guistizia (Naples), vers 1866-67, avec la collaboration, en 1867, de Bakounine, etc.; v. aussi les propositions du délégué du Cercle « Libertà e Guistizia » de Naples, au Congrès de la Paix, de Genève (« Annales du Congrès ») ;

La Situazione, en 1867, 2 n°ˢ (?) ; n° 2, s.a.s.l., 4 pp., in-4° ; v. lettre de Bakounine à Herzen du 7 mai 1867 (p. 194 de l'édition russe) ;

La Fratellanza (Naples), 1869, vers juin (?) ;

L'Uguaglianza (ib.), vers novembre 1869-commencement de 1870 ;

L'Internazionale (ib.), 1871 ;

La Campana (ib.), 1871-72 ;

Il Motto d'Ordine (ib.), 1872 ;

Bolletino dei lavoratori (ib.), 1872, clandestin ;

Il Romagnolo (Ravenne), 1871 ;

Il Fascio Operaio (Bologne), 1872 ;

Il Martello (Milan), 4 février 1872 sq., 4 n°ˢ, rédigé par **Vicenzo Pezza** (1841-1873), mort peu après. Un appel de la « Fédération Napolitaine », du 30 janvier 1873, annonce la publication en un volume des écrits de Pezza ; j'ignore si cet ouvrage a paru. Pezza collaborait aussi, sous le pseudonyme de « Barbero » au *Gazzettino Rosa*, de Milan, journal également favorable à l'Internationale.

Il Proletario italiano (Turin), 1871 sq., devint plus tard l'organe d'un policier ; v. entre autres, sur ces agissements, deux brochures d'**Alfonso Danesi**, l'une du 5 avril 1876, 16 pp., l'autre du 11 avril 1878, 8 pp. (Genève) ;

La Favilla (Mantova), 1872 sq. ;

L'Eguaglianza (Girgenti), 1871-72 ;

En 1873, paraissent :

La Giustizia (Girgenti); *La Fame* (Gênes) ; *Il Petrolio* (Ferrara);

Il Comunardo (Fano); *Il Capestro* (Fermo), *Il Risveglio* (Sienne); *Bollettino della Federazione italiana dell'Internazionale*, mensuel depuis mai 1873 ;

En 1874 :

Il Romagnolo (Ravenne, publié de nouveau) ; *La Canaglia* (Gênes) ; *Il Schiavo bianco* (Turin) ; *Sempre Avanti !* (Livorno, le 10 mai sq.).

En août 1874, éclata un mouvement insurrectionnel qui eut pour conséquence la suppression de tous les journaux anarchistes.

Il semble que la propagande par la brochure ait été moins active :

Un *Almanacco socialista per 1873*, fut publié à Naples par **F. Zanardelli** ;

De **A. Delmasso** parurent : *Economia politica e Socialismo* (Macerata, 1874, 228 pp.), et : *Il Socialismo examinato sulla bilanzia dell'opinione pubblica nelle sue origine....* (Mondovi, 187?) ;

Le Comité italien pour la Révolution sociale aux délégués formant le Congrès général de l'Association Internationale des Travailleurs à Bruxelles (2 pp., in-4°, s.a.s.l.), septembre 1874 ; réimpr. dans « L'Ami du Peuple », de Liége, 8 septembre 1874, etc.

A cette époque des groupes se formèrent qui prirent le titre de « Intransigenti » ; v. sur eux p.ex.: Pistolesi, dans l'« Avvenire » du 13 juillet 1878; un de leurs organes fut « L'Agitatore », de Lugano (20 août 1875 sq.?). Sans rejeter l'anarchie ils furent hostiles à l'Internationale qui se trouvait à cette époque, sous le coup des plus dures persécutions. Plus tard, quand l'Internationale put de nouveau propager ouvertement ses idées, ce mouvement disparut; une partie de ses adhérents, soutenue par le *Povero* (journal de Palerme, un Almanach socialiste publié, en 1876, à Lugano, etc.), se rapprocha du socialisme légalitaire, déjà propagé par la *Plebe* de Milan, B. Malon, etc.

Les années 1875 et 1876 se signalèrent par des procès à Florence (30 juin 1875 sq.), à Bologne (mars au 17 juin 1876), à Rome (mai 1875, ce procès fut recommencé plus tard), à Trani (août 1875); ces procès se terminèrent tous par l'acquittement des internationalistes accusés et la propagande ouverte reprit avec intensité. Je n'ai pas eu connaissance des comptes-rendus de ces différentes représentations judiciaires, je sais seulement qu'il a été publié :

G. Bottero : *Processo dell' Internazionale* (Florence) ;

Difese proferite dell'avv. **Barbanti** *per Costa e Matteucci* (Vicence...);

F. Colacito : *L'Internazionale a Roma* (1875), etc.

Au sujet d'autres procès intentés à des anarchistes, il a paru :

Processo degli Internazionali discusso dal R. Tribunale civile e correzionale di Forli (Forli, 1879, 15 n^{os} à 2 pp., in-fol.) ;

Francesco Pezzi: *Un Errore giudiziario* (Florence, 1882), au sujet du procès relatif à la bombe du 9 février 1878 ;

Pirro Orsolini e la bomba lanciata in Pisa la sera del 20 nov. 1878, dans « Il Socialista » (Pise, 20 janvier 1884 sq.) ;

Processo di Giovanni Passanante (Florence, 1879, 24 pp.) ;

F. S. Merlino, *A proposito del processo di Benevento. Bozzetto della questione sociale* (187 ?).

Voir aussi : *Francesco Sceusa e l'Internazionale in Trapani*, par G. Cassisa (Trapani, 1890, 32 pp., in-8°) ;

Il Martello (vers la fin de juillet 1876, à Fabriano, puis à Iesi) ; nouvelle série, du 4 janvier 1877 au 18 mars (11 n^{os}), à Bologne (A. Costa) ;

La tentative d'insurrection populaire qui éclata dans la montagne, près de Benevento, en avril 1877 fut encore suivie d'une période de répression.

Il Nettuno (Rimini), 1877-78 ; **D. Francolini** ;

Il Diritto (Monselice), Vénétie, 1877, novembre ;

L'Anarchia (Naples), 25 août au 6 octobrg 1877, 7 n^{os} ; (Florence), 21 octobre 1877, n° 8, de **E. Covelli** ;

Il Socialista (Cosenza, Calabre), printemps de 1878, 2 n^{os} ;

L'Avvenire (Modena), 1878, il en existe au moins 13 n^{os} ;

Il Movimento sociale (Naples), 1879-commencement de 1880 ;

Il Grido del Popolo (ib.), vers août 1880-81 ;

Il Moto (Imola, 1880) ?

Il Diseredato (Gênes, 1880) ?

La Miseria (Alessandria), 6 nov. 1881, 1 num. ;

L'Asino (Florence), 1881-82; *La Riscossa* (ib.),1881; *La Lanterna* (ib.), 1882, **F. Serantoni**;

Il Lavoratore (Gênes), 1881 ;

I Malfattori, par **E. Covelli** (Genève), 21 mai au 23 juin 1881, 4 n⁰ˢ.

A partir de 1879, la littérature anarchiste en Italie subit une crise dont la gravité s'accroît sans cesse ; commencée par l'exil des principaux internationalistes et les rigueurs gouvernementales de plus en plus violentes, elle s'accentua encore par la défection d'Andrea Costa qui commença à se créer une situation électorale et politique. Ce fut le commencement d'une nouvelle période d'interruption presque totale des publications libertaires.

Avant cette période, quelques ouvrages avaient encore paru qui méritent d'être cités :

Atti del primo congresso operaio toscano, tenuto il 26,27,28 nov. 1876, in Firenze (?, v. « Martello », du 20 janvier 1877);

« Biblioteca del Martello », vol. I : *Vita di Michele Bacunin*, par **A. Costa** (Bologne, 1877, 48 pp., in-8°, inachevé) ;

Bozzetti storici... (trad. des *Esquisses historiques*, de **J. Guillaume**), Milan, vol. 8 de la « Biblioteca da 1 lira al Volume » (j'ignore si cette publication est de 1879) ; la traduction des *Idées sur l'organisation sociale* a dû paraître en brochure (v.« Bulletin » jurassien, du 11 mars 1877) ;

Emilio Covelli : *L'Economia politica e il Socialismo* (Naples, 1874, 37 pp., in-8°) ; une déclaration : *Redattori della Lotta !....* (Londra, 17 nov. 1880, 1 p., in-4°) ; les journaux *La Fieramosca* ; *La Anarchia* ; *I Malfattori* ; v. une biographie dans « Humanitas » (Naples) du 9 août 1887 ;

Agostino Pistolesi : *Il Comune di Parigi e il Socialismo* (Milan, ?) ;

Giovanni Rossi (Cardias) : *Un Comune socialista*, 187 ? (v. le chapitre : *Les Utopies anarchistes*, colonie Cecilia); *Cosa vogliano i Contadini* (Milan, 187 ?) ;

Carlo Cafiero : *Anarchie et Communisme*, dans « Le Révolté » (Genève), du 13 au 27 novembre 1880 (Congrès jurassien de la

Chaux-de-Fonds, du 9-10 octobre 1880) ; réimpr. par E. Darnaud (Foix, 1890, 20 pp.) ; — trad. italienne : *Anarchia e Comunismo, Discurso di Carlo Cafiero* (Livorno, 1892, 16 pp., in-16°, Bibliotéca del « Sempre Avanti ». n° 4) et dans « La Favilla » (Mantova), de 1892 ; — trad. espagnole dans « El Perseguido » (Buenos Aires), du 23 octobre au 15 décembre 1892 ; — trad. portugaise dans « Os Barbaros » (Coimbra), du 1er janvier 1896 (inachevé) ; — trad. allemande : « Freiheit », 5 avril 1890.

Révolution série d'articles dans « La Révolution sociale » (Paris), II, n° 10, du 20 février 1881 sq.;

Biographie dans « La Rivendicazione » (Forli), du 23 avril 1887 (Zuccarini) ; — traduite dans « La Révolte », des 17 et 24 janvier 1891 ; a paru aussi dans « Lo Sperimentale » (« Humanitas ») du 29 mai 1887.

1881 : *L'Insurrezione* (par C. Cafiero, E. Malatesta, V. Solieri, à Londres, n'a pas paru) ;

1883-84 : *L'Ilota* (Pistoja) ; *Proximus tuus* (Turin, 8 septembre 1883 sq.) ; *L'Oppresso* (Pergola, 18 août 1883 sq) ; *Il Risveglio* (Ancona) ; *Il Sole dell'avvenire*, num. unico (ib., 1884) ; *Per la Verità*, num. unico (Livorno, 20 juillet 1884) ; *Pisacane*, numero unico (Napoli, 1884), etc.;

Il Popolo (Florence, 1883, vers mai) ;

La Questione sociale (Florence), du 22 décembre 1883 au 3 août 1884, par **Errico Malatesta** ;

Du même : *Programma e organizzazione della associazione internazionale dei lavoratori.Pubblicato a cura della redazione del Giornale « La Questione sociale »* (Florence, 1884, 64 pp., in-16°) ;

*Propaganda socialista.Fra Contadini.*Pubblicazione del Giornale « La Questione sociale » (Florence, septembre 1884, 62 pp. in-16°) ; réimpr. Torino, 1888 (?) ; Londres (décembre 1890 et avril 1891, « Biblioteca dell'Associazione », n° 3, 63 pp., in-16°) ; Prato, 1892 (« Biblioteca della « Plebe », n° 3, quarta edizione) ; en novembre 1893 (édition de « La Favilla », Mantova) ? ; en 1895, « Propaganda socialista-anarchica », Londres, 63 pp., in-16° ; dans l'« Operaio » (Reggio-Calabria), en 1888, 29 mars sq., inachevé ; — trad. française : *Entre Paysans*, dans « Le Révolté » (Paris), du 27 septembre 1885 au 11 septembre 1886 ; en brochure (Paris, commencement de 1887 ; 2ᵐᵒ édit., mai 1887, 68 pp., in-16° ; 3ᵐᵉ édit., décembre 1888) ; dans « L'Idée Ouvrière » (Le Havre), en 1887 (inachevé ?) ; — trad. espagnole : *Entre Labradores*, dans « Tierra y Libertad » (Gracia), 2 juin 1888 sq.; *Entre Campesinos*, trad. de E. Alvarez (Sabadell, 1889, « Agrupación de propaganda socialista ») ; Buenos Aires (1892, Grupo « Juventud comunista-anarquica ») ; Barcelona (1893, « El Productor », 64 pp.) ; Buenos Aires (s.a.-1895, « La Expropriación », grupo de propaganda comunista anârquica, n° 6, 64 pp., in-16°) ; Madrid (Biblioteca de « La Idea Libre », du 20 avril au 27 juillet 1895) ; dans « Jovenes Hijos del Mundo » et « Hijos del Mundo » de Guanabacoa (Cuba), du 13 janvier 1892 sq. (inachevé ?) ; — trad. roumaine : *Intre Terani* (Biblioteca anarchista, n° 1, Bucarest, vers 1891, 60 pp.) ; — trad. allemande dans la « Freiheit » (New-York), 4 février au 31 mars 1888 ; — trad. en jargon juif, en brochure (Londres, 1888, « Worker's Friend Office ») ; — trad. anglaise, dans « Freedom » (Londres), février 1891 sq., et en brochure : *A Talk about Anarchist Communism* (« Freedom pamphlets », n°3, Londres, 1891, 31 pp., in-8° ; 3ᵐᵉ édit., 31 pp.) ; 5ᵐᵉ édit., s.a.-1894 ; — trad. hollandaise : *Gesprek tusschen twee Boerenarbeiders* (Den Haag, Heller et C°, 1888, 45 pp., in-8°) ; — trad. norvégienne : *Olav Husmann ok Per Snikker* (en brochure, « Fedraheimen », Tönsett, n°ˢ 15-17, 1890, 52 pp., in-8°) ; — trad. tchèque : *Mezi Venkovany* (« Mezinárodní Knihovna », n°1, New York, 1890, 27 pp., in-8°) ; 2ᵐᵉ édit. (New York, mai 1893, 27 pp., in-8°) ; — trad. bulgare : *Razgovor mejdu dvama sjurmasi* (Sevlievo, 1890, 70 pp., in-16°) ; — trad. arménienne : (« Publications anarchistes », Paris, Imprimerie internationale, n° 1, juillet 1893, VIII-87 pp., in-16°, avec une introduction) ;

La politica parlamentare nel movimento socialista (« Biblioteca dell'Associazione », n° 1, 1890, 31 pp., in-16°) ; dans « La Favilla » (Mantova), en 1893 ; — trad. espagnole : *La Politica parlamentare en el movimiento socialista* (Biblioteca de « El Productor », Sabadell, 1891, 23 pp.) ; dans « La Verdad » (Rosario, Rép.Argentine), en 1895, n° 1 sq.; — trad. portugaise dans « A Propaganda »

(Lisboa), 1er avril 1894 sq.;— trad.anglaise dans «Liberty» (London), 1895 ; brochure en préparation (ib.);

In tempo di elezioni.Dialogo («Biblioteca dell'Associazione»,n°2, London, 1890, 16 pp., in-16°) ; — trad. espagnole : *En tiempo de elecciones* (Biblioteca de « El Productor », Sabadell, 1891, 15 pp); — trad. portugaise : *En tempo de eleições* (Lisboa, 1892) ; — trad. roumaine : *In timp de alegeri* («Biblioteca anarchista», n° 2, Bucarest, vers 1891, 19 pp., in-16°) ;

L'Anarchia (« Biblioteca dell'Associazione », n° 5, mars 1891, 59 pp., in-16°) ; — trad. française : *L'Anarchie*, dans « L'Avenir » (Genève), 1893-94, n°s 1-17, inachevé;—trad.espagnole par R.Mella : *La Anarquia* (« El Productor », Barcelona, 1893, 64 pp.) ; — trad. portugaise : *A Anarquia* («A Boa Nova», Lisboa, 1895, inachevé?); — trad. allemande dans «Freiheit», du 10 décembre 1892 au 14 janvier 1893 ; — trad. anglaise : dans « Freedom » (London,) septembre 1891 à juin 1892; *Anarchy* («Freedom Pamphlets», n°5, London, 1892, 36 pp.; 3e édit., 1894).

L'Intransigente (Venezia), 4 janvier 1885 sq.;

I Miserabili (Parma); 1885 ;

Il Paria (Ancona), 26 avril 1885-87 ;

Il Ribelle (Reggio d'Emilia) ; *Lo Scamisciato* (ib.), 1885 ;

Il Piccone (Naples), 1885 ;

Il Proletario (Palermo), 1885 ;

In Marcia! (Pesaro), septembre 1885-86;

Lo Sperimentale (Brescia), mai 1886 sq.; plus tard réuni avec l'*Humanitas* (Naples), 23 janvier 1887 sq., 23 nos et 1 n° clandestin, en 1889 ;

Il Demolitore (Naples), 17 septembre-1er octobre 1887, 2 nos ;

Lo Schiavo (Nice), 1887, 16 nos ; et 2 nos, 17 19, avec une nouvelle rédaction intransigeante ;

La Fiaccola rossa (Florence), 1887 ;

La Lotta (Mantova), 1887 ;

Ricordiamoci! (Faenza), num. unico, avril 1887 ;

Gazzetta Operaia (Turin), 4 juin 1887-24 mars 1888, 38 nos; suivie de *Nuova Gazzetta Operaia*, 31 mars 1888-8 sept. 1889,54 nos;

Sempre Avanti! (Livourne), 1887 ;

Combattiamo! (Gênes), 1ᵉʳ novembre 1887 sq. ; suivi du *Il Nuovo Combattiamo!* (ib.), 4 août 1888, sq. ;

La Montagna (San Remo), 12 février 1887 sq.; *Tutti in Maschera!* (ib.), 1888, numero unico ;

Paupertas (Piedimonte d'Alife), 10 avril 1887 sq.;
L'Ottantanove (Venise), 8 janvier 1888 sq.;
L'Operaio (Reggio-Calabria), 1888, 8 mars sq.;
La Questione sociale (Florence), 20 mai 1888 sq.;
Il Riscatto (Messina), 1888 ;
L'Amico del Popolo (Mantova), 1888, 15 avril sq.;
L'Urlo della Canaglia (Padova), numero unico, 2 septembre 1888;

Brochures :

L'Organamento pratico del socialismo. (Comunismo anarchico), dans « Opusculi di propaganda », n° 2 (Naples, 1884, 16 pp., in-16°) ;

Al Popolo di Napoli ed agli Operai d'Italia e del Mondo! par « La Branca Napoletana dell'Associazione Internazionale de Lavoratori » (Naples, nov. 1894, 16 pp., in-16°) ;

Pel XXIII° Anniversario della fondazione dell'Associazione int. di Lavoratori (Naples, 1887, supplément au n° 23 de l'« Humanitas », 14 pp., in-8°) ;

Tersite (F.G.Carnecchia) : *Dell'Anarchia* (Turin, s.a., 16 pp.); tiré de l'« Ilota » de Pistoja ;

Carlo Monticelli : *Alla rivoluzione!* (Londres, 1881), poésies ;
Schioppettate poetiche (Milano, « Tito Vezio », 1883) ;

Nicolò Converti: *Della proprietà*, dans « In Marcia !» (Fano-Pesaro), 1885 et dans l'« Operaio » (Tunisie), 1887-88 (8 mai) ; en brochure: *Della proprietà* (« Biblioteca anarchica », Marseille, 1886, 32 pp. in-16°) ;

Repubblica ed Anarchia (Tunisie, Tip. dell'« Operaio », 1889, 75 pp., in-8°) ; dans « Il Proletario » (Marsala, 1891, 19 août sq.) ;
Idee generali, dans « La Protesta Umana » (Tunis, 1896) ;

Paolo Valera : *La Vendetta sociale* (Milano, 1887, 24 pp., in-8°); *Lasciatemi passare* (ib, 1889, 30 pp., in-8°) ;

P. Valera est l'auteur des romans : *Milano sconosciuta* (1879) ;

Gli scamiciati (1884); *Alla Conquista del Pane* (1882); *Amori bestiali* (1884); *Fasti e Miseria*, etc.;

L'Anarchia (Biblioteca della « Gazzetta Operaia », n° 1, Turin, 1887, 30 pp., in-8°);

La Guerra (« Biblioteca di scritti sociali », Turin, 1888, 31 pp.);

Un Malfattore ai lavoratori, Suppl. al n° 13 della « Gazzetta Operaia », Turin, 1887, 16 pp., in-8° (par **G. Reymond**); autres éditions : Milan, 2 pp., in-fol., 188 ?; Marsala, 1891 (« Biblioteca anarchica di Marsala », n° 1, seconda ristampa);

Pasquale Pensa : *Vittime e Pregiudizi* (« Biblioteca Humanitas », n° 4, Napoli, 1887, 62 pp., in-16°); — trad. espagnole : *Victimas y preoccupaciones*, dans « El Productor » (Barcelona), 1889, et « El Productor » (Habana), 1889 ;

Il Processo degli Anarchici di Chicago, édition de « La Gazzetta Operaia », de Turin, décembre 1887, complètement saisie ; *Gli Apostoli del Socialismo in Russia*, trad. de Olimpia Cafiero (« Biblioteca Humanitas », n° 5, Naples, 1887, n'a peut-être pas paru ?);

G. Mazzini : *Il fine ultimo* (« Biblioteca Humanitas », vol. 7, (n'a peut-être pas paru ?) ;

E. Zuccarini, L. Pensa, Cantiello : *Una pagina dell' Anarchismo Italiano (1880-87)*, ib, n° 8 (n'a peut-être pas paru ?) ;

La Nuova religione (« Biblioteca Humanitas » n° 3, Naples, 1887, 55 pp., in-16°), réimpr. dans « Biblioteca del Gruppo 1° Maggio » (Naples, 1890, 28 pp.);

Alleanza anarchica internazionale (« Bibl. Humanitas », n° 2, Naples, 1887, 29 pp., in-16°.

Francesco Saverio Merlino: *Socialismo o Monopolismo? Saggio critico del sistema economico vigente. Dati scientifici del socialismo. Schizzo d'un ordinamento comunistico-anarchico. Confutazione delle obiezioni in voga contra il socialismo* (Napoli-Londra, 1887, 288 pp., in-8°) ; — extrait : *Obiezioni en voga contro il socialismo anarchico* (« Biblioteca di Propaganda del Circulo Studi sociali », Ancona, 1892, 43 pp., in-8°) ;

Manualetto di scienza economica (Florence, 1888, 128 pp., in-8°);

Dans « Opusculi a centesimi 5 » (Milano, Bignami, 187 ?) : n° 5, *Vicenzo Russo*, 16 pp., in-16° (vers 1879) ; n° 11, *Carlo Pisacane*, 15 pp., in-16° (vers 1879) ; n° 24, *Il Popolo aspetta !* ;

A proposito del processo di Benevento. Bozzetto della questione sociale (187 ?) ;

Les bourgeois s'amusent. Appunti elettorali (Naples, 1880, 8 pp., in-16°) ;

La fine del Parlamentarismo (« Biblioteca Humanitas », Naples, n° 1, 1887, 38 pp., in-16°) ; dans « Humanitas », du 23 janvier au 27 mars 1887 ;

Dell'Anarchia o d'onde veniamo e dove andiamo! (Suppl. al n° 12 della « Fiaccola Rossa », Florence, 1887, 16 pp., in-8°) ;

Il nostro Programma (« Biblioteca del Gruppo 1° Maggio », n° 3, Naples, 1890, 28 pp.) ;

Perchè siamo anarchici (d'abord anonyme), Biblioteca comunista-anarchica del « Grido degli Oppressi », n° 1, New York, 1892, 24 pp.; dans l'« Ordine » (Turin, 9 septembre 1893 ; Bibl. del « Ordine », n° 2) ; publiée sous le nom de Merlino dans la « Questione sociale » de Buenos Aires. — trad. espagnole : *Porque somos anárquistas*, dans l'« Archivo social » (Habana, 1894), *Sociologia*, pp. 81-100 ;

Les deux Congrès impossibilistes, dans « La Révolte », du 10 août 1889 et en brochure (Paris, 1889, 15 pp., in-16°) ;

L'Italie telle qu'elle est (Paris, A. Savine, 1890, 392 pp., in-18°) ;

Nécessité et bases d'une entente (« Propagande socialiste-anarchiste-révolutionnaire », n° 1, Bruxelles, mai 1892, 32 pp., in-16°), dans « L'Homme Libre » (Bruxelles, 23 avril 1892 sq.) ; — en italien : *Necessità e base di un accordo* (Prato ?) ; — trad. espagnole dans « La Anarquia » (Madrid), en 1892 ; — trad. allemande dans « Freiheit » (New York), du 4 au 11 juin 1892 et « Der Anarchist » (New York), 11 juin au 9 juillet 1892 ; v. la brochure : *Malfaiteurs et honnêtes gens* (« Italie », juillet 1892, 16 pp., in-8°) ;

La Doctrine de Marx et le nouveau programme des socialistes-démocrates allemands; Le Programme d'Erfurt (« Société Nouvelle », réimpr. dans le Supplément de « La Révolte ») ;

Merlino collabora à de nombreux journaux : Italiens : « Grido del Popolo », « Questione Sociale », « Intransigente », « In Marcia! »,

« Paria », « Libero Patto », etc.; Français : « L'Ordre Social »,
« La Révolution sociale », « L'Attaque », etc.; Belges : « L'Homme
Libre », « La Société Nouvelle », etc.; Anglais et Américains :
« Freedom », « Solidarity », etc.;

Ses articles de critique — entre autres du socialisme allemand
— et d'exposition des théories anarchistes sont nombreux, citons :

L'Intégration Economique. Exposé des doctrines anarchistes
(« Journal des Economistes », décembre 1889, pp. 377-390) ; *Le
Caractère pratique de l'Anarchisme* (ib, janvier 1890, pp. 232-237);
enfin son dernier article de critique du communisme anarchiste,
publié dans « La Société Nouvelle », à la fin de 1893, que suivit
une vive polémique dans « La Revue Libertaire », de Paris.

Son arrestation, le 30 janvier 1894, suspendit momentanément son
œuvre littéraire, qu'il a pu reprendre depuis sa libération, en
février 1896 : *La quintessence du Socialisme*, dans « La Société
Nouvelle » de juin 1896.

Sur les publications des « Intransigenti » de Paris depuis 1887
v. la brochure : *Un brano della difesa del nostro compagno
Vittorio Pini* (1889 ou 90), pp. 4-5 ; les polémiques au sujet
de la brochure : *Alleanza anarchica internazionale* et contre
Amilcare Cipriani ;

Journaux : *Il Ciclone* (4 sept. 1887), num. unico ;

Il Pugnale (avril et 14 août 1889), 2 n^{os} ;

Brochures : *Manifesto degl' Anarchici in lingua italiana al
Popolo d'Italia* (Londra, 1er nov. 1888), 2 pp., in-fol.

*La Verità. Dichiarazione del grupo anarchico intransigente di
Parigi* (2 pp., in-fol) ;

Vigliacchi e farabutti alla porta (« Cosmopoli », 2 pp., in-fol.);

Un brano della difesa del nostro compagno Vittorio Pini (1889,
15 pp., in-16°), etc., brochure différente de celle qui est men-
tionnée plus haut.

Appello (Nice, sept. 1889), 4 pp., in-4°; *Circular* (en espagnol,
2 pp., in-4°), précédant la publication de *L'Associazione* (Nice, 6 oct.
1889 sq., n°s 1-3; Londres, n°s 4-7, 1889-90) ; par E. Malatesta, etc.;

Il Libero Patto (Ancona). 1889 ; *Primo Maggio* (ib), num.

unico, 1er mai 1892 ; *L'Articolo 218* (ib), janvier 1894 sq. ;

La Folgore (Forli), 26 septembre 1889 ;

La Riscossa (Trapani-Marsala), 1889 ; *La Nuova Riscossa* (ib.), 1890 ; *Il Proletario* (ib.), 1890-1892 ; *Il Proletariato* (**Marsala**), 19 août 1891 sq.; *L'Uguaglianza sociale* (ib), 1892 ;

Che siamo (Pesaro), 1890 ;

L'8 Giugno (Florence), numero unico ;

Il Piccone (Catania), 1890-91 ;

La Plebaglia (Imola), 18 mai 1890, sq., suivi de : *La Marmaglia* (ib), 10 août 1890 ; *I Ribelli*, 24 sept.; *I Malfattori*, 18 oct.; *Le Forche repubblicane*, 9 novembre 1890 (num. unico) ;

La Propaganda (ib), 1893 ;

Sempre Avanti! (Livorno), 22 juin 1890, numero unico ; 2 juillet 1892-1894 (le n° 74 du 13 janvier est le dernier ?) ;

La Campana (Macerata), 1890-91 ;

18 Marzo (Milan), 18 mars 1891, num. unico ;

L'Amico del Popolo (ib.), 5 décembre 1891-92 ; *Veritas* (ib.), 16 août 1893, numero unico; *La Lotta sociale* (ib, revue anarchiste), janvier 1894 (2 nos, saisis);

Lo Scamisciato (Reggio-Emilia), 18 mars 1891, numero unico ;

L'Operaio (Spezia), 1891-92 ; *Il Grido dell'Operaio* (ib), 15 juin 1892, num. unico ; *I Raggi* (ib), 15 octobre 1892, num. unico ;

La Nuova Gioventù (Florence), 1891 ; *Tribuna dell'Operaio* (ib), 2 juillet 1892 sq.;

La Plebe (Terni), 18 octobre 1891-92 ; *La Questione sociale* (Prato), septembre 1892, revue, 1 n°;

1° Maggio (Naples), 15 mars 1891 sq.; *La Emancipazione sociale* (ib), 11 juin 1893, num. unico ; *Per la Propaganda* (ib), 1893 ;

L'Ordine (Turin), 6 août 1892-commencement de 1894 ;

La Favilla (Mantova), continuation de l'ancienne « Favilla » de 1872, redevint anarchiste vers 1891-fin de 1893 ou commencement de 1894 (par **Luigi Molinari**) ;

Il Pensiero (Chieti), 1893-94 ; le numéro du 30 septembre 1894 est, je crois, le dernier numéro d'un journal anarchiste publié en Italie sous la réaction crispinienne.

C'est, il me semble, à Messine que s'est réimprimé le premier journal libertaire : *L'Avvenire sociale*, 26 janvier 1896 sq.; je ne sais pas si le supplément mensuel littéraire *Arte* a paru ;

La Lotta Umana (Ancona), 1896 ; plusieurs numeri unici : *L'Ora sanguinosa* et *I Tempi nuovi* (Ancona), *Vero* (Forli) ; etc.

Journaux anarchistes italiens, publications faites par des exilés d'Italie, écrits de propagande parmi les ouvriers ou la population de langue italienne en Europe et en Amérique.

Dans cette liste ne figurent pas les journaux déjà cités : *I Malfattori* (1881), *Lo Schiavo* (1887-88), *Il Ciclone* et *Il Pugnale* (1887-89), l'*Associazione* (1889-90).

Suisse : *Pensiero e Dinamite* (Genève), 18 et 28 juillet 1891, 2 n[os]; suivi de *La Croce di Savoia* (ib), 8 et 25 août 1891, 2 n[os] (par **Paolo Schicchi**) : à ce journal se rattache *El Porvenir anarquista* (Barcelona), 15 novembre et 20 décembre 1891, 2 n[os], en espagnol, italien et français ;

1º Maggio (Lugano), 1er mai 1893, num. unico ;

Autriche : *Il Proletario* (Trieste), août 1892 sq.;

France : *L'Anarchia* (Marseille), 18 mars et en avril 1890, 2 n[os] ;

Angleterre : *Il Comunista* (Londres), 2 n[os], 1892 ;

Tunisie : *L'Operaio* (Tunis), 20 novembre 1887-88, 18 n[os] ou plus ; *La Protesta Umana* (revue), 9 février 1896 sq.;

Egypte : *Il Lavoratore* (Alexandrie), 11 février 1877 sq., 3 n[os] ou plus. Je crois qu'il a été publié en ce pays d'autres journaux, dont *La Questione sociale*, en 1884 (?) ;

République Argentine : *La Questione sociale* (Buenos Aires), 1885 (par E. Malatesta) ;

Il Socialista (Buenos Aires), 1887, 8 n[os] ou plus ;

Venti Settembre (ib), 1889, numero unico ;

Lavoriamo (ib), 1893 ; *La Riscossa* (ib), 14 octobre 1893-1894 ;
Demoliamo (Rosario de Santa Fé), 1893 ;
La Questione Sociale (Buenos Aires), revue, en italien et en espagnol, 1894 sq. (paraît encore) ;
XX Settembre (ib.), 1895, numero unico ;
L'Avvenire (ib.), 10 novembre 1895 sq. (paraît encore) ;

Uruguay : *Il Socialista* (Montevideo), 18 août 1889 sq.;

Brésil : *1º Maggio* (S. Paulo), 1ᵉʳ janvier 1892 ; *Gli Schiavi bianchi* (ib), 1892 ; *L'Asino umano* (ib.), 1893-94 ; *L'Avvenire* (ib.), 18 novembre 1894-1895 ; *L'Operaio* (clandestin, 2 février 1896, sq.

Quelques uns de ces journaux sont rédigés en espagnol et en portugais.

Etats Unis de l'Amérique du Nord : *L'Anarchico* (New York), 1888 ; *Il Grido degli Oppressi* (New York, Chicago et de nouveau à New York), 5 juin 1892-94 ; *La Questione sociale* (Paterson, New Jersey, 15 juillet 1895 sq., paraît encore).

Brochures, etc., depuis 1887 (sauf les traductions des écrits d'auteurs déjà cités.

Manifesto ai socialisti ed al popolo d'Italia e programma del Partito socialista rivoluzionario anarchico Italiano. Risoluzioni del Congresso socialista italiano di Capolago, 5 gennaio 1891 ; (Forli, 2 marzo 1891, 16 pp., in-16°) ;

Federazione internazionale fra socialisti anarchici-rivoluzionari (s.a., s.l.- février 1895, 2 pp., in-4°) ; — trad. anglaise : *International Federation of Revolutionary Anarchist-Socialists* (1 p., in-4°), — trad. en espagnol, etc., dans plusieurs journaux ;

L'Anarchia alla Corte d'assise (Procès de la « Nuova Riscossa »), Biblioteca del « Proletario », nº 2, Marsala, 1890, 32 pp.;

Gli Anarchici sono malfattori ? Discorso.... nel processo Cipriani e compagni... par l'avocat **Vittorio Lollini**, le 14 octobre 1891 (Roma, 1891, 31 pp.) ;

Sergio di Cosmo (Molfetta, mort en 1895): *Liberi Pensieri* (Trani, 1885);

L'« *Eureka* » *sociale* (ib, 1887, 38 pp., in-16°);

L'Emancipazione della donna (Bitonto, 1888);

L'Ideale dell' Avvenire (ib. 1888, 15 pp.);

Miseria e Ribellione (ib., 1889);

Repubblica o Anarchia (Trani, 1889, 10 pp.);

Anarchia (en italien et espagnol), pp. 73-80 et: *Origine della ricchezza* (en italien et espagnol), pp. 271-294 du *Segundo Certamen socialista*, Barcelona, 1890, réimpr. dans « El Derecho á la vida », en 1896 ; ce dernier écrit a paru aussi en brochure (Biblioteca del « Proletario », n° 5, Marsala, novembre 1891, 31 pp.);

Libertà ed Eguaglianza. Religione borghese e Morale anarchica (ib., n° 3, mars 1891, 32 pp.);

La democrazia e gli anarchici. Polemica (Molfetta, 1891);

Un tramonto ed un' aurora. Polemica (ib, 1893, 132 pp.);

Gli Operai e la questione sociale (ib., 1894, 87 pp.), etc.

Emilio Sivieri: *Un anarchico ed un repubblicano* (Biblioteca dell' « Associazione », n° 4, Londres, 1891, 22 pp., in-16°) réimpr. dans la « Favilla » (Mantova), en 1892 ;

Pietro Gori: *Prigione e Battaglie, Versi* (« Biblioteca popolare socialista », Milan, 1891, 3 parties, in-16°);

La Sociologia anarchica (Bibl. del « Sempre Avanti! », Livorno, 1892, 16 pp.), publié d'abord dans « L'Amico del Popolo », de Milan ;

Il nostro Processo. La Difesa di Pietro Gori (Biblioteca del « Pensiero », n° 1, Chieti, 1894 en avril, 48 pp., in-16o);

Gli Anarchici e l'art. 248 del Codice Penale Italiano. Difesa dell' Avv. Pietro Gori innanzi al tribunale penale di Genova (Procès de Luigi Galleani et 34 compagnons), « Biblioteca della « Questione sociale » di Paterson, N.J., n° 1, New York, 1895, en mai, 47 pp.;

Primo Maggio, Bozzetto drammatico in un atto... (Barre, Vermont, s.a.; 1896, en mars, 40 pp., in-8°);

Luigi Molinari: *Comunismo anarchico. La Conquista del Pane.*

Conferenza.... (faite le 3 juillet 1892, à Mantova, Biblioteca della « Plebe », n° 5, Prato, 1892, 36 pp., in-16°); aussi dans la « Questione Sociale » (Prato), septembre 1892, et la « Favilla » (Mantova), 26 novembre 1892 (4 pp., in-fol.);

Paolo Schicchi (« Bibl. dei Lavoratori », n° 9, Milan, Fantuzzi, 1893, en août, 15 pp., in-16°);

Edoardo Milano: *Primo passo all' anarchia* (Bibl. del «Sempre Avanti!», n° 6), Livourne, 1892, 83 pp.; 2ᵐᵉ édit. 1894, 90 pp.; — trad. espagnole, dans le « Corsario » (La Coruña), du 14 mai au 29 décembre 1893 (125 pp., in-16°);

G. Domanico: *Il Concetto dello Stato nella Borghesia e nel Proletariato* (Bibl. della « Plebe », n° 1, Terni, 1891, 40 pp.;

D'auteurs anonymes:

Abasso gli anarchici? (Biblioteca degli « Amici dell' ordine », n° 1, Marseille, janvier 1892, 30 pp.);

Ateismo e Materialismo (Bibl. del «Sempre Avanti!», n° 2, Livourne, 1892, 87 pp.);

Individualismo (Bibl. dell' « Uguaglianza sociale », n° 1, Marsala, 1892, 15 pp.);

G. Cassisa: *Congiura naturale* (Bibl. del « Proletario », n° 4, Marsala; 2ᵐᵉ édit. ib., 1893, 15 pp.);

Je n'ai pas de renseignements suffisants sur la publication de: *Il Galeotto* (Bibl. du groupe «I figli dell' Avvenire» (Vicenza),1892; **E. G. B.**: *La Prostituta* (Marsala? 189-); *Amore ed Odio* (Milan, vers 1892?);

I Costumi del Popolo di Taiti, ossia la morale nei rapporti sessuali secondo l'opinione di Diderot. Compendio e traduzione dal francese di **Carlo Monticelli** (Venezia, 1892, 17 pp., in-8°);

Causa celebre (affaire Souhain, discours de l'avocat L. Perrin), dans le « Proletario » (Marsala), en 1891, et « Bibl. del Proletario », n° 8 (ib., 1892, 56 pp.);

Anna Maria Mozzoni: *Alle fanciulle* («Bibl. dei lavoratori», n° 1, Milan 1891); *Alle fanciulle che studiano* et *Alle figlie del Popolo*; — trad. espagnole: *A las muchachas que estudian*, suivi de *La*

Union libre (« Propaganda anarquista entre las mujeres », n⁰ 2, Buenos Aires, 1895, en août, 15 pp., in-16°); aussi dans le « Corsario » (La Coruña), du 20 sept. 1894 sq.; *A las hijas del Pueblo* (même série, n° 1, Bibl. de la « Questione sociale », Buenos Aires, 1895, 14 pp.);

Giov. Antenore Conelli: *Liriche d'un ribelle* (Turin, 1893, 40 pp., in-16°);

Canti Anarchici (« Bibl. di Propaganda anarchica », Londres, 1895, in-32°); autre édition: *Canti anarchici rivoluzionari* (New York City, s.a., 1896, en mars, 16 pp., in-16°);

L'Amico del Popolo. Almanacco sociale per l'anno 1892 (Bibl. del « Proletario », n° 6, Marsala, 1892, 64 pp., in-8°);

Almanacco della « Favilla » per l'anno 1894 (Mantova, 1893, 16 pp., in-16°);

La Guerra all' Oppressore (vers 1890);

Studio igienico alla portata dei lavoratori (2 pp., in-fol., vers 1892);

Manuale anarchico (1895, 18 pp., in-8°), etc.;

V. aussi: *L'Anarchico*, par **Giuseppe Sarno** (Naples, 1891), cf. « La Révolte », du 21 mars 1891; **Salvatore Visalli**: *Le due Utopie, Studio sociale* (Messine, 1895), cf. « Les Temps Nouveaux », 25 juillet 1895, etc.

Quant aux traductions, v. Bakounine, Kropotkine, Reclus, Most, Mella, Etiévant, Darnaud, Hamon, etc.

CHAPITRE XVII

Espagne.

Fernando Garrido a, dans plusieurs de ses écrits (1), donné quelques éclaircissements sur l'histoire des origines du mouvement ouvrier et de la propagande socialiste en Espagne.

Sur l'Internationale et le premier développement des idées anarchistes, il a été publié :

Del nacimiento de las ideas anárquico-colectivistas en España, série d'articles dans « La Revista social » de Madrid, en 1883-84 ; réimpr. (probablement en partie seulement ?) dans « El Corsario » (La Coruña), en 1893 ; — pp. 312-337 du livre portugais *O Socialismo na Europa* (de Magalhães Lima ; Lisboa, 1892) par Juan Salas Anton ;

Apendice Historico de 1882 á 1889, du livre : *Garibaldi, Historia liberal del Siglo XIX. 1789 á 1889* (2396 pp., Barcelona), qui contient aussi une lettre de P. Kropotkine, reproduite dans « El Productor », du 10 mai 1889 ;

V. enfin les nombreuses publications officielles, circulaires, etc. de l'« Association internationale des Travailleurs », de la « Fédé-

---

(1) Cf. *Historia del reinado del ultimo Borbon de España* (1869) ; *Historia de las Asociaciones obreras en Europa...* (1864), etc.

ration espagnole » (1870-1881) et de « La Federación de Trabajadores de la Region Española » (1881-1889), etc.

Il n'existe pas de bibliographie cataloguant toutes ces publications.

Je n'ai rien vu de ce qui a paru comme propagande socialiste vers 1845 ainsi que des anciens écrits proudhoniens.

Ramon de la Sagra, qui, pendant quelque temps, fut à Paris un des collaborateurs de Proudhon (V. « Le Peuple », etc., 1848-49), a publié :

Banque du Peuple. Théorie et pratique de cette institution, fondée sur la théorie rationnelle, par M. Ramon de la Sagra, un des fondateurs de la banque (Paris, aux bureaux de la Banque du Peuple, 1840, 160 pp., in-32º) ;

Remedio contra los efectos funestos de las crisis políticas y de las paralizaciones comerciales, o sea nuevo sistema de transacciones mercantiles, fundado en la institución del cambio á la compra y á la venta (Madrid, 1855), etc.

Plus tard, il se fit de nombreuses traductions des œuvres de Proudhon, dont les idées fédéralistes furent celles qui se répandirent le plus rapidement en Espagne :

Capital y Renta, por Federigo Bastiat, seguido de la polemica sobre la gratitud del credito o la legitimidad del intereso, entre Bastiat y Proudhon (Trad. de Roberto Robert), Madrid, 1860, IV, 256 pp.;

P.-J. Proudhon : *Teoría de la contribución* (trad. du même), ib, 1862 ;

Filosofía del progresso. Programa. Con una carta del autor sobre sus ideas economicas (Traducción y prologo de Francisco Pí y Margall), Madrid, 1868, in-12º ;

Idea general de la revolución en el siglo XIX. Colección de estudios acerca de la practica revolucionaria e industrial (vertida al castellano de la segunda edición francesa por J. Comas), Barcelona, 1868;

El principio federativo (Trad. y prólogo de F. Pi y Margall), Madrid, 1868 ;

De la capacidad política de las clases populares (Trad. et introd. du même), ib., 1869 ;

Solución del problema social. Sociedad de la exposición perpetua (trad. et introd. du même), ib., 1869, in-12° ;

Sistema de las contradicciones economicas, o Filosofía de la miseria (trad. et introd. du même), ib., 1870, 2 vol., in-12° ;

La Federación y la Unidad en Italia (traduc. de Alfredo Alvarez y prólogo de Julian Sanchez Ruano), Madrid, 1870 ;

Contradicciones políticas. Teoría del movimiento constitucional en el Siglo XIX (traducción de Gabino Lizárraga), Madrid, 1873, 219 pp., in-16°) ;

Teoría de la propriedad (trad. du même), ib., 1873, 260 pp., in-8°.

A part quelques dissidents, l'Internationale espagnole a toujours été très nettement collectiviste-anarchiste. Je ne puis malheureusement donner les titres que d'un petit nombre de ses publications:

Reglamento tipico aprobado por el primero Congreso obrero de la Region Española de la Asociación Internacional de Trabajadores celebrado en Barcelona á 19 de Junio de 1870 (Barcelone, 1870, 48 pp., in-8°) ;

Asociación Int. de Trabajadores. Organización social de las secciones obreras de la Federación Regional Española adoptado por el Congreso obrero de Barcelona y reformado por la Conferencia regional de Valencia y por el Congreso de Córdoba (Barcelona, 1873, 96 pp., in-8°) ;

Cuestión de la Alianza (in-fol., 6 pp., à 4 col., ib., en 1872) ;

Rapport de la Commission fédérale, présenté au 6me Congrès général de l'Ass. Int. des Trav., réuni à *Genève* (en 1873), pp. 13-26 du *Compte-rendu* de ce Congrès (Locle, 1874 ; daté : Madrid, 19 août 1873) ;

Rapport, etc., au congrès de Berne (1876) ; pp. 12-28 du *Compte-rendu* de ce Congrès (daté : Espagne, le 15 octobre 1876) ;

Pensamientos sociales arreglados por **Nicolas Alonso Marselau** (qui rédigeait « La Razón » de Sevilla, auteur d'*Evangelio del* *obrero)* 1872, écrits dans la prison de Séville, réimpr. dans « La Alarma » (Sevilla), 5 décembre 1889 sq.;

Parmi les publications nécessairement clandestines de l'Internationale de 1874 en 1881, circulaires, comptes-rendus de conférences comarcales, journaux, etc., on peut citer p.ex.:

Asociación Internacional de Trabajadores. Federación Regional Española. Programa de realización practica immediata aprobado por las conferencias de 1879 y revisado por las de 1880. España, 8 de aprile de 1881, 1 p., 2 col., in-4°).

Journaux de 1869 à 1881:

La Federación (Barcelona), du 1er août 1869 au 26 mai 1872, continué, après une interruption forcée, de 1872 à 1873;

La Solidaridad (Madrid), janvier 1870 sq.;

El Obrero, puis *La Revolución social* (Palma, Mallorca), 1869 à 1871;

El Rebelde (Granada), 1870;

La Razón (Sevilla), vers 1871-72;

El Derecho et *El Orden* (1873, Córdoba);

El Obrero (Granada);

La Voz del Trabajador (Bilbao);

El Trabajo et *Boletin de la Asociación de Trabajadores* (Ferrol);

La Justicia et *El Internacional* (Málaga, 1872, à 1873);

El Obrero (Sabadell);

La Legalidad (Gracia);

El Tejedor (Valls);

Revista social (Gracia);

El Condenado (Madrid); 1872-74;

Los Descamisados. Organo de las ultimas capas sociales (30 mars 1873, sq.);

Boletin de la Federación Regional Española (Alcoy), 1873.

A partir de 1874, l'Internationale est obligée de publier secrètement ses journaux, etc.

Il a paru ainsi :

Las Represalias, en 1874, le n° 5 est du 15 juin;

El Orden, hoja socialista de propaganda y de acción revolu-

cionaria, 1875-77 (?) ; le n° 48, cité dans le « Bulletin » jurassien, est du 14 octobre 1877 ;

La Revolución popular, feuille d'action révolutionnaire (automne de 1877) ;

El Municipio libre. Hoja socialista-revolucionaria, (Málaga ?) 8 n°⁸, nov. 1879-mai 1880 ;

El Movimiento social (1880) ;

El Autonomista (1881), j'ignore si ce journal n'a pas paru avant cette date.

Il paraît que la *Revista social*, de Barcelona, se publiait encore en 1875, même en 1880 ; mais je ne sais pas si elle était restée anarchiste.

En 1881, au Congrès de Barcelone, la « Federación de Trabajadores de la Region española » fut constituée et s'inspira des mêmes principes anarchistes-collectivistes qui avaient dirigé l'Internationale espagnole ; v. à ce sujet :

Objeto, fin, medios, organización y cuotas de « la Federación de Trabajadores de la Region española », 16 pp., in-4° ;

Congreso obrero de 1881 (compte-rendu) ;

Congreso de la Federación de Tr. de la R. E. celebrado en Sevilla los dias 24, 25 y 26 de Setiembre de 1882 (Barcelona, décembre 1882, 208 pp., in-64°).

Il a sans doute paru des comptes-rendus d'autres Congrès, mais je ne les connais pas ; la *Cronica de los Trabajadores de la Region Española* (Barcelona, 1882-83, Libro primero, 204 et 64 pp., gr. in-8°) et sa continuation que je n'ai également pas vue, donne l'histoire officielle de la F. R. ; v. p. ex. : pp. 181-197, sur le Congrès de Valencia (octobre 1883). En 1889, la F. R. se transforma en une agglomération plus libre de groupes anarchistes :

Cf.: *Federación de Trabajadores de la Region Española. Memoria de los trabajos realizados por la Comisión Federal en el desempeño de su carga 1887 à 1889* (juin 1889, 16 pp., in-8°) ;

Congreso de la Union Manufacturera (1881 ou 82 (?), Reus, 208 pp.) ;

Primer Congreso de la Union de Obreros en Hierro y Metales, celebrado en Madrid.., 1882 (Málaga, 1882, 200 pp.).

Brochures, etc., de propagande :
Un grano de arena (208 pp.) ;
Estudios filosofico-sociales (La familia. Apuntos de estadistica universal. — Que es Anarquia ? — La cuestion politica), par **José Lluñas y Pujals** (Barcelona, 188-208 pp., vol. 2 de la « Biblioteca del Proletariado ») ; réimpr. de *Que es Anarquia ?* dans « ElCorsario » (La Coruña), du 29 novembre 1891 sq. ;— trad. portugaise des *Estudios* (inachevée), dans « Bibliotheca do Revoltado » (Lisboa, 1887, février sq.) ;

Du même auteur, rédacteur de « La Tramontane » (écrite en catalan) : *La Revolución. Poema catalan en tres cantos* (Barcelona, 188-) ;

Bases científicas en que se funda el colectivismo, dans *Segundo certamen socialista....* (1890), pp. 329-336.

Almanaque de la Biblioteca del Proletariado para 1883 (contient entre autres : *Que es Anarquia ? — Que es Federación ? — Que es Colectivismo ? — Moral independiente y Moral religiosa. — La política y la Revolución. — El arte del porvenir. — La familia del porvenir* ; etc.) ;

El Ariete socialista internacional (Barcelona, deux éditions, la 2me en 1887) ;

Bosquejos históricos. Estudios populares (traduction des « Esquisses historiques » de J. Guillaume ;

Juan Serrano y Oteiza : *Moral del Progresso o la Religion natural...* (Sabadell, Agrupación de propaganda socialista, n° 7, 1888, 84 pp., in-12°) ; biographie de l'auteur dans « La Idea Libre » (Madrid), du 10 août 1893 ;

Anselmo Lorenzo : *Fuera politica....* (Sabadell, 1886, 46 pp.); *Acracia o república* (ib., 1886, 32 pp.) ; *La Revolución es la paz, la Procreación humana, Capacidad revolucionaria del proletariado* et *Prevision de un juicio futuro*, dans *Segundo Certamen* *socialista*... (1890) ; *El Estado, Consideraciones generales sobre su esencia, su acción y su porvenir* («Biblioteca acrata», Barcelona, s.a. 1895?, 47 pp.) ;

C.G.M.: *El Catolicismo y la Cuestión social* (Sabadell, 1886, 83 pp.); *A las madres* (ib., 1887, 16 pp., 5ᵐᵉ brochure de l'Agrupación) ;

Teobaldo Nieva: *Química de la cuestión social o sea organismo científico de la Revolución. Pruebas deducidas de las leyes naturales de las ideas anárquico-colectivistas* (188-, in-4°, un vol.) ;

Enrique Borrel: *El Salario. Memoria leida en el Ateneo de Madrid* (188-, 40 pp.) ;

Vicente March: *Cómo vos diezman!* (Sabadell, 1889, 94 pp.) ; réimpr. comme 3ᵐᵉ publication de l'« Expropriación, Grupo de propaganda comunista-anárquica » (Buenos Aires, mars 1895, 100 pp.) ;

Miguel R(ey): *Donde esta Dios?* Poema, 1ʳᵉ édit. en 1889 ; 2ᵐᵉ édit. (Barcelone, «Biblioteca acrata», 1894 ou 95, 16 pp., in-8°);

Certamen socialista organizado por el Centro de Amigos de Reus con el concurso de varias corporaciones obreras de Cataluña (Reus, 1885) ; 2ᵐᵉ édit., 1887, 576 pp., in-8° ;

Journaux publiés après 1881 :
Revista social, eco del proletariado (Madrid), 11 juin 1881-84 ;
El Trabajo, eco de los trabajadores malagueños (Málaga), 1882 ;
La Propaganda (Vigo), 1881-fin de mars 1883, 75 numéros ou plus ;
El Noógrafo (organe corporatif, Barcelone, 15 sept. 1882 sq.) ;
El Hijo del Trabajo (Pontevedra),... 1882 ;
Los Desheredados (Sabadell), 1882-85 ;
La Autonomia (Sevilla).... 1883 ;
La Federación Igualadina (Igualada), 9 fevrier 1883-1885 (?) ;
El Cosmopolita (Valladolid), 1ʳᵉ août 1884 sq.;
Revista social (Sans), 1885 ;
La Revolución social (clandestin).... 1885....;
Union obrera (Barcelona, revue mensuelle, 1885) ;
La Bandera social (Madrid), 1885-86 ;
El Esclavo moderno (Villanueva y Geltrú), 1886 ;
La Lucha obrera (La Coruña), 1885 ;

El Grido del Pueblo (San Martin de Provensals), 1886 ;

El Cuarto Estado, revista acrata bimensual (Orense),1886-87 ;

El Socialismo (Cádiz), 1886-91 ;

Acracia, revista sociologica (Barcelona), janvier 1886-juin 1888, 30 n^{os}, 625 pp., in-8° ;

El Productor (ib), du 1er février 1887 au 21 sept. 1893 (369 n^{os}) ;

La Tramontana, Periódich politich vermell ilustrat ab caricaturas (ib.), en catalan ;

La Bandera roja (Madrid), du 15 juin au 21 septembre 1888, 13 n^{os} ? ;

La Solidaridad (Séville), 19 août 1888 89 ; suivie de *La Alarma* (1889-91).

Le communisme anarchiste eut son premier organe dans :
La Justicia humana, Barcelona, 1886.

Furent publiés ensuite :

Tierra y Libertad (Gracia), du 2 juin 1888 sq., 22 n^{os} (peut-être plus ?) ;

La Revolución social (Barcelona), 1889-90, 7 n^{os} ;

El Combate (Bilbao), 11 novembre 1891 sq., 2 n^{os} ?

El Porvenir anárquista (Barcelona), 15 nov. et 20 déc. 1891 ;

Ravachol (Sabadell), 1892, 2 n^{os} ;

L'Eco de Ravachol (1892, 1 n°) ;

La Revancha (Reus), 1893 ;

La Conquista del Pan (Barcelone), 1er juillet 1893 sq. (5 n^{os}) ;

El Oprimido (Algeciras), 18 septembre 1893 sq.;

El Rebelde (Zaragoza), 1893 ; *El Eco del Rebelde* (ib.), 1er mai 1895 sq. (4 n^{os} ?) ; *El Invencible* (27 août 1895 sq.) ; *El Comunista* (6 novembre 1895 sq.) ;

Dans le « Productor », « Acracia », « Le Révolté », etc., se trouvent les polémiques entre anarchistes-collectivistes et communistes ; cf. aussi « A Propaganda », 1er juin 1894 (sur la mort de Martin Borrás Javé). Une des premières publications communistes fut le manifeste : *Los Grupos anárquico-comunistas de Madrid á los trabajadores en general.* Mayo de 1887 (signé : Un grupo anárquico-comunista), Madrid, 1 p., in-fol.; réimpr. dans le « Productor » du 3 juin 1887.

Brochures, etc., de 1889 à 1896 :

Sur l'historique des persécutions, etc., il a été publié : *Iets over de revolutionaire beweging en de propaganda der daad in Spanje*, brochure hollandaise, s.a. s.l. (15 pp., 1895, in-8°) ;

El Proceso de un gran crimen, par Juan Montseny (La Coruña, 1895, 50 pp., in-8°, réimpr. dans l'« Obrero Panadero », de Buenos Aires), récit des tortures infligées aux anarchistes arrêtés à Barcelone, etc.

Ricardo Mella: *Evolución y Revolución. Discurso pronunciado en el Circulo Federal de Vigo*.... (Sabadell, 1892, pp. 1-10, in-8° ;— *El Gobernio Revolucionario* de, P. Kropotkine comprend les 14 autres pp. de cette brochure) ;

Sinopsis social. La Anarquia, la Federación y el Colectivismo. (Sevilla, 1891, 17 pp.), publié d'abord dans « La Solidaridad », de Sevilla, en 1888, du 14 octobre au 18 novembre ;

L'Anarchia nella scienza e nell' evoluzione (trad. italienne, Biblioteca della « Plebe », n° 4, Prato, 1892, 32 pp., in-16°) ; — tiré du *Segundo Certamen socialista* (1890) : *La Anarquia* (pp. 53-72, Sevilla, janvier 1890) ;

Les articles suivants dans le *Segundo Certamen*, etc.: *Breves Apuntos sobre las pasiones humanas*, pp. 115-137 ; *La Nueva Utopia*, pp. 201-227 ; *El Colectivismo, sus fondamentos científicos*, pp. 309-327 ; *Organización, agitación, revolución*, pp. 349-368 ; *El Crimen de Chicago*, pp. 373-438 ;

Les séries d'articles : *La Coacción moral* (« El Despertar », 15 juillet 1893 sq.) ; *Entre Anárquistas. Dialogos* (« Anarquia », de Madrid, en 1891, etc.) ; — *Episodios de la Miseria. El Hambre*, **por** 'R.M.(« Solidaridad », Sevilla, 19 août 1888 sq.) ; *El Problema de la Emigración en Galicia...* de Ricardo Mella (70 pp., brochure tirée du « *Primero Certamen socialista*, de Reus), etc.;

Lombroso y los anarquistas. Refutación (« Ciencia social », editores..., Barcelone, 1896, en mars, 119, 1 pp., in-18) ; — trad.

italienne dans l'« Avvenire » (Buenos Aires, 12 juillet 1893, sq.) ;

E. Hugas y V. Serrano : *Estudio de Controversia. Diálogos del Calabozo. El Socialismo colectivista y el comunismo-anárquico* (Barcelona, 1890, 32 pp., in-16°) ;

Juan Montseny : *La ley de la vida*, publié d'abord dans « La Anarquia », de Madrid (1892-93), réimpr. à Reus (1893), par le Groupe « Juventud anárquica » (44 pp., in-16°) ;

Consideraciones sobre el hecho y la muerte de Pallás (La Coruña, 1893, 31 pp.) ;

Sociologia Anárquista (Biblioteca de « El Corsario », primer volumen, Tip. El Progreso, La Coruña, 1896, en mai, 203 pp.) ;

La Religion y la Cuestion social (Bibl. de la « Questione sociale », n° 3, Buenos Aires, sa., 1896, 27 pp.) ;

Soledad Gustavo (Teresa Mañé y Montseny, biographie dans « La Anarquia » du 19 novembre 1891) : *Las preocupaciones de los despreocupados* (1891, 54 pp.) ; *Dos Cartas...*, Reus, 1891 ; *El Amor libre (Segundo Certamen socialista*, pp. 173-178) ;

A las Proletarias. Propaganda emancipadora entre las mujeres (Bibl. de la « Questione sociale », n° 4, Buenos Aires, s.a., 1896, 14 pp.) ;

Sebastian Suñé : *La Utopia ó cartilla anárquista...* (Barcelona, vers 1892, 32 pp., in-16°); *El Terco y el Filósofo* (ib., s.a.- vers 1895, 16 pp., in-16°) ;

Antonio Pellicer : *En defesa de nuestros ideales* (série d'articles du « Productor », réimpr. en 1894, 36 pp., in-16°) ;

D. Lence : *Apuntos sociológicos; I. Del derecho á la vida. II. Del cambio* (« Biblioteca ácrata », Barcelona, 1895, 48 pp.) ;

Preciosas Canciones anárquicas de varios autores (Ferrol, s.a.- 1895, 12 pp., in-16°) ;

Ernesto Alvarez : *Espartaco (Bosquejo histórico)*, Bibl. de la « Idea libre », Madrid, 23 nov. 1895 sq.;

Al Pueblo (Reus, 1893) ;

J. Martinez Ruiz : *Anárquistas literarios. Notas sobre la Literatura española* (Madrid, 1895, 70 pp.) ;

Segundo Certamen socialista celebrado en Barcelona el dia 10 de Noviembre de 1889 en el Palacio de Bellas Artes (Barcelona, 1890, 440 pp., in-8°); recueil d'articles de **R. Mella, Sergio di Cosmo, Teobaldo Nieva, N. Tasso, Soledad Gustavo, Anselmo Lorenzo, Abazá Garriga, José Lluñas** et **F. T. M.** (Barcelone), **J. T. R.** (ib.), **M. B.** (Sabadell) et **R. C. R.** (Alicante).

Ecrits anonymes :

El 1° de Mayo (s.a. s.l., 16 pp., 189-) ;

8 Enero 1892. 10 Febrero 1893. Los Sucesos de Jerez (Barcelone, 1893, 60 pp., in-16°) ; publié (était-ce pour la première fois ?) dans « El Corsario », du 25 décembre 1892 sq.;

Conferencia de los Trabajadores del Campo celebrada los dias 20 y 21 de Mayo de 1893 en Barcelona (Barcelona, 1893, 84 pp., in-16°) ;

Traductions de brochures : voir Reclus, Kropotkine, Grave, Malatesta, les anarchistes de Chicago, etc.

Journaux :

L'Anarquia (Madrid), du 16 août 1890-1893 ;

L'Idea libre (ib.), 1894-96, 111 n°° ;

El Corsario (La Coruña), 1890-95 (211 n°°) ; publication reprise le 9 janvier 1896-3 octobre 1896 (le n° 246 est du 3 sept. 1896) ;

El Condenado (Alcoy), 1890-91 (?) ;

El Proletario (San Feliu de Guixols), 14 février 1890-91 (?) ;

La Victima del Trabajo (Valencia-Játiva), 1889-90 ;

La Cuestión social (Valencia), 30 avril 1892 sq.;

La Labor Corchera (Palamos), 1892 ;

El Porvenir social (Barcelone), 1894-96 ;

La Controversia (ib), 3 juin 1893 sq., 5 n°° ;

La Nueva Idea (Gracia), 23 février 1895 sq., 4 n°° ;

Ciencia social. Revista de sociologia, artes y letras (Barcelone), octobre 1895 sq.;

La Union Obrera (San Martin de Provensals), 21 décembre 1895-1896.

Ariete anárquista (Barcelone), 1896 ;

(*Teatro social*, ib., 23 mai 1896).

CHAPITRE XVIII.

Amérique de langue espagnole.

Le lieu d'origine de la presse collectiviste anarchiste dans l'Amérique du Sud (1) est à Montevideo, en Uruguay ; plus tard le centre de propagande se fixa dans la République Argentine où, dix ans après, la propagande communiste anarchiste de langue italienne vint renforcer la propagande collectiviste anarchiste de langue espagnole et pénétra également la presse espagnole de l'Uruguay.

(Pour la littérature anarchiste italienne en Amérique, voir le paragraphe spécial du chapitre *Italie*).

---

(1) Vers 1852, le pouvoir dans la Nouvelle-Grenade — actuellement la Colombie — était aux mains d'un parti radical très avancé — politiquement. — Les adversaires réactionnaires de ce gouvernement radical l'appelaient « anarchiste » et le combattaient sous ce nom. C'est ainsi qu'ont paru certains ouvrages de polémique tels que :
Anarquia i rojismo en Nueva Granada, par M. Ancizar (Santiago, 1853) ;
Observaciones sobre la Anarquia y rojismo en Nueva Granada (Santiago, 1853) ; réimpr. à Quito ; etc.;
Mais l'anarchie dont il est question — bien qu'elle ait pendant quelque temps terrorisé les réactionnaires dans la Nouvelle-Grenade — n'a rien de commun avec le mouvement communiste-libertaire international.

URUGUAY.

El Internacional (Montevideo), 1878 ;
La Lucha Obrera (ib.), du 2 mars au 28 septembre 1881 et num. spécimen ; 29 et 1 n°' ;
La Revolución social (ib.), 1882 ;
Federación de Trabajadores (ib.), 5 sept. au 21 novembre 1885, 13 n°' (?), tous collectivistes-anarchistes ;
11 de noviembre (ib.), 1889, 1 n° ;
La Voz del Trabajador (ib.), 1er décembre 1889-90, 10 n°', communiste-anarchiste ;
El Derecho á la vida (ib.), 16 septembre 1893 sq.;
La Luz (ib.), fin de 1895-96.

La Mujer (13 pp., in-8°), s.a. s.l., est la seule brochure imprimée à Montevideo que je connaisse.

RÉPUBLIQUE ARGENTINE.

On peut à peine considérer comme anarchiste *El Descamisado*, de 1879, 6 janvier sq.;
La Lucha Obrera (Buenos Aires), 1884 ;
El Perseguido (ib.), 18 mai 1890 sq. (paraît toujours, le n° 99 est du 31 mars 1896) ;
La Miseria (ib.), 16 novembre 1890, 2 n°' (?) ;
El Oprimido (Lujan, Provincia de Buenos Aires), 1894 sq. (paraît toujours) ;
La Verdad (Rosario de Santa Fé), 1894-96 (21 n°' ?)
El Obrero Panadero (Buenos Aires), 16 septembre 1894 sq.;
La Union Gremial, organo de las sociedades de resistencia (ib., 1895 sq., en espagnol, italien et français) ;
La Anarquía (La Plata, Provincia de Buenos Aires), 27 nov. 1895 sq.;
El Revolucionario (Barracas, Provincia de Buenos Aires),

15 août 1895 et un n° sans date (2 n°', en espagnol et en français) ;

La Libre Iniciativa (Rosario de Santa Fé), 18 août 1895 sq.;

La Voz de Ravachol (Buenos Aires), 11 novembre 1895 ;

La Voz de la Mujer (ib.), 8 janvier 1896 sq.;

La Expansión individual (ib.), revue littéraire, févr. 1896 ;

Caserio (ib.), en espagnol, 14 février 1896 (1 n°) ;

Ni Dios ni Amo (ib.), 6 mars 1896 sq.;

La Revolución social (ib.), 8 mars 1896 sq.;

La Fuerza de la Razon (Chivilcoy), 1896 ;

Enfin, de nombreux articles en espagnol sont imprimés dans les journaux de langue italienne. (V. chap. *Italie*, Appendice spécial).

Ravachol (« La Expropriación », Grupo de propaganda comunista anárquica, Publicación n° 4, Buenos Aires, mai 1895, 32 pp., in-8°) ;

La Sociedad. Su presente, su pasado y su porvenir...., par **E. Z. Arana** (Grupo de propaganda comunista-anárquica «Ciencia y Progreso», Rosario, juin 1896, 26 pp., in-8°) ;

La Questione sociale. Almanaque para el año 1895 (Buenos Aires, 1894, 48 pp., in-8°) — *para el año 1893* (ib., 1895, 58 pp.), en espagnol et en italien ;

V. Montseny, Soledad Gustavo, etc., au chap. *Espagne*.

Pour les traductions, v. Reclus, Kropotkine, A.-M. Mozzoni, Etiévant, Grave.

CHILI (1).

El Oprimido (Santiago), 1893, journal communiste anarchiste.

V. aussi parfois les correspondances chiliennes dans les journaux espagnols : « El Productor », etc.

---

(1) Sur le premier mouvement socialiste au Chili, v.p.ex.: Edoardo de la Barra, *Francisco Bilbao ante la sacristia. Refutación de un folleto* (Santiago, 1872, 96 pp.) ;
Obras completas de Francisco Bilbao (Buenos Aires), etc.;
Il n'y avait, à ma connaissance, rien d'anarchiste dans ce mouvement.

Ile de Cuba.

El Obrero, dans les années qui suivirent 1880 ;

El Productor (Habana), 1887-1890 ; et *El Productor*, de 1893 (26 mars sq.) ;

El Productor (Guanabacoa), 1890-91 (?) ; le premier de ces journaux est plutôt un organe corporatif (celui des ouvriers en tabac) ; le second et le troisième sont franchement anarchistes;

Acracia (Santa Clara), 1889 ;

El Socialismo (Guanabacoa), 1890-91 ;

El Trabajo (ib.), 1891-92 ;

Jovenes Hijos del Mundo (ib.), n°s 1 et 2, 13 et 20 janvier 1892 ; suivi de *Hijos del Mundo* (ib.), n°s 3, 4 et 5,18 février, 12 et 18 mars 1892 (en tout 5 n^{os}?) ;

La Alarma (Habana), 16 décembre 1893 sq.;

El Trabajo (Puerto Principe), 1894-95 ;

Archivo social. Sociologia y literatura (Biblioteca de « La Alarma », Habana, 1894).

Comme brochures je ne connais que :

Ecos de « El Productor », por varios obreros (Habana, 1891, 15 pp., in-8°); il en a plusieurs qui sont d'un intérêt spécialement corporatif *(Hojas al viento*, etc.) ;

Quelques notes historiques se trouvent dans une nécrologie de Enrique Roig y San Martin, réimprimée dans « La Idea Libre » (Madrid), du 22 février 1896.

La question de l'indépendance cubaine est souvent discutée au point de vue anarchiste dans « El Despertar », de New York et « El Esclavo », de Tampa. Cf. aussi : *Opinion de los más prominentes anárquistas sobre la cuestión de Cuba*, supplément au « Proletario », de Key West, Florida.

Mexique.

En fait de littérature anarchiste, le Mexique reste, pour moi, *terra incognita*. Parfois, vers 1877 et 1881 surtout, le « Bulletin » et « Le Révolté » ont inséré des correspondances sur le mouvement communiste libertaire mexicain ; en 1877 aussi, « El Socialista » et « La Bandera del Pueblo » publièrent les *Esquisses historiques*, de J. Guillaume, mais ces journaux ne doivent pas pour cela être considérés comme anarchistes, et c'est à peine si « El Socialista », dont je connais deux n^{os} de 1881, onzième année, répond à son titre de socialiste.

A cette époque, paraissaient encore, « La Revolución social » et « La Reforma social » (1881) ; en 1886, un *Almanach socialiste pour 1887*, fut publié, etc. ; mais je n'ai pu trouver dans les journaux espagnols des pays voisins, aucune indication sur une publication quelconque de propagande anarchiste, originaire du Mexique.

Etats Unis de l'Amérique du Nord.

El Despertar (Brooklyn), 1891 sq. ; paraît encore ;
El Esclavo (Tampa, Florida), juin 1894 sq. (paraît encore).

Socialismo anárquico. Como se puede restituir á la Comunidad la Paz, la Equidad, la Justicia y la Libertad (Biblioteca de « El Despertar », Publicado por el Grupo « Derecho á la Vida ». Traducido del ingles, Brooklyn, s.a., 8 pp. in-8°, tiré du « Despertar », 1er juin 1893 sq.).

Traductions : v. Kropotkine, anarchistes de Chicago.

CHAPITRE XIX.

Portugal.

Sur l'histoire du mouvement socialiste en Portugal, cf. le récit de Nobre França, pp. 333-340, de *O Socialismo na Europa*, par Magalhães Lima, et plusieurs articles, surtout nécrologiques, des journaux anarchistes et socialistes du pays.

La brochure : *A Evolução anarchista en Portugal*, por **J.-M. Gonçalves Vianna** (Bibliotheca do Grupo anarchista « Revolução social », Porto, nᵒˢ 6, 7, 16 et 23 pp., 1895, in-8º ; publiée d'abord, paraît-il, dans un journal socialiste « A Luz do Operario »), est vivement critiquée par **Bel-Adam**, dans : *A « Defeza » d'O. de Gaia, notas para a historia da evolução anarchista en Portugal* (« A Propaganda », du 13 au 27 janvier 1895 ; cf. aussi, ib., 26 octobre 1894).

Une petite bibliographie portugaise se trouve dans « A Propaganda », du 19 mars 1894.

Les journaux contemporains de l'Internationale ne furent pas nettement anarchistes. Quelques articles avancés parurent dans *El Pensamiento social*, de Lisbonne, (v. « L'Ami du Peuple », de Liége, du 28 septembre 1873) ; et, plus tard, des écrivains anarchistes collaborèrent aux journaux socialistes.

Enfin, en 1881, parut le premier organe nettement anarchiste :
O Escravo (Porto), 1881 ;
O Revoltado (Lisboa), février 1887, 3 n°⁵ (?) ;
A Revolução social (Porto), novembre 1887-1891 (48 n°⁵) ;
O Hereje (Lisboa), 30 germinal 89, 1 n°, surtout athéiste ;
O Rebelde (ib), 20 avril 1889, 1 n° ;
A Revolta (ib.), 12 mai 1889-février 1890 ;
A Revolta (ib.), 11 septembre 1892-11 novembre 1893 (44 n°⁵);
O Primero de Maio (Coimbra), 12 octobre 1890-2 février 1891 ;
O Emancipador (Porto), 19 novembre 1892, quelques numéros ;
A Propaganda anarchista (Lisboa), 13 février 1894-95, 61 n°⁵ (?) ;
Conquista do Bem anarchista (Coimbra), 27 mai-29 juin 1894, 4 n°⁵ (?), suivi de *Os Barbaros*, 1ᵉʳ octobre 1894-1ᵉʳ janvier 1895, 7 n°⁵, une revue, 186 pp., in-8° ;
Grito de Revolta (Porto), 15 janvier 1895, 2 n°⁵ (?) ;
O Libertario (ib.), 8 septembre 1895 ;
O Agitador (Covilhá), octobre-novembre 1895, 3 n°⁵ ;
O Luctador (?).

Actuellement toute publication anarchiste est interdite au Portugal. Il paraît cependant des journaux clandestins (que je n'ai pas vus) ; on cite *O Luctador anarchista, O Petardo anarchista*, même un journal rédigé par des prisonniers (v. « A Revolução social », de Buenos Aires, du 10 mai 1896).

Processo dos anarchistas de Lisboa (Publicação do grupo anarchista, Lisboa, 1888, 36 pp., in-16°) ;

Autoridade e Anarchia. Carta ao Ex.ᵐᵒ Sr. Conselheiro M. Pinheiro Chagas por **Edoardo Maia** (Lisboa, 1888, 23 pp., in-8°) ; cf. « Revolução social », n° 15 ;

Poesia prophetica da Anarchia (« Bibl. dos Trabalhadores », II. Publ. dos operaios comunistas-anarchistas portuguezes, Porto, 1889, 7 pp. in-8°) ;

O Anathema (Philosophia e Critica sociale) por **J.-M. Gonçalves Vianna** (Bibliotheca do grupo anarchista « Revolução social », n° 1, Porto, 1891, 24 pp., in-8°) ;

A Derrocada, du même auteur (même série, n° 2, Porto, 1891, 16 pp., in-8°) ;

10 de Fevreiro. Aos Garrotados de Jerez (Bibliotheca do grupo anarchista « Os Vingadores », Lamego, 1893, 8 pp.) ;

O 1º de Mayo, de **Bel-Adam** (« Novo Mundo », I, Lisboa, 1895, 17 pp.) ; *As Gréves* de **Anton-Evar** (« Novo Mundo », II,-p. 36), *O Suffragio universal*, de Bel-Adam (« Novo Mundo », III,-p. 51, novembre 1895) ;

As nossas convicçóes. Verdades elementares por **I. Illenatnom** *(sic)*, (Bibliotheca comunista-anarchista do Grupo « A Propaganda », Lisboa, 1895, 32 pp., in-16°) ;

A Boa-Nova (Critica social-philosofia libertaria), Lisboa, 1895 ; commence par la traduction de *La Anarchia* de Malatesta,

Traductions : v. Bakounine, Kropotkine, Malatesta, Grave, Etiévant, Darnaud, Anarchistes de Chicago.

Brésil.

A part quelques articles en portugais dans l'« Avvenire », de São Paulo, et les publications italiennes (v. « Appendice » du chapitre *Italie*), je ne connais pas de littérature anarchiste brésilienne (en portugais).

CHAPITRE XX.

Allemagne et Suisse de langue allemande.

Les adhérents de Stirner, de Proudhon et des autres initiateurs du mouvement restèrent complètement isolés et le socialisme légalitaire et autoritaire représenté par la « social-démocratie » accapara tout le mouvement ouvrier. Des ouvriers arrivant en Suisse des pays environnants et adhérents à la Fédération jurassienne et quelques Suisses de langue allemande en contact avec le mouvement jurassien formèrent les premiers groupements anarchistes et commencèrent la propagande qui, vers 1876, se répandit jusqu'en Allemagne.

V. les correspondances allemandes dans le « Bulletin » jurassien, « L'Avant-Garde », « Le Travailleur », « Le Révolté » et, plus tard, dans « La Révolution Sociale » de Paris ; les excellents articles de **P. Axelrod** (aujourd'hui marxiste) : *Itogi socialno-demokratitcheskoï partii v Germanii* (« Obchtchina », Genève, nos 1-4, 1878); v. aussi « Obchtchina », nos 6-7 ; l'article *Germanija*, nos 6-9 (1878-79) ;

Social-demokratisches Bulletin (Chaux de Fonds, du 24 mai 1874), publication de propagande allemande de la Fédération jurassienne, 1 n° ;

Arbeiter-Zeitung (Berne), du 15 juillet 1876 au 13 octobre 1877, 33 n°⁵, le premier journal anarchiste allemand ;

(Der Kampf, journal clandestin, Berlin, décembre 1879, dont la publication fut arrêtée par l'arrestation des éditeurs ; v. « Freiheit », du 31 janvier 1880, etc.).

Freiheit (Londres, 3 janvier 1879 sq., paraît encore) ; les premiers articles anarchistes y ont été écrits par **August Reinsdorf** *(Zur Organisation*, 10 juillet 1880 ; aussi 18 septembre, 25 septembre, 9 octobre 1880) ; cette propagande fut interrompue par l'arrestation de Reinsdorf. Peu après, l'éditeur **Johann Most**, était lui même emprisonné à Londres, en 1881 : v. *The « Freiheit» Prosecution. The Trial of Herr Johann Most with verbatim Rapport of the Address of Mr. A. M. Sullivan, M. P., for the defence* (London, June 1881, 36 pp.) et la « Freiheit » anglaise, du 29 avril au 5 juin 1881, 7 n°⁸. En 1881-82, la « Freiheit » devient entièrement anarchiste ; elle continua à paraître à Londres, jusqu'au 7 oct. 1882 ; à la suite de nouvelles persécutions anglaises elle émigrait momentanément en Suisse jusqu'au 18 novembre 1882, pour se fixer définitivement à New York à partir du 9 décembre 1882. Depuis elle n'a plus quitté New York, sauf en 1886-87, où elle fut contrainte à une émigration temporaire dans l'Etat de New Jersey. V. *Zur Geschichte der «Freiheit»* (par J. Most, histoire du journal), dans « Freiheit », 20 juin 1896 sq. (réimpr. dans le « Socialist » de Berlin).

Johann Most : *« Taktik » contra « Freiheit ». Ein Wort zum Angriff und zur Abwehr* (London, s.a.- octobre 1880, 80 pp., in-8°) ;

Die Gottespest und Religionsseuche (New York, 1883, 16 pp.) ; plusieurs éditions ; la 12ᵐᵉ dans « Internationale Bibliothek », n° 3, (New York, 1887, réimpr. en janvier 1893) ; — trad. anglaise : *The deistic pestilence and religious plague of man* (1884) ; *God, Heaven and Hell* (dans « Int.Bibl.», n° 14 a, janvier 1890, 15 pp.) ; — trad. tchèque, en 1884, en 1886 (Chicago ?) ; — trad. hollandaise : *De Godspest* (La Haye, 1890) ; — trad. française : *La Peste reli-*

gieuse, dans « La Critique sociale » (Genève, 1888), et en brochure (Genève, 1888, 31 pp., in-32°) ; autres éditions: Paris (1892, 31 pp.); Verviers (1892, « Les Ouvriers solidaires verviétois », 16 pp., in-8°; nouv. édit. en 1895); Bruxelles (1894, Impr. D. Villeval, 16 pp.); dans le « Père Duchêne » (Paris, 1896, inachevé) ; — trad. italienne : *La peste religiosa* dans « Biblioteca Economica », n° 1 (Marsala, 1892, 32 pp.); dans le « Nuovo Combattiamo », de Gênes, du 29 sept. au 10 nov. 1888 ; — trad. espagnole, dans « La Voz del Trabajador », de Montevideo, 22 décembre 1889 (inachevé?) ; — trad. portugaise, dans « Os Barbaros » (Coimbra), du 1er octobre au 15 décembre 1894, et en brochure (Coimbra, septembre 1895, 16 pp., in-8°) ;

Die Eigenthumsbestie (New York, octobre 1883 ; 1884 ; « Int. Bibl. » n° 6, septembre 1887) ; édition contenant la *Gottespest* et l'*Eigenthumsbestie* réunies (New York, mars 1885 ; 9me édit., juillet 1885), etc.; — trad. anglaise: *The Beast of Property* (par le groupe de New Haven, Conn., 1884, 15 pp.) ; dans le « Commonweal » (Londres), du 30 mai au 13 juin 1891 ; — trad. tchèque : *Majetkoví dravci* (New York, 1883) ; — trad. en jargon juif, dans « Socialistische Bibliothek in jüdisch-deutscher Sprache », Londres, 1888 ;

Die freie Gesellschaft. Eine Abhandlung über die Principien und Taktik der communistischen Anarchisten (New York, dans la « Freiheit » et en brochure, juillet 1884, 85 pp.; 2me édit., 94 pp., 3me édit., septembre 1884, 92 pp.; abrégé dans « Int. Bibl. », n° 5, août 1887 et mars 1893, 16 pp.) — trad. anglaise dans « Freedom » (Chicago), 1er janvier 1891 sq. *(The free society)* ; — trad. danoise : *Det frie Samfund*, avec des additions par **Kristofer Hansteen** (s.a., s.l., 32 pp., in-8°) ; — trad. tchèque : *Volná spolecnost* (dans « Epistoly Svobody », publ. par le groupe « Samosprava », s.a.) ;

Revolutionäre Kriegswissenschaft... (New York, 1885, en juillet ; 3me édit. en décembre 1885-1886, 80 pp., in-16°) ;

An das Proletariat, dans « Int. Bibliothek » (New York), n° 1, avril 1887, 16 pp.; — trad. norvégienne : *Til Proletariatet* (Kristiania, 1892, 15 pp.) ;

Die Hölle von Blackwell's Island (« Int. Bibl. », n° 2, mai 1887) ; *Stammt der Mensch vom Affen ab?* (« Int. Bibl. », n° 4, juillet 1887) ; — trad. tchèque dans « Délnické Listy », 1896 ;

Zwischen Galgen und Zuchthaus (« Int. Bibl. », n° 9, déc. 1887);

Die Anarchie (« Int. Bibl. », n° 10, janvier 1888 ; nouvelle édit., juin 1890) ;

Der Narrenthurm (« Int. Bibl. », n° 11 ; autre édit., déc. 1892);

Vive la Commune ! (« Int. Bibl. », n° 12, juin 1888); — trad. tchèque, dans « Dělnicka Knihovna », n° 3, New York, 1896, 26 pp., in-8°;

Der Stimmkasten (« Int. Bibl. », n° 13, juin 1888) ;

Der Communistische Anarchismus (« Int. Bibl. », n°s 14 et 15, déc. 1889) ; autre édit. (« Anarchistische Bibliothek », n° 3, Berlin, 1893, 10 pp. ;

Unsere Stellung in der Arbeiterbewegung (« Int. Bibl. », n° 15, mai 1890);

The Social Monster (« Int. Bibl. », n° 16 a, mars 1898, 25 pp.) ;

Enfin, les brochures historiques :

August Reinsdorf und die Propaganda der That (New York, 1885, mars, 79 pp.); 2me édit. (« International Library », n° 3, New York, 15 octobre 1890, 64 pp.) ;

Acht Jahre hinter Schloss und Riegel, par « **Anonymus Veritas** » (New York, 1893, 80 pp.) ; 2me édit. (« International Library », n° 1, 15 février 1890, 80 pp.) ;

Sturmvögel (Recueil de poésies), 3 parties (New York, 1888, 192 pp., in-16°).

En laissant à part l'Autriche-Hongrie, on peut subdiviser l'étude des publications anarchistes de langue allemande en quatre parties :

1° Celles relatives aux actes des anarchistes en Allemagne, de 1880 à 1885 ;

2° La propagande de Londres ;

3° Le nouveau mouvement en Allemagne ;

4° La propagande, en langue allemande, dans l'Amérique du Nord.

En Allemagne de 1880 a 1885.

A part quelques feuilles volantes clandestines, il n'existe que des comptes-rendus de procès, etc.:

Der erste Hochverrathsprocess vor dem deutschen Reichsgericht (Leipzig, 1881, 118 pp., in-8°) ;

Bericht über die Schwurgerichtsverhandlung von 29 Juni bis 1 Juli 1885 gegen Julius Lieske.... (Leipzig, 1885, 40 pp., in-8°) ;

Eduard Müller : *Bericht über die Untersuchung betreffend die anarchistischen Umtriebe in der Schweiz...* (Berne, 1885, 183 pp., publication officielle suisse ; il en existe une traduction française) ;

V. aussi la brochure de Most sur August Reinsdorf et les comptes-rendus de son procès dans la presse.

Propagande de Londres.

Freiheit (v. ci-dessus, p. 157) ;
Der Rebell, 1881 (1 n°) et 1884 à 1886 (n°ˢ 2-16 ; 16 n°ˢ ?) ;
Die Autonomie, fin de 1886 au 22 avril 1893, 211 n°ˢ ;

Brochures publiées par le Groupe « Autonomie » :

Gesetz und Autorität, par Kropotkine (1886) et 10 n°ˢ de « Anarchistisch-Communistische Bibliothek », décembre 1887 à 1893 (?), traductions de Kropotkine, Reclus et Sch. Janowski, etc.;

J.-H. Mackay : *Der Alte und der Junge* (poésie), n° 3, 1888, 8 pp. ;

Joseph Peukert : *Gerechtigkeit in der Anarchie* (n° 5, 20 pp.), tiré de l'« Autonomie » du 7 juin au 5 juillet 1890 ; nouvelle édition américaine (New York) ; — trad. hollandaise dans le « Anarchist » (La Haye), août 1890 sq. et en brochure : *Gerechtigheid in de Anarchie* (Den Haag, s.a., 20 pp.) ;

*Die Irrlehren und Irrwege der Socialdemokratie in Deutsch-

land (n° 8, 1891, 39 pp.), tiré de l'« Autonomie », du 19 septembre au 10 octobre 1891 ; traduction des articles : *Le Socialisme allemand*, de « La Révolte » du 9 mai 1891 sq., par F.-S. Merlino (?) ; — trad. hollandaise : *Het duitsche Socialisme Overgenomen uit* « *La Révolte* », s.a., s.l., vers 1891, gr. in-8° ; — trad. tchèque dans « Dèlnické Listy », New York, 4 juin 1896 sq. ;

Minna Kanawi: *Gretchen und Helene. Zeitgemässe Plaudereien....* (54 pp., s.a., s.l., Londres, 1892 ?), tiré de l'« Autonomie » du 20 février au 14 mai 1892 ; — trad. hollandaise dans le « Anarchist », du 5 mai au 24 novembre 1894 ;

An die Hungrigen und Nackten (8 pp., s.a., s.l., vers 1886, réimpr. dans la « Freiheit ») ;

Et nombre d'autres publications éphémères.

Cf. aussi : *Trau, schau, wem !...* (Londres, 1886, 16 pp.); *Wie John Neve verhaftet wurde*, par le policier Max Trautner, Londres, 1889 ; et des polémiques interminables sur ces questions dans l'« Autonomie », l'« Anarchist » (américain), la « Freiheit », le « Socialdemokrat », etc.).

Autres publications :

Der Communist (2 avril 1892 sq.), 19 n°ˢ, dont 2 en italien et un en français ;

Die Rache, 6 n°ˢ ;

Der Einbrecher (1 n°) ;

Der Revolutionär ; (6 août 1892 sq.), 5 n°ˢ ;

Der Lumpenproletarier (avril 1893 sq.), 9 n°ˢ, in-fol., et 2 en 1894, in-16° ;

Londoner Arbeiter-Zeitung, 2 novembre 1895 sq.; le n° 11 est du 11 juillet 1896.

Brochures :

M. Denk: *Zum wie und warum...* (1887, juillet-août, 2 parties) ;

Conrad Fröhlich: *Der Weg zur Freiheit* (1891, 16 pp.);

Das individuelle Erwachen (poésies), (London, 1892, 8 pp.) ;

Die Gottlosigkeit. Eine Kritik der Gottesidee (s.a. s.l., 1894, 16 pp.) ;

Anarchismus und Communismus... (s.a., 1894, 16 pp.).

Le nouveau mouvement en Allemagne.

Vers 1890, ceux qu'on intitulait les « Jeunes », dans le parti social-démocrate allemand, recommencèrent à lutter contre les tendances ultraparlementaires des chefs de ce parti et reprirent les critiques soulevées par les anarchistes venus de la Suisse romande en 1876, 77, 78. La « Freiheit », en 1879-80 s'était fait l'organe de cette protestation que suivit au commencement de 1883, au sein même de la social-démocratie, un mouvement promptement étouffé. La « Volkstribüne », de Berlin, en 1887-88, reprit la campagne et trouva un écho, à Berlin même, dans une opposition qui ne fut jamais dissoute et à laquelle apportèrent leur appui les journaux du parti de Dresde et de Magdebourg. V. les Comptes-rendus des Congrès de Halle (1890) et de Erfurt (1891); de ce dernier Congrès date la scission définitive ; le « Socialist » fut fondé et se rapprocha de plus en plus des idées libertaires pour devenir franchement anarchiste à partir de 1893.

Je citerai d'abord la critique des socialistes « indépendants », non anarchistes :

Hans Müller: *Der Klassenkampf in der deutschen Socialdemokratie* (Zürich, 1892, 141 pp.), d'où est tiré : *Das Programm der « Opposition »* (ib., 1892, 15 pp.);

Werth und Bedeutung politischer Demonstrationen (« Socialistische Bibliothek », Berlin, 1892, n° 2, 29 pp.; 2me édit. 1894, 29 pp.);

Die Stärkung der Gewerkschaftsbewegung durch Consumgenossenschaften (Bâle, 1896, 88 pp.) ;

H. Teistler: *Der Parlamentarismus und die Arbeiterklasse* (« Soc. Bibliothek », n° 1, Berlin, 1892, 48 pp.) ; — trad. tchèque : *Parlamentarismus a dělnicto*, « Socialisticka Knihovna », publié par les « Volné Listy », de Vienne, 1895, 60 pp.) ;

Auerbach: *Wider die kleinbürgerlich-parlamentarische Socialreform, für die revolutionäre Socialdemokratie* (Berlin, 1891, 32 pp.) ;

Paul Kampffmeyer: *Die Bedeutung der Gewerkschaften für die Taktik des Proletariats.* (« Soc. Bibl. », n° 3, 1892, 30 pp.) ;

Von Vollmar und die Socialdemokratie (Berlin, 1892, 24 pp.) ;

O. Wichers von Gogh: *Proletarisches Manifest* (Berlin, 1893, 15 pp.).

Publications hors de l'Allemagne :

F. Domela Nieuwenhuis: *Les divers courants de la démocratie socialiste allemande* (« Société Nouvelle », mars 1891, et en brochure, Bruxelles, 1892, 28 pp.) ; — trad. allemande : Berlin, 1892, 31 pp.;

Le Socialisme en danger (Société Nouvelle », mai 1894, et en brochure, Bruxelles, 1894, 46 pp.) ; — trad. flamande dans « De Fakkel » (Gand), du 2 juin 1895 sq. (inachevé) ; — trad. anglaise dans « Liberty » (Londres), octobre 1894 sq. et en brochure : *Socialism in danger* (« Liberty Pamphlets », Londres, 1895, 2 parties 20 et 16 pp.) ;

Socialisme libertaire et *Socialisme autoritaire* (« Société Nouvelle », septembre-novembre 1895, et en brochure, Bruxelles, 1895, 66 pp.) ; — trad. italienne : *Socialismo libertario e Socialismo autoritario* (Ancona, « Circolo di studii sociali », 1896) ;

Une édition en volume de ces trois brochures se prépare à Paris.

Cf. aussi : P. Argyriadès, *La Crise du Socialisme en Allemagne* (« Question Sociale », Paris, en 1891) ; — trad. allemande, « Freiheit », du 12 et 19 décembre 1891.

Comme critiques faites à un point de vue nettement anarchiste, il y a :

Le Socialisme allemand (« Révolte », du 9 mai 1891 sq.) — trad. v. ci-dessus.

Zur Beurteilung der deutschen Socialdemokratie, série d'articles de la « Freiheit », (1891-92) ;

V. aussi : *Pages d'histoire socialiste. I, Doctrines et actes de la Social-Démocratie*, par Tcherkesoff (dans les « Temps Nouveaux », 1896 et en brochure, Paris, au bureau des « Temps Nouveaux », 1896, octobre, 64 pp., in-16°) ;

Der Socialist (Berlin), du 15 novembre 1891 au 12 janvier 1895 ; nouvelle série, avec un supplément littéraire semblable à celui de « La Révolte », 17 août 1895 sq.

(*Arbeiter-Zeitung, Organ der Anarchisten Deutschlands*, Berlin, novembre 1893, immédiatement saisie et supprimée ; 1 n°) ;

Der arme Konrad (Berlin), 20 août 1896 sq.

La revue socialiste indépendante *Lichtstrahlen* (Berlin, du 1er sept. 1890 au 16 sept. 1894), publia des traductions de Kropotkine, etc.

Série de cinq brochures : « Anarchistische Bibliothek » (Berlin, 1894, traductions de Kropotkine, Most, etc).

Comme publications originales, il n'existe que :

Gustav Landauer : *Ein Weg zur Befreiung der Arbeiterklasse* (Berlin), 1895, 30 pp.;

Aus meinem Gefängniss-Tagebuch, dans le « Socialistische Akademiker », n°s 13-18 (Berlin, 1895) ;

Von Zürich nach London, dans le « Socialist » (1896) et en brochure (Berlin, 1896) ; — trad. française : *De Zurich à Londres. Rapport sur le mouvement ouvrier allemand au Congrès international de Londres* (Paris, juillet 1896, 12 pp.), réimprimé dans les « Temps Nouveaux » et la « Sociale » ; — trad. espagnole dans « El Corsario », 3 sept. 1896 sq.; — trad. anglaise : *Social Democracy in Germany* (London, 8 pp., in-8°) ;

Der Londoner Congress. Zur Beleuchtung der Vorgänge auf demselben (Berlin, 1896, novembre, 71 pp., in-8°), tiré du « Socialist », du 8 août au 17 octobre : *Der Londoner Congress und die Anarchie* ;

Die Freie Gesellschaft (Zürich), 23 avril 1892 sq., 7 n°s ;

La *Freiheit*, de Heilbronn, 1895-96, était l'organe d'une opposition socialiste locale, dont les partisans sont devenus depuis, pour une grande partie, des anarchistes.

Dans l'Amérique du Nord.

Freiheit (New York), 9 décembre 1882 sq. (v. plus haut, p. 157);

Chicagoer Arbeiterzeitung, *Vorbote*, *Fackel* (Chicago); ces journaux, en 1886 et avant, étaient rédigés par **Auguste Spiess.** Depuis cette date, tant de rédacteurs s'y sont succédé, les uns étant anarchistes, les autres ne l'étant pas, qu'il m'est impossible de préciser à quelles époques ils soutinrent les théories libertaires; il semble toutefois que la période de 1883 à 1886 ait été, pour eux, la plus favorable.

Die Zukunft (Philadelphia, 17 février 1884 sq.-1884);

Die Parole (Saint Louis, mars 1884 sq., jusqu'en 1890; n'était plus anarchiste dans les derniers temps de sa publication);

(*New Jersey Arbeiter-Zeitung*, Jersey City Hights, 1884 ?);

New England-Anzeiger (New Haven), 1885;

(*Amerikanische Arbeiter-Zeitung*, New York, 1886);

Der Anarchist (Chicago), janvier à mai 1886, 4 ou 5 n^{os};

Der Anarchist (Saint Louis, Mo.), 1er août 1889 à 1892; (New York), 1892-95;

Die Brandfackel (New York), juillet 1893 à nov. 1894, 9 n^{os} (?),

Freie Wacht (Philadelphia), février 1894 sq.

Sturmglocken (Chicago), 28 mars-18 avril 1896, 4 n^{os};

Der Kämpfer (St-Louis), 1896.

On peut ajouter à cette liste quelques journaux corporatifs, tels que le *Metallarbeiter* (New York), 1888, 14 n^{os} et le journal des boulangers, anarchiste pendant un certain temps, etc.

Der arme Teufel, journal de **Robert Reitzel**, libertaire « en dehors » de tout groupement théorique (v.p.ex.: la déclaration de Reitzel dans le n° 583, du 1er février 1896, p. 83).

Brochures, etc.:

Celles de Most, v. ci-dessus;

Pittsburger Proclamation, du 16 octobre 1883, basée sur l'article: *Unsere Grundsätze*, «Freiheit», du 13 octobre 1883; — trad. anglaise, française, tchèque, espagnole («Lucha obrera», du 22 juin 1884), etc.;

Die historische Entwicklung des Anarchismus (dans « Internationale Bibliothek », n° 16, New York, 1890, 16 pp.), tiré de la « Freiheit » : *Zur Geschichte des Anarchismus*, du 19 avril au 17 mai 1890 ;

Georg Biedenkapp: *Sancta Libertas*, poésies (West Hoboken, N. J., 1893) ;

E. Steinle: *Das Endziel des Anarchismus* (Buffalo, N. Y.,1894, 16 pp.), tiré de la « Freiheit », du 3 au 10 mars 1894 ; — trad. anglaise : *The true aim of Anarchism* (« Liberty Library », n° 4, avril 1896, 15 pp., in-8°).

CHAPITRE XXI.

Autriche-Hongrie.

Pour l'histoire du mouvement en Autriche-Hongrie, cf. : **Johann Most,** *Zur Geschichte der Arbeiterbewegung in Oesterreich,* dans « Neue Gesellschaft », Zürich, octobre 1877 ; — *Ein Beitrag zur österreichischen,* « Freiheit », 6 au 27 décembre 1890 ; — *Zur Geschichte der œsterr. Arbeiterbewegung,* « Autonomie », du 24 au 31 janvier 1891 ; — plusieurs articles du « Socialist », de Berlin, vers 1892 ; — *Zur Geschichte der Arbeiterbewegung Oesterreichs, 1867-1892,* par **August Krtschal** (Graz, 1893, 53 pp., in-8°, complètement saisi ; réimpr., Berlin, 1894, 50 pp., in-8°) ; — *Uryvek z revolucniho hunti v Rakousku* (dans « Volné Listy », Brooklyn, 1895-96), etc. (1).

Le mouvement antiparlementaire, commencé en 1879 par la « Freiheit » (Londres), s'étendit à la presse socialiste autrichienne presque tout entière, et si, forcés de subir le joug d'une censure qui ne permet pas la discussion des idées anarchistes, les journaux ne pouvaient les formuler nettement, on peut dire que, de 1882 à

---

(1) On trouve une liste de presque toutes les publications anarchistes, jusqu'aux moindres feuilles éphémères, dans les arrêts de *confiscation* publiés dans le journal officiel (« Wiener Zeitung ») ; une liste alphabétique (avec exclusion, cependant, des journaux et des publications slaves) a été publiée en octobre 1896 : *Catalogus librorum in Austria prohibitorum....* (« Publicationen des Vereins œst. ung. Buchhändler, n° VIII), par Anton Einsle (Vienne, 150 pp., in-8°).

1884, elles étaient sous-entendues dans tout ce qu'ils imprimaient.

Die Zukunft (Vienne), du 10 octobre 1879 au 24 janvier 1884 ; suivi de *Die Zukunft*, de Pest, du 15 février 1884 et de *Die Zukunft, Organ der radicalen Socialisten Oesterreichs*, n° 1, de juillet 1885 (clandestin, imprimé à Neulerchenfeld, faubourg de Vienne ; l'impression de ce numéro et de quelques proclamations coûta aux compagnons qui s'y étaient consacrés un total de 92 ans de travaux forcés, procès Hübner, Bachmann, etc. (1885) ; — un assez grand nombre d'entre eux sont morts en prison) ;

Socialist (Pest), de janvier en mai 1882, 5 n°° ;

Communist (ib.), mars-avril 1882, 2 n°° ;

Volkswille (ib.), 1882-83 ;

Radical (ib.), de mars 1883 à mars 1884, 13 n°° ;

Erste Freie Presse Cisleithaniens (feuille volante, clandestine), mars, mai et décembre 1883, 3 n°° ;

Der Radica'e (Reichenberg), du 6 septembre 1883-1885 ;

Les journaux corporatifs : *Me'allarbeiterfachblatt*, 187 ? au 16 août 1883 ; *Schneiderfachzeitung*, 188?, jusqu'en novembre 1883 ; *Schuhmacherfachblatt*, 188 ? au 22 décembre 1883 ;

Les almanachs ouvriers : *Arbeiterkalender* (Vienne) pour 1881, saisi ; 2me édition ; — pour 1882, saisi ; — pour 1883, saisi ; — pour 1885 (Reichenberg), saisi.

Après les actes de Stellmacher, Kammerer et de quelques autres, toute la presse anarchiste de Vienne fut supprimée.

Sur ces actes et les procès qui les suivirent, v. *Process gegen den Anarchisten Hermann Stellmacher* (Wien, 1884, brochure tirée des journaux) ;

Zum Gedächniss an... Hermann Stellmacher. Die Gruppe New York der Int. Arbeiter Association an die Proletarier al'er Länder (1 p., in-fol., commencement de août 1884, New York).

Sur les actes de Engel et Pfleger, en 1882, v. *Der Hochverrathsprocess und die Affaire Merstallinger* (Wien, 1883, 238 pp., in-16°, publication socialiste).

Die Arbeit (Marburg, Styrie), 6 août 1885 sq.; (Graz), depuis le n° 9 du 8 décembre 1885 jusqu'au n° 7 de la IIe année, 16 avril 1886;

Arbeit (Villach), 3 juin 1886 ; au sujet du n° 2, v. la « Gleichheit » (social-démocrate), du 9 juillet 1887 ; après avoir essayé de paraître à Linz, où elle fut saisie, 4 n°⁰ˢ, de tendance assez effacée du reste, en furent encore imprimés à Vienne en 1888, la police la supprima définitivement ;

Die Zukunft (Vienne), 27 août 1892 sq., à la fin de 1893 : un numéro exceptionnel parut le 1ᵉʳ mai 1896 : c'est le premier journal autrichien dans lequel les principes anarchistes aient pu être ouvertement discutés.

Allgemeine Zeitung (Salzburg), anarchiste dans ses derniers numéros seulement, en 1893-94.

Die Freiheit (Graz), 5 avril et 6 mai 1894, 2 n°ˢ ;

Un grand nombre d'écrits clandestins, proclamations, manifestes, etc., ont en outre servi à la propagande, mais pas de brochures ; les brochures auraient été saisies plus sûrement encore que les journaux.

Langue Hongroise.

Je ne connais que *Népákarat* (Volonté du Peuple), publié à Budapest en 1883-84, que je ne puis pas apprécier.

Cet organe, et des publications éphémères à la même époque, me paraissent avoir été les seules publications anarchistes en langue hongroise.

Langue tchèque.

Le mouvement ouvrier tchèque a suivi, pour ainsi dire point par point, le mouvement autrichien de langue allemande. Leurs sources littéraires sont communes, elles consistent également dans les publications imprimées en Angleterre, en Amérique, etc., hors des griffes de la censure autrichienne.

Les périodes de développement des idées anarchistes, de 1882 à 1884, et de répression violente coïncident avec les périodes correspondantes de la propagande en langue allemande.

Journaux :
Dělnické Listy (Vienne), du 2 février 1881-fin de janvier 1884 ;
Proletář (ib.), 3 février 1ᵉʳ avril 1883, 3 nᵒˢ ;
Práce (Brünn), du 12 décembre 1883 au 23 janvier 1884, 4 nᵒˢ (?).

En janvier 1884, tous les journaux furent supprimés ; néanmoins parurent encore, mais avec une tendance plus voilée :
Duch Casu (Prossnitz, Moravie), mars 1884-1886 ;
Matice Dělnická (ib), en 1885.

Le mouvement au grand jour put reprendre en 1892 ; il eut comme organes :
Volné Listy (Vienne), 18 mars 1893 sq.;
Volny Duch (Zizkov-Prague), 17 novembre 1894 sq.;
Pokrok (Kolin), octobre 1895 sq.;
Omladina (Aussig), 7 novembre 1895-1896 ;
Proletář (Reichenberg), 6 février 1896 sq.
Pokrokové Listy (Weinberge-Prague, 1896) ;
Matice dělnická (Vienne), 10 juin 1896 sq.

Almanach ouvrier :
Kalendář dělnictva ceskoslovanského na rok 1883 (Vienne), saisi.

En dehors des proclamations, feuilles volantes, etc., la presse clandestine, soit en Autriche, soit à l'extérieur, a fait paraître :
První svobodná tiskárna v Cechách, nᵒ 1 (1883) ;
Cervanky lipanske, casopis ceskych radikalnich socialistů, nᵒ 1 (novembre 1883) ;
Pomsta, organ sociálne-revoluční strany české, plus tard « organe communisto-anarchiste », de février 1884 en avril 1895 (22 nᵒˢ) ;
Svoboda (en 1885) ; ce journal, imprimé près de Reichenberg, valut 40 ans de bagne à trois camarades ;
Revoluce (nᵒ 2 en 1888).

Journaux tchèques publiés dans l'Amérique du Nord :
Budoucnost (Chicago), 16 juin 1883-mai 1886 ;

Svoboda (ib.), 1883-.... le n° 6 est du 17 novembre 1883 ;
Proletár (New York), 1885-....;
Práce (Chicago), 1887-....;
Dělnické Listy (ib.), 1887-....;
Volné Listy (New York), février 1890-janvier 1891 (12 n°ˢ), et du 1ᵉʳ janvier 1893 sq. (paraît encore) ;
Matice delnicka (ib.), 1893, revue ;
Dělnické Listy (ib.), 4 novembre 1893 sq. (paraît encore);
Duch Volnosti (Chicago), 16 mars 1895 sq. (7 n°ˢ).

Plusieurs brochures, traductions de Most, Kropotkine, Reclus, Malatesta, Malato, Bakounine, J. H. Mackay, etc. ;

Boure. Sbirka revolucních pisni a básni (recueil de poésies, publiées par le groupe « Bezvládi », New York, 1891, 56 pp., in-16°);

Vilém Körber : *Ethicky anarchismus* (édité par « Volny Duch », Zizkov-Prague, en 1896, 16 pp., in-16°).

En ces dernières années, les jeunes littérateurs tchèques, comme leurs confrères des autres nations, se sont à un certain degré inspirés d'idées libertaires, trop souvent mélangées à des tendances individualistes, aristocrates et mystiques ou nationalistes. Je ne puis nommer ni auteurs ni œuvres; il ne me semble même pas qu'il ait été publié rien de nettement anarchiste, sauf une traduction des « Réflexions » de Retté ; mais le fait, d'une manière générale, reste indiscutable.

On pourra consulter, sur cette jeune littérature, des études assez intéressantes dans la revue « Die Zeit », de Vienne (1894 sq.) (par Th. G. Masaryk et Fr. V. Krejci). « Casopis pokrokového studentstva »,« Novè Proudy »,« Rozhlédy »,« Omladina »,« Moderni Revue », etc., tels sont les titres de quelques uns de ses organes.

CHAPITRE XXII.

Angleterre.

Les théories de W. Thompson finirent par être absorbées dans l'Owenisme ; les bazars « d'égal échange » et les autres établissements du même genre dépérissaient et bientôt, après 1830, devaient se transformer ou disparaître ; les socialistes furent rapidement absorbés, les politiques par le mouvement chartiste, les antipolitiques par le mouvement coopératif. Seuls, quelques anarchistes individualistes restèrent isolés, mais leurs noms comme leurs écrits me sont restés presque inconnus.

De nouvelles éditions de Godwin (*Political Justice*, vers 1840), de Thompson *(An Inquiry*, etc., édit. de W. Pare, 1850 et 1869, pas complète) et de Burke furent publiées, entre autres *The Inherent Evils of all State Government...*, de Burke (Londres, chez Holyoake et C°, 1858, VI-66 pp.), avec des notes sur Warren, Andrews, etc., ouvrage véritablement anarchiste-individualiste ; parfois, dans quelques périodiques, des articles anti-autoritaires ont paru, parmi lesquels ceux de Ambrose Custon Cuddon, dans la « Cosmopolitan Review » (1861-62), mais ni à cette époque, ni même au moment de l'Internationale, il n'exista de mouvement anarchiste.

Les premiers socialistes qui, vers 1879, commencèrent à publier des feuilles volantes, imprimées clandestinement, étaient des ouvriers communistes, révolutionnaires et antipolitiques. Aussitôt que des organisations se formèrent, une partie d'entre elles adhéra au socialisme parlementaire, l'autre, « The Socialist League », resta, de 1884 à 1890, antiparlementaire et socialiste purement et simplement. Dès lors, après une courte phase de socialisme révolutionnaire ou communisme libertaire, la plupart de ses branches se transformèrent en groupes anarchistes. La même évolution s'accomplit dans les provinces.

Un groupe communiste-anarchiste, « Freedom Group », avait été formé en dehors de la « Socialist League » ; il ne s'occupait pas d'organiser, mais d'exposer clairement des théories et contribua beaucoup à hâter l'évolution qui transforma en anarchistes les socialistes antiparlementaires. De cette double origine, deux tendances sont restées, l'une plus révolutionnaire, l'autre plus strictement théorique, qui, sans se combattre, se complètent mutuellement.

En dehors de ce double mouvement d'idées et d'action, subsistent encore des anarchistes-individualistes qui, de plus en plus, s'égarent dans le labyrinthe de la « Currency Question ».

La première publication que je connaisse est une traduction anglaise de la déclaration des anarchistes dans le procès de Lyon (Kropotkine, Gautier, etc.), en 1883, 1 p., in-4°.

Parurent ensuite :

Anarchism, by « an English Anarchist », articles dans « Justice » (Londres), du 8 et 22 novembre 1884 ; v. aussi 3 janvier 1885 ; — trad. française dans « Terre et Liberté » (Paris, 1884), n°ˢ 6 et 7 ;

Social Democracy and Anarchism, article par **Charlotte M. Wilson**, dans le « Practical Socialist », janvier 1886, pp. 8-12 ; article dans « The Present Day », n° 38, juillet 1886, par la même ;

Anarchism, drawn up by C. M. Wilson on behalf of the London Anarchists, dans : *What Socialism is* (« Fabian Tracts », n° 4, pp. 10-12, 1886) ;

The Anarchist, publié par H. Seymour, communiste-anarchiste du n° 14 (20 avril 1886) au n° 25 (mars 1887) ; individualiste avant et après ces deux dates ;

Freedom (Londres), 1ᵉʳ octobre 1886 - janvier 1895, 92 nᵒˢ, et de mai 1895 sq. ; « Freedom Pamphlets », 1889 sq. : neuf brochures, traductions de Kropotkine, Malatesta, Étiévant, Caserio, défense de Grave, au procès de la *Société Mourante* et (n° 8) :

Anarchism and Outrage (décembre 1893, 8 pp., in-8°), par C. M. Wilson, tiré de « Freedom », décembre 1893 *(Anarchism and homicidal outrage)* ; — trad. allemande dans le « Socialist », 9-16 juin 1894 ; — trad. hollandaise dans « Licht en Waarheid » (Amsterdam), 1894 ;

Joseph Lane : *An Antistatist Communist Manifesto* (« International Revolutionary Library », n° 1, 1887, 24 pp., in-8°) ;

The Commonweal (London, de février 1885 à 1892, 331 nᵒˢ, anarchiste depuis 1890-91) ; nouvelle série, du 1ᵉʳ mai 1893 jusqu'à l'été de 1894 (31 nᵒˢ) ; pour quelques numéros de 1892 (27 février sq.), une partie de l'édition portait comme titre : *The Walsall Anarchist* ; (c'était un traquenard policier dont furent victimes les camarades de Walsall) ; à ce sujet, cf. **David J. Nicoll** : *The Walsall Anarchists* (London, 1894, en janvier, 19 pp., in-8°) ; du même : *Anarchy at the Bar* (discours de défense dans son procès, le 5 mai 1892, London, 1894, en février, 8 pp., in-8°) ; *Life in English Prisons* (« The Anarchist», n° 18, Sheffield, 1895, 16 pp., in-8°) ; *Justice in England ! Ten Years Penal Servitude* (« The Anarchist », n° 19, 1895, 20 pp., in-8°) ; autre édition : *Life in English Prisons*, etc. (Sheffield, 1896, 16 pp., in-8°) ;

The Anarchist Labour Leaf (London, 1890, mai-août, 4 nᵒˢ) ;
The Sheffield Anarchist (Sheffield, 28 juin 1891 sq. ; 10 nᵒˢ) ;
The Torch (London, publication d'abord très restreinte et polygraphiée, — le n° 5 est du 15 oct. 1891 — puis imprimée), de 1891 à septembre 1893 ; nouvelle série, du 15 juin 1894 au 1ᵉʳ juin 1896 (24 nᵒˢ, intitulée : *The Torch of Anarchy*, depuis le n° du 18 novembre 1895) ;

Liberty, publié par **James Tochatti**, à Hammersmith, Londres, janvier 1894 sq., paraît encore ;

The Anarchist.... (Sheffield), 18 mars 1894 sq., 17 nos, in-fol.; puis en brochure, in-8°, avec différents titres spéciaux : *The Social Revolution* (août 1895), *Rack Rents in London Slums* (octobre 1895), « *Owd Smeeton* ». *The Sheffield Outrages* (janvier 1896). Depuis mai 1896, le titre du journal-brochure est *The Commonweal*. De son rédacteur, D. J. Nicoll, on peut encore mentionner la série d'articles: *Revolutionary Propaganda* (« Commonweal »,du 22 août au 12 septembre 1891), dans le genre de *L'Esprit de Révolte* ;

W. Barker : *Labour Robbery, the Politician unmasked* (London, 1892, 16 pp., in-8°) ;

H. B. Samuels: *What's to be done? The Unemployed Question considered* (ib., 1892, 8 pp., in-8°) ;

H. H. Duncan : *A Plea for Anarchism* (Aberdeen, 1893, 15 pp., in-8°); réimpr. à Londres, « Liberty Press », 1896, 15 pp., in-8° ;

Why we are anarchists (London, 1894, 27 pp., in-8°), tiré du « Commonweal », du 4 août 1893 au 6 janvier 1894 ; — trad. allemande dans la « Freiheit », du 5 mai au 23 juin 1894, reproduit dans le « Socialist » (Berlin), 2 juin au 21 juillet 1894, et en brochure: *Die Ziele der Anarchisten* (« Internationale Bibliothek »,Berlin,s.a.- 1894, trad. de J. Most, 20 pp., in-8°); — trad. tchèque dans « Délnické Listy » (New York), en 1894 ;

The Why I am's (London, « Liberty Press », 1894, 2 parties, 16, 16 pp., in-8°), par Conrad Naewiger, G.-B. Shaw, J. Armsden, William Morris, L.-S. Bevington ; 3me partie, par G. Lawrence, E.-T. Craig, Louise Michel, en préparation ;

L.-S. Bevington: *Liberty Lyrics* (ib., 1895 ou 96, 16 pp., in-8°); *Commonsense Country* (ib., 1895) ;

An Anarchist Manifesto, issued by the London Anarchist Communist Alliance (London,1895,13 pp.,in-8°) : — trad.espagnole, dans « El Despertar » (New York), en 1895 ;

Chiefly a Dialogue concerning some difficulties of a dunce. (London, « Freedom Office », 1895, 15 pp., in-8°) ;

Anarchism and Violence (édité par « Liberty », London, 1896) ;

Anarchist Communism in its relation to State Socialism by

Agnes Henry (« Liberty Press », 1896, en juin, 12 pp., in-8°) ; tiré de « Liberty », juin-juillet 1896 ;

The Ballot Box a Farce, by **W.-K. Hall** (Edinburgh, s.a.- 1896, 15 pp., in-8°) ;

W. Tcherkesoff: *Let us be just* (éd. par Liberty, London, 1896);

The Alarm (London), 26 juillet 1896 sq., organe des « Associated anarchists ».

Traductions de Bakounine, Kropotkine, Reclus, Malatesta, Nieuwenhuis, ect.

CHAPITRE XXIII.

Australie.

Le mouvement australien comprend, d'un côté, des anarchistes individualistes et de l'autre des socialistes révolutionnaires, devenus par la suite anarchistes communistes.

Publications individualistes :

Honesty (Melbourne), avril 1887-1889 ;

The Australian Radical (Hamilton, New South Wales), en 1890 (nouvelle série, n°ˢ 1, 2....), rédigé par **W.-R. Winspear** ;

David A. Andrade : *Money : a Study of the Currency Question, especially in its relations to the Principles of Equity, Utility and Liberty* (Melbourne, 1887, 12 pp., in-8°) ;

An Anarchist Plan of Campaign (ib., s.a- 1889, 10 pp., in-8°) ;

Our social system and how it affects those who work for their living (ib., 1893) ;

The Melbourne Riots and how Harry Holdfast and his friends emancipated the Workers. A realistic novel (ib., 1893 ; est-ce une utopie ? je ne connais pas l'ouvrage) ;

Publications anarchistes communistes :

The Radical (Hamilton, N.S.W.), depuis 1887, et *The Australian Radical* (ib.), étaient socialistes révolutionnaires ; ce dernier devint individualiste communiste.

Anarchy (Smithfield, N. S.W., plus tard à Rockwood, N.S.W), en 1891-92, 1ᵉʳ novembre 1891 sq.; *The Revolt* (Sydney), mai 1893, *Reason* (Melbourne), 21 janvier 1895 sq., une revue, et *The Radical* (avril 1896) sont des publications de **J.-A. Andrews** qui, de plus, par des correspondances dans « Freedom », les « Temps Nouveaux », etc., nous renseigne sur le mouvement australien et nous tient au courant de ses progrès.

For Truth and Right. Criticisms on Authority, Law and the State, par J.-A. Andrews (Carlton, Victoria, s.a.- 1895, 7 pp.; *For Truth and Right. Eachaccording to his needs. Neither God nor Law* (ib., octobre 1895, 8 pp., in-16); *A Handbook of Anarchy* (1894; saisi); *The Unemployed and the Trades* (1 p. in-4°, s.a. s.l.);

Freedom. Anarchist movement (Sydney, N.S.W., 1 p., in-4°); *Freedom*, (1 p., in-8°); *For Freedom and Unity* (2 pp., in-8°).

V. l'aperçu du mouvement australien par Andrews dans divers journaux de 1896, p. ex.: le « Firebrand » du 31 mai, le « Socialist » du 20 juin.

CHAPITRE XXIV.

Etats Unis de l'Amérique du Nord.

Pour les publications anarchistes individualistes en langue anglaise, voir le chapitre III.

The Anarchist. Socialistic Revolutionary Review (Boston), janvier 1881 sq. (2 n°s ; n° 1, 24 pp., in-8°) ;

Truth (San Francisco), été de 1883-fin de 1884, est un journal socialiste révolutionnaire, mais pas anarchiste ;

Nemesis (Baltimore) 1884 ;

The Alarm (Chicago), journal d'**Albert R. Parsons**, du 1er octobre 1884 au 5 mai 1886 ;

The Alarm (Chicago et New York), 5 novembre 1887-1889, rédigé par **Dyer D. Lum**.

Les Anarchistes de Chicago exécutés le 11 novembre 1887.

Il a paru nombre de comptes rendus très détaillés du procès et du jugement qui ne sont pas parvenus à ma connaissance. Voici les principales publications, parmi celles que je puis citer :

The Accused the Accusers. The Famous Speeches of the Eight

Chicago Anarchists in Court. When asked if they had anything to say why sentence should not be passed upon them. On Oct. 7th, 8th and 9th, 1883 (published by the Socialistic Publishing Society...., Chicago, Ill., 188 pp., s.a.-1886);

Die moderne Gesellschaft gekennzeichnet durch die Reden der verurtheilten Chicagoer Anarchisten (ib., 100 pp., in-8°);

The Chicago Martyrs (les discours, etc.), London, « International Socialist Societies », 1888, IV, 132 pp., in-8°; 3me édit., 1890; 4me édit. avec *Reasons*.... by John P. Altgeld (Glasgow, 1893, IV, 152 pp.);

A. Spiess *Autobiography; his speech in Court, notes, letters, etc.* (Chicago, s.a- 1887 ?, 91 pp., in-8°); — édition allemande (ib.); et dans le « Socialist » (Berlin), 2-16 septembre 1893; — en jargon juif: *Die Rede von August Spiess* (dans « Anarchistische Bibliothek » New York, s.a., 20 pp., in-8°); — en hollandais: *Laatste Woorden eens Gehangene. Autobiogr. Schets door A. T. V. Spiess* (Rotterdam, 1890, 54 pp.); — trad. tchèque, dans « Omladina » (Aussig), 1896;

Das Bluturtheil. Die am 14 sept. 1887 abgegebene Entscheidung des Oberstaatsgerichts von Illinois in dem Monstre-Process gegen die Chicagoer Anarchisten, nebst Commentar zu demselben. Beilage zum « Vorbote » (Chicago, 1887, 56 et 51 pp., in-8°);

Dyer D. Lum: *A Concise History of the Great Trial of the Chicago Anarchists* (Chicago ?, 1886, 190 pp.);

Leon Lewis: *The Facts concerning the Eight Condemned Leaders* (Greenport, New York, 1887, 32 pp., in-8°);

The Ides of November (octobre 1887);

W.-P. Black and Salomon Zeisler: *Brief and Argument for Plaintiffs in error* (Chicago, 1887);

General M.-M. Trumbull: *Was it a fair trial ?* (s.a.s.l., 1887, 20 pp.); du même: *Gary vor Gericht* (« Freiheit », 9 et 16 nov. 1895, traduction d'un article dans une revue américaine);

The Trial of the Judgment;

George Francis Train: *The Free Speech Champion* (Kansas City, Mo.);

Daily Psycho-Anarchist (Chicago, octobre 1887);

Nemesis (New York, 1887);

Hugh C. Pentecost : *(Le Crime de Chicago*, en anglais, probablement dans le « Twentieth Century », 1889) ; — trad. espagnole, *El Crimen de Chicago* (Biblioteca de « El Productor », Sabadell, 1890, 16 pp.) ; — trad. portugaise : *O Crime de Chicago* (Bibliotheca do Grupo anarchista « Revolução social », Porto, 1891, 16 pp.) ;

Rev. John C. Kimball : *Why did You protest against the Hanging of the Anarchists* (réimpr. dans « Twentieth Century Library », n° 30, 30 janvier 1891 : *Some typical Reformers and Reforms* ; 6 pp., in-8°) ; — trad. espagnole, dans « El Corsario », 15 novembre 1891 ; « La Anarquía », (Madrid), 11 nov. 1891 ; « El Perseguido », 23 août 1891 ;

Lothrop Withington : *Constructive Murder : a Protest against the judicial sentence of death upon the Chicago Anarchists* (London, 1887 ; réimpr de l'« Anarchist », de Londres, du 1er novembre 1887) ;

Le Procès des Anarchistes de Chicago (Publications anarchistes, Paris, au bureau de « La Révolte », 1892, 51 pp., in-16°) ;

Proceso de los Anárquistas de Chicago. Siete condenados á muerte. Traducción del original frances (Biblioteca anárquico-comunista, n° 2, Barcelona, 1887, 24 pp., in-18°) ;

E. Alvarez : *¡¡¡ Siete Sentencias de muerte !!! Proceso de los Anárquistas en Chicago. Juicio crítico y Discursos pronunciados ante los tribunales* (Madrid, 1887, 32 pp.) ;

Ricardo Mella : *El Crimen de Chicago. Reseña historica de los sucesos de Chicago en 1886-87* (dans *Segundo Certamen socialista....* 1890, pp. 373-428) ;

11 de Novembro 1887-1892 (Bibliotheca do Grupo anarchista « Os Vingadores », Lamego, 1892, 8 pp.) ;

Os Martyres do Porvir (Bibliotheca do Grupo anarchista « Revolução social », n° 5, Porto, 1893, 8 pp.) ;

Aos Martyres de Chicago. 11 de Novembro de 1887 a 1893 (« Bibliotheca dos Grupos anarchistas do Porto », n° 1, Porto, 1893, 31 pp.) ;

Il Processo degli Anarchici di Chicago (Biblioteca della « Gazzetta Operaia », Turin, 1887, environ 100 pp. ; complètement saisi) ;

John Henry Mackay : *Die Tragœdie von Chicago....* (Cincinatti, 1891, 16 pp.; tiré de *Die Anarchisten)*;

Acht Opfer des Classenhasses.... (Zürich, Mitgliedschaft deutscher Socialisten, 1888, 54 pp., in-8°; publication démocrate-socialiste);

Die Märtyrer von Chicago (1890, 40 pp., s.l.);

Lives of the Chicago Martyrs (reprinted from » The Commonweal »), Aberdeen, 1891, 22 pp., in-32°.

Reasons for Pardoning Fielden, Neebe and Schwab, par John P. Altgeld, gouverneur de l'Illinois, réimpr. dans l'édition de Glasgow, 1893, de *The Chicago Martyrs*; — trad. espagnole : *Documento oficial en que el Gobernador John P. Altgeld de Illinois otorga la libertad absoluta á Samuel Fielden, Oscar Neebe y Miguel Schwab* (26 juin 1893), Biblioteca de el Grupo « El Ideal », Brooklyn, N. Y. 15 pp., gr, in-8°;

Albert R. Parsons: *Anarchism : its philosophy and scientific basis* (Chicago, 1888, un volume contenant en outre des reproductions d'articles et de brochures de Kropotkine, C.-L. James, etc.);
— trad. allemande : *Der Anarchismus, dessen Philosophie und wissenchaftliche Grundlage* (Chicago, 1888);

Autobiography réimpr. dans « Freedom » (Chicago), 1890-91;
— trad. française dans le « Réveil des Mineurs » (Hastings, Pa.), en 1891; — en hollandais: *Parsons, Het Anarchismus* dans l'« Anarchist » hollandais, décembre 1890-91;

Lucy E. Parsons: *Life of Albert R. Parsons with brief history of the Labor Movement in America* (Chicago, 1889; XXI-254 pp.);

Adolph Fischer: *Autobiography* (« Freedom », Chicago, 1891);

Louis Lingg's *Principles*, dans « The Alarm », 17 décembre 1887;
Lingg's Autobiography, dans « The Alarm », 29 décembre 1888-1889.

Il faudrait citer encore de multiples documents, lettres des prisonniers, etc., mais je ne saurais préciser ni la date, ni l'endroit de leur première publication; à consulter surtout « Arbeiterzeitung » et « Vorbote » (Chicago), « Freiheit », « Der arme Teufel », (Detroit), « The Alarm », « Freedom » (américain), etc.

Je dois également m'abstenir de fournir des détails sur ce qui a paru à ce sujet dans les grands journaux et dans les revues, ainsi que dans les diverses publications postérieures au procès et aux exécutions, bien que tous ces articles établissent nettement par quels procédés infâmes les témoignages ont été recueillis et les condamnations obtenues.

Je citerai seulement quelques publications anarchistes, commémoratives de la date du 11 novembre 1887 :

Die Antwort der Arbeiter auf den 11 November 1887, herausgegeben von den Foederirten Gewerkschaften New Yorks (New York, s.a., 16 pp.) ;

Der 11 November (s.a., 8 pp.) ;

Zur Erinnerung an die am 11 Nov. 1887 in Chicago hingemordeten Märtyrer des Proletariats (Das Agitationscomité der I.A.A., New York, 1887, 8 pp.);

Zur Erinnerung an den 11 November 1887 (ib., 1890, 7 pp.) ;

Der 11 November 1887, herausgegeben von den « Pionieren der Freiheit » und « Vereinigte Ritter der Freiheit » der I. A. A., (ib., 1889, 30 pp., en jargon juif) ;

11 November 1887 (La Haye, 8 pp., s.a., hollandais, traduit de l'allemand).

Journaux :

The Alarm (Chicago et New York, novembre 1887-1889 ;

Freedom (Chicago), fin de 1890-92 (?) ;

The Beacon (San Francisco), 1890 ;

Solidarity (New York), 18 juin 1892-1893, 22 nos; nouvelle série, série, du 15 janvier au 15 avril 1895 (8 nos) ;

The Firebrand (Portland, Oregon), 27 janvier 1895 ; sq.; par **Henry Addis** et autres ;

The Altrurian (Columbus Junction, Iowa), New series, 22 juin 1895 sq., 6 nos ; son éditeur, **E.-H. Fulton** publia, en 1896, une série de brochures : « Liberty Library » ; ensuite il devint anar-

chiste individualiste et fit paraître *The Age of Thought* (mensuel) ;
The Match (ib.), 1896 ;
The Rebel (Boston), 20 septembre 1895 sq. (1).

Brochures, etc.:

Dyer D. Lum est un mutuelliste ; il a écrit : *Social Problems of to day or the Mormon Question in its economic aspect* (1883, 90 pp.) ;
The Economics of Anarchy. A Study of the Industrial Type (Chicago, 1890, 59 pp., in-8°) ;

Victor Drury (je ne crois pas qu'il se soit déclaré anarchiste) : *The Policy of the Labor movement* (Philadelphia, 1885, 71 pp.) ; — *La Cuestion social considerada politica y filosoficamente*, trad. espagnole dans « Acracia » (Barcelone), 1886-88 ; reprod. dans « El Productor » (Habana), 1888 ;

Revolt ! An American to Americans. By **W.-J. Gorsuch**.... (Published by Group n° 1. (S. W. P. A.), Alleghany, Pa., 1885, 18 pp., in-8°;

G.-C. Clemens : *Primer of Anarchy. The Elementary Principles of Anarchism explained to the Primary Class*, dans « The Alarm », du 24 mars 1888-1889 ; — trad. espagnole de R. Mella : *Elementos de Anárquia*, dans « El Productor », du 17 novembre 1892 au 15 juin 1893 et dans la « Questione sociale » de Buenos Aires, en 1896 ;

The Scourge of Capitalism and the Breakdown of Democracy in the United States («Solidarity Pamphlets»,n° 1,New York,1892, 32 pp., in-8°) ;

Samuel H. Gordon : *Revolution. Its Necessity and its Justification*, published by the « Knights of Liberty » (s.l., Philadelphia ?, 1894, 13 pp., in-8°) ;

Voltairine de Cleyre : *In defence of Emma Goldmann and the right of expropriation* (Philadelphia 1894, 10 pp., in-8°); réimpr. « Liberty Press » (London, 1894, 15 pp., in 8°) ;

---

(1) On pourrait encore citer *The Non Partisan*, de Los Angeles, Cal., journal local dont les tendances sont quelque peu anarchistes.

W.-H. van Ornum : *Why Government at all ?...* (189-,338 pp., in-12°) ;

Fundamentals in Reform (« Liberty Library », n° 5, Colombus Junction, Iowa, mai 1896, 8 pp.) ;

William Holmes : *The Historical, Philosophical and Economical Bases of Anarchy* («Liberty Library», n° 1, janvier 1896), 16 pp., in-8°.

The Why I am's. An Economic Symposium. Second edition (New York, «Twentieth Century Publ. C°», 1892, 82 pp.); contient entre autres articles : *Why I am a Communist*, by John Most ; *Why I am an Anarchist*, by Benj. R. Tucker ; *Why I, an Anarchist, work with Socialists*, by William Holmes ; *Why I, as an Anarchist, will not work with Socialists*, by Victor Yarros ; *Why I am an Individualist*, by Frank Q. Stuart ; *Why I am a Social Revolutionist*, by Dyer D. Lum, etc.

CHAPITRE XXV.

Néerlande

Journaux publiés à l'époque de l'Internationale :
De Toekomst (La Haye), 1870-1871, 1ᵉʳ nov.; v. « Vrijheid »,
nº 1-2, p. 67;
De Vrijheid (ib.), 1871-72, feuille hebdomadaire, devenue, en
décembre 1871, une revue dont il parut 3 nᵒˢ.
Cf. aussi : *Officiëel verslag van het derde Nederlandsche Werk-
lieden-Congress* (28-29 mai 1871), Amsterdam, 1871, 77 pp.

Journaux communistes-anarchistes :
De Vrije Pers (La Haye), 1887 ;
Anarchist (Rotterdam, puis Sappemeer, puis Amsterdam),
janvier 1888-21 déc. 1895 (80 nᵒˢ) et 3 nᵒˢ en janvier 1896 ;
2ᵐᵉ série (La Haye), 10 octobre 1896 sq.;
Licht en Waarheid (Amsterdam), 1894-95.
An-archie (ib.) hebdom., 14 mars 1896 sq.

Brochures et feuilles volantes publiées pour la plupart à la Haye
et à Amsterdam, traductions de Bakounine, Kropotkine, Grave,
Most, Spiess, Janowsky, Mackay, etc.

Une majorité considérable, pour ne pas dire la presque unani-
mité, du parti social-démocrate des Pays-Bas a, en ces dernières
années, rejeté complètement le parlementarisme et s'est affirmé

comme socialiste révolutionnaire ou communiste libertaire. Les journaux de ce parti, antiparlementaires mais nullement anarchistes, sont :

Recht voor Allen (La Haye) ; *Morgenrood* (ib.) ; *De Klok* (Wolvega), *De Arbeider* (Sappemeer), *'t Morgenrood* (Harlingen), *De Toekomst* (Middelburg), *Voorwaarts* (Arnhem), *Het Volksblad voor de Zaan en Omstreken* (Zaandijk), *De Volksvaan* (Winkel, N.H.), *De Volksvriend* (Zwolle), *Friesch Volksblad* (Leeuwarden), *De Wapensneder*, *Amsterdam Vooruit* et *De Sociale Gids* (Amsterdam), *De Volksvriend* (Arnhem), *De Zwoeger* (Sneek), *Recht door Zee* (Enschede) et aussi *De roode Duivel* (Amsterdam).

Cf. les dernières brochures de **F. Domela Nieuwenhuis** (v. p. 163) ; **Chrétien Cornelissen,** *Le communisme révolutionnaire. Projet pour une entente et pour l'action commune des socialistes révolutionnaires et communistes anarchistes* (Bruxelles, édition de la « Société nouvelle », 1896, 53 pp., in-8°) ; pour l'historique de cette évolution v. le « Rapport » (hollandais) (1893-96) présenté au Congrès International de Londres, en français et en anglais ; traduction allemande dans le « Socialist » du 31 oct. au 21 nov. 1896.

CHAPITRE XXVI.

Pays Scandinaves.

Danemark.

J'ignore si les journaux de la première opposition avancée qui se forma dans la social-démocratie d'ailleurs, si paisible du Danemark, ceux de Brix, etc., vers 1880, peuvent être considérés même comme socialistes révolutionnaires. Vers l'année 1888, un nouveau mouvement d'émancipation naquit dans la démocratie socialiste, et le journal « Arbejderen » (Copenhague) en fut l'organe: cependant ce journal, qui parut de 1889 à 1893, n'eut aucune tendance libertaire.

C'est depuis le 2 février 1896 seulement qu'un journal anarchiste : *Proletären*, paraît à Copenhague ; en ce moment il est probablement supprimé.

De brochures, je ne connais que :

Samfundet dagen efter revolutionen (Londres, 1885), traduction de Grave ;

Et *Til de Unge. Oversat.... til « Arbejderen »* (Copenhague, 1891, 30 pp.);

Dans « Proletären » des traductions de Kropotkine *(En Oprörers Ord* et *Erobringen af Brödet* furent commencées.

Norvège.

Arne Garborg, fonda en 1877, le journal *Fcdraheimen*. Ce journal écrit dans la langue parlée, et non dans la langue littéraire qui coïncide presque avec le danois, devint, vers 1889, un organe anarchiste, dans lequel **Ivar Mortensen**, **Arne Dybfest** et **Rasmus Steinsvik** surtout propagèrent les idées libertaires, tant par leurs articles que par de nombreuses traductions, transformant au besoin le journal en brochure.

V. pour l'histoire de ce mouvement, les correspondances (principalement celles d'Arne Dybfest) dans « The Alarm », 18 août 1888, « Freedom », Londres, septembre 1889, mars, avril, juillet 1890, janvier, février 1891 ; « La Révolte », 10 et 17 mars 1889, « Freiheit », 1891, n° 13, etc.

Arne Dybfest : *Blandt Anarkister* (Kristiania, 1890, 112 pp., in-8°) ;

Arne Garborg : *Domesdag*, une poésie parue dans « Fedraheimen » en 1886, n° 12 ; c'est le premier écrit anarchiste qu'ait inséré ce journal, publié alors à Tönsett, et transféré à Skien, depuis le 10 janvier 1891.

Arne Garborg est un écrivain bien connu, auteur de : *Bondestudentar* (trad. allemande, Budapest, 1888) ; *Mannfolk* (1883) ;— trad. allemande (ib., 1888) ; *Hjaa ho mor* ; — trad. allemande : *Bei Mama* (« Freie Bühne », Berlin 1890 et en un vol.) ; *Lettres de Kolbotten* (trad. allemande dans le « Magazin für Litteratur » Berlin, 1893) ;

Fri Skilsmisse. Indlaeg i discussionen om Kioerlighed (La séparation libre. Plaidoyer dans la discussion sur l'amour), Bergen, 1888, 99 pp.;

Article : *Bauerncultur*, dans « Deutsche Worte », de Vienne, janvier 1891, pp. 32-39.

V. sur lui des articles dans « Deutsche Worte », 1888, n°⁵ 6, 7 ; — *Beim Dichter des «jungen Norwegen»*, par Ola Hansson (« Neue Freie Presse », 13 août 1889) ; — *Hochlandsbriefe aus dem Norden*, par Heinrich Hart (« Freie Bühne », Berlin, II, pp. 837-41, 929-32).

Des traductions d'écrits anarchistes ont paru dans « Socialdemokraten », de Kristiania (Kropotkine), ensuite, depuis 1889, dans « Fedraheimen » (Tönsett) :

Fortid og Fremtid (27 juillet 1889), *Orden og Uorden* (29 août 1889), *Lönsystemet* (du 21 décembre 1889 en 1890) ;

En 1890, « Fedraheimen », se transforma en brochure et fit paraître des traductions de Reclus, Kropotkine, Malatesta, etc., et des œuvres originales :

Rasmus Steinsvil : *Kan Politikken hjelpe os?* (« Fedraheimen », avril-mai 1890, n°s 18-21, 64 pp., in-8°) ;

Darnaud : *Anarkismen i Slumttal* (Causerie), en 1891 ;

Kropotkine : *Gjensidig hjelp blant dyr* (Mutual aid among animals), 1891, etc.

V. encore l'article : *Fyrst Kropotkine*, par Arne Dybfest, dans « Samtiden », revue de Bergen, avril 1890, et une lettre de Kropotkine à Dybfest dans « Nyt Tidskrift », novembre 1892.

Depuis l'époque de ce mouvement (1891), nous n'avons plus eu connaissance d'aucune propagande en Norvége ; Arne Garborg, dans ses écrits publiés depuis lors, a changé d'opinion, lui aussi ; je ne sais rien des causes qui ont pu motiver ces revirements et ce silence.

Suède.

A citer, un ouvrage datant de 1864 :

Axel Nyblaeus : *Om Statsmaktens grund och väsende. Med anledning af Proudhon's skrift : « Les Confessions d'un révolutionnaire »* (Lund, 1864, 122 pp., in-4°), (ce n'est pas un écrit de propagande).

Vers 1880, *Ny Tid*, de Chicago, était révolutionnaire, mais pas anarchiste.

Maningsrop, til folket, feuille volante, de Londres (est-ce une traduction ?), réimpr. dans *Reformerande eller revolutionär socialism?* par Anton Nyström (Stockholm, 1886, 79 pp. in-8°), pp. 15-19 et d'autres manifestes de Londres, dont un vers la fin de 1887 ;

Quelques traductions *(Les Prisons*, par Kropotkine), dans « Arbetet » et autres journaux uniquement marxistes, et, en brochure : *Lov og Autoritet* (La Loi et l'Autorité), impr. en Amérique.

Under röd flagg (in-16°), Stockholm, du 5 mars au 6 juin 1891 (9 n°°), est le premier journal anarchiste.

V. aussi « Freedom », août, septembre 1890 ; « Freiheit », 1891, n° 23.

CHAPITRE XXVII.

Russie.

V. ci-dessus, chap. VIII, sur Bakounine.

Narodnoe Dyelo (Genève), 1ᵉʳ septembre 1868, n° 1. C'est le seul numéro de ce journal qui soit anarchiste, écrit par **Bakounine** et **N. Joukowski**; le programme: *Programme de la démocratie socialiste russe, tiré du journal « La Cause du Peuple »* (Genève, 2 pp., in-8°), est reproduit dans la « Liberté » (Bruxelles), du 20 septembre 1868.

Les publications de **S.-G. Netchaev** (1869-1871): plusieurs feuilles volantes, *Postanovka revoljucionnago voprosa*, etc. (de Genève); les 2 nᵒˢ de *Izdanie Obchtchestva narodnoi razpravy* (Genève, 1869-70); les 2 nᵒˢ de son autre journal *Obchtchina* (de Londres, en 1871 ?, introuvable), ses divers appels aux étudiants, etc., enfin le *Catéchisme révolutionnaire*, dénotent en lui un esprit tellement autoritaire et personnel que, malgré ses théories, il est bien difficile de le considérer comme un anarchiste proprement dit. Le *Catéchisme*, publié d'abord par le gouvernement russe dans le *Pravite!stvennyi Vyestnik* (1871), puis par les marxistes dans la brochure *L'Alliance de la démocratie socialiste....* (1873), a, depuis, été souvent traduit et répandu par des journaux anarchistes qui, à tort, ainsi qu'il serait encore possible de le prouver, l'ont attribué à Bakounine.

En dehors des brochures de Bakounine, les premières publications russes véritablement anarchistes furent les trois volumes : *Izdanie Socialno-revoljucionnoi partii* (s.l., imprimés à Zurich, 1872-74) :

Vol. I : *Gosudarstvennost i Anarchiia....* (par Bakounine), 1873, 308 et 24 pp., in-8° ;

Vol. II : *Istoritcheskie razvitie Internacionala*, 1re partie, 1873, 375 pp. *(Le développement historique de l'Internationale* ; des traductions d'écrits de Bakounine : *Les Endormeurs, La Politique de l'Internationale, L'Instruction intégrale, Lettres sur le Patriotisme, L'historique de l'Alliance des socialistes révolutionnaires, Les discours de Berne de 1868*, puis des articles d'autres auteurs traduits du « Progrès » et de la « Liberté », de Bruxelles).

Vol. III : *Anarchiia po Prudonu*, 1874, III, 212 pp. (*L'Anarchie*, d'après Proudhon, surtout d'après les *Confessions d'un Révolutionnaire* ; avec critique de Proudhon et exposition du collectivisme anarchiste, traduit du français d'un internationaliste jurassien).

Parurent ensuite, publiés par une partie du groupe qui s'était séparée de Bakounine :

K russkim revoljucioneram, n° 1, 1873, en septembre. Publ. par la « Revoljucionnaia Obchtchina Russkich Anarchistov », s. l.- Genève, 14 pp., in-16°, d'après le programme (manuscrit) de la « Fraternité slave », rédigé par Bakounine, mais publié sans son assentiment ;

Parijshaia Kommuna (Genève, 1874, IV, 248 pp.), par **Z. Ralli** (Arbure), publ. par le même groupe ;

Sytye i Golodnye (St-Pétersbourg-Genève, Imprimerie du « Rabotnik », 1875, IV-530 pp.) ;

Rabotnik, gazeta dlia russkikh rabotchikh (15 nos, de janvier 1875 à mars 1876, in-fol., Genève) ;

Plusieurs contes populaires de propagande :

Khitraia Mekhanika (diverses éditions de 1875 à 1877) ;

Mujickaia Pravda (1875, 14 pp.) ; — édit. bulgare : *Sjurmachka pravdina* (s.l., 1889, 21 pp.), etc.

Les propagandistes russes des idées de ce groupe furent surtout les accusés du procès des Cinquante de 1877 ; les comptes-rendus de l'accusation et du jugement de ce procès ont été publiés par les soins du « Vpered » (Londres, 1877, 80 pp.): *Process piatidesiati, sujdennykh za socialno-revoljucionnaju propagandu v Ivanovo-Voznesenske, Tulye, Kievye i Moskvye* ; réimpr. à Leipzig, 1889, (« Mejdinarodnaia Biblioteka », n° 29) ;

Le discours prononcé le 10 mars 1877, au cours de ce procès, par **Sophie Bardina** (1854-1883), a souvent été imprimé :

Ryetch Sofii Larionovny Bardinoi (édition originale, clandestine, imprimée en Russie, 1877) ; dans « Obchtchee Dyelo », n° 2, (Genève, 9 juillet 1877) ; en brochure (Genève, 1883, 32 pp., in-8° ; Genève, 1893, 11 pp., in-16°, « Izdanie Krujka anarchistov ») ; — trad. française dans : *Introduction à l'histoire du nihilisme russe*, par Ernest Lavigne (Paris, 1880), pp., 382-388 ; — trad. allemande dans le « Vorwärts » (Leipzig), en 1877 ; — trad. bulgare (Gabrovo, 1888, 32 pp., in-16°) ; — trad. arménienne (Paris, 1892, 10 pp., in-8°, lithogr.) et dans « Publications anarchistes » (Paris, 1893, 15 pp., in-16°) ; — en russe aussi dans la brochure suivante relative à ce procès :

Dyetoubiistvo soverchaemoe russkim pravitelstvom. Jenchtchiny processa moskovskikh socialistov ; Izdanie redakcii Ukrainskago Sbornika « Gromada » (« Obchtchina », Genève, 1877).

Un autre discours, celui du paysan **Peter Aleksyeev** (10 mars 1877), a paru en édition russe, dans « Obchtchee Dyelo », du 9 mai 1877, en brochure (édition du « Nabat », 8 pp., s.a.; en 1889, etc.) ;

Bachi-Bozuki Peterburga (Genève, 1877, 42 pp., impr. du « Rabotnik », par Z. Ralli. Des souvenirs historiques relatifs à cette période se trouvent dans :

Temnitsa si Exil, par **Zamfir C. Arbure** [Z. Ralli], (Rimnica-Sarat, 1894, 225 pp., in-16), 1re partie ;

Vospominaniia Vl. Debagorio-Mokrievitcha. Ire livraison (Paris, 1894, 111 pp., in-8°) :

Dva goda iz jizni D. Mokrievitcha, dans « Vyestnik Narodnoi Voli » (Genève), vol. I (1883) et II, dans « Przeglad spoleczny »

(Lemberg), 1887, n° 1 ; — trad. danoise dans « Socialdemokraten » de Copenhague, en 1887, etc.; v. encore : *La Rossia sotteranea, profili e bozzetti rivoluzionari dal vero di* **Stepniak** *giá direttore di « Zemlia i Volia » (Terra e Libertá)*.... Milano, 1882, 1ʳᵉ édit. du livre si fréquemment traduit de **Serge Kravtchinski,** qui, dans l'« Obchtchina » de 1878, a aussi écrit sur l'Italie ; P. Kropotkine: *The Russian Revolutionary Party* (« Fortnightly Review », 1882), etc.

Les persécutions multiples, englobant des centaines de victimes dans une grande partie de la Russie, finirent par avoir raison des groupes de Moscou, de Kiev, etc., et privèrent le mouvement anarchiste russe de nombre de militants qui répandaient ses théories par la parole et de « bountari », propagandistes par le fait. Parmi ceux qui restaient, les uns, poussés à bout par les persécutions atroces et les traitements sauvages infligés aux prisonniers, abandonnèrent tout combat théorique et commencèrent une lutte politique immédiate, ce furent les terroristes de la « Narodnaia Volia »; les autres, pendant quelque temps tout au moins, restèrent uniquement attachés à la propagande socialiste fédéraliste et antipolitique ; mais, peu à peu, ces groupes de théoriciens exclusifs se décomposèrent. Les plus audacieux, les plus énergiques rejoignirent les héroïques lutteurs de la « Narodnaia Volia » ; les autres, vers 1883, découvrirent le marxisme et ressuscitèrent en Russie cette conception qui, jadis, avec Nicolas Outine, avait, au temps de Bakounine, subi l'échec le plus piteux. Ils devinrent les marxistes les plus fanatiques du monde, à part les quelques Roumains et Bulgares qui marchaient derrière eux. Depuis peu cependant leur influence diminue et, en Russie même, on réfute leurs théories dans « Russkoe Bogatstvo » et « Novoe Slovo », etc.

Obchtchina, socialno-revoljucionnoe obozryenie (Genève, janvier à novembre-décembre 1878, paru dans l'été de 1879, 9 nᵒˢ); c'est la dernière publication où les anciennes idées anarchistes pures se rencontrent avec les nouvelles théories de « Zemlia i Volia »,etc., P. Axelrod (depuis devenu marxiste) y a publié une critique excellente de la social-démocratie allemande, semblable à celle que

F.-D. Nieuwenhuis a renouvelée en ces derniers temps; y consulter aussi de N. Joukowsky : *Reformy i revoljucija* (dans le n° 5, mai 1878, et en brochure), etc.;

Dans *Tchernyi Peredyel* (de Plekhanov, Axelrod, Stefanovitch, Deitch, 5 n°*, depuis le 15-27 janvier 1880), Johann Most écrivit une critique de la démocratie socialiste allemande; le programme de ce journal était d'ailleurs antipolitique et fédéraliste.

C'est une brochure de Plekhanov, *Socializm i polititcheska borba* (1883), qui marque le commencement du marxisme.

D'autre part la « Narodnaia Volia » devint centraliste à outrance et se rapprocha des principes blanquistes, dès longtemps préconisés par Tkatchev dans le « Nabat ».

Enfin, après tant d'efforts dépensés presque en pure perte, tant d'héroïsme et tant de martyrs non vengés, le mouvement révolutionnaire vit, peu à peu, sous la pression des circonstances, se briser son unité et divers courants se formèrent, constitutionalistes, socialistes-fédéralistes, etc.

Les seules publications anarchistes récentes sont :

Une traduction de *La Commune de Paris*, de Bakounine, avec une lettre écrite spécialement pour cette édition, par Kropotkine: *Parijskaia Kommuna.... s pismom P.A. Kropotkina* (« Anarchitcheskaia Biblioteka », Genève, 1892, 20 pp., in-8°) ;

Le discours de Sophie Bardine (« Izdanie Krujka anarchistov », Genève, 1893, 11 pp., in-16°) ;

La traduction d'un manifeste français aux étudiants (en 1891); v. p. 101 ;

Objavlenie ob izdanii « *Narodnoi Voli* », *organa russkoi revoljucionnoi molodej*.... (Genève, 11 août 1891), 18 pp., in-8°; prospectus d'un journal qui n'a pas paru ;

Enfin en août 1896, la 1re livraison des *Paroles d'un Révolté*, traduites en russe, fut publiée à Genève.

CHAPITRE XXVIII.

Oukraïne.

Je ne connais pas de littérature anarchiste oukraïnienne (1). On sait que les socialistes de ces régions de la Russie et de l'Autriche-Hongrie sont par excellence fédéralistes et que, à une certaine époque — celle de la « Gromada », de Genève, du « Gromadaski Drug », etc., en Galicie, — M. Dragomanov, M. Pavlik, J. Franko, S. Podolinski, etc., se rapprochèrent beaucoup, en théorie, des anarchistes, conservant seulement cette différence profonde que les anarchistes ont en vue la libération de l'humanité tout entière, tandis qu'eux, socialistes oukraïniens, pensaient surtout et avant tout à l'Oukraïne. Depuis ils sont entrés dans la lutte politique et ont formé, jadis avec le journal « Narod » pour organe, le parti « radical oukraïnien », réussissant encore à tenir tête à la démocratie socialiste doctrinaire qui cherche à convertir au marxisme les paysans galiciens.

---

(1) Dragomanov mentionne quelque part un journal oukraïnien qui devait être publié sous l'influence des idées de Bakounine, mais il n'a point paru.

CHAPITRE XXIX.

Pologne.

L'esprit nationaliste et patriotique a toujours été prépondérant hez les Polonais et l'on ne peut guère citer comme ayant réussi à 'affranchir de ce préjugé que **Valérien Mroczkowski (Ostroga)** v. p. 44. Même les efforts déployés par Bakounine, depuis 1847, restèrent infructueux et, en 1872, il lui fut impossible de s'entendre avec les Polonais de Zurich pour la rédaction d'un journal polonais, dont il n'a jamais paru que le programme (v. p. 49).

J'ignore si *Robotnik*, de Cracovie (4 janvier 1883 sq.) fut libertaire, en ce temps où, dans tout le reste de l'Autriche-Hongrie, le mouvement anarchiste était si développé.

C'est seulement depuis 1896 que paraît à Lemberg un journal anarchiste très modéré, *Trybun ludowy* (5 janvier-juin 1896). Le mouvement « socialiste-indépendant » qui a précédé et dont les représentants furent « Prace », « Mlot », le « Socialist » (en allemand), ne me parait avoir été en grande partie qu'une opposition personnelle aux chefs de la social-démocratie ; cependant à cette époque, Alexandre Skajewski (mort depuis) avait déja commencé une propagande anarchiste théorique dont les résultats se voient si l'on compare « Trybun ludowy » avec les journaux qui le précédaient.

Le 5 décembre 1896 a paru à Londres, *Swit* (L'Aurore), annoncé comme bi-mensuel, par l'éditeur du «Trybun ludowy», Mauricy D. Jeger.

Comme brochures, je ne connais que deux traductions :

Piotr Kropotkine : *Do Mlodziezy* (Aux jeunes gens, dans « Biblioteczka Proletariata », II, Warszawa, 1883, 36 pp., in-8°, édit. clandestine) ;

Bakounine: *Bóg i panstwo* (Dieu et l'Etat), Genève,1889 : v.p.47.

CHAPITRE XXX.

Littérature anarchiste en jargon juif.

Plusieurs journaux et nombre de brochures ont paru en ce dialecte, tous imprimés à Londres ou à New York.

Journaux :

Arbeiterfreund (The Worker's Friend), Londres, publié de 1886 à 1894 et depuis le 11 octobre 1895 sq.; socialiste, puis anarchiste à partir de 1892 ;

Wahrheit (Truth), New York, 1889 (20 n°⁸) ;

Freie Arbeiterstimme (ib.), 1890-1893 (?) ;

Die Freie Gesellschaft (ib.), 15 octobre 1895 sq., revue.

Brochures :

R. Feigenbaum : *Woher stammt der Mensch* (London, The People's Library, « Knights of Liberty », 1889, 36 pp.) ;

Das Gesetz der Entwicklung (The People's Library, United Groups « Knights of Liberty » of England and America, London, 1890, 48 pp.) ;

Einleitung. Wie kommt ein Jude zu Socialismus ? (Volksbibliothek in jüdisch-deutscher Sprache, her. von den Vereinigten Gruppen der « Ritter der Freiheit » in England und Amerika, Londres, 1889, 31 pp.); cette brochure n'est peut-être pas encore anarchiste ;

Sch. Janowsky : *Was wollen die Anarchisten* («Anarchistisch-Communistische Bibliothek», her. von der Gruppe « Ritter der Freiheit », London, « Worker's Friend », 1890) ; — trad. allemande dans l'« Autonomie », du 21 février au 4 juillet 1891 et, en brochure, dans « Anarchistisch-Communistische Bibliothek », n° 7 (Londres, 1891, 24 pp.) ; — trad. hollandaise : *Wat de Anarchisten willen* (Rotterdam-Kralingen, s.a., 20 pp., in-8°) ;

Il me manque des indications précises sur **Edelstatt** (mort), auteur de poésies libertaires.

Traductions de Kropotkine, Malatesta, Most, Spiess, etc.

CHAPITRE XXXI.

Roumanie.

Les origines du mouvement roumain furent anarchistes. Pour renseignements, cf. *Nikolaï Petrovitch Zubku-Kodreanu, Biografitcheskii otcherk* (Izd. tip. « Rabotnika » i « Gromady » Genève, 1879, 16 pp., gr. in-8°), par Z. Ralli ; — trad. roumaine : *O Pagina din Socialismul roman* ; — trad. bulgare, publiée à Roustchouk (1891, VIII, 25 pp., in-16°) ;

Zubku-Kodreanu a lui-même collaboré, sous le pseudonyme de Dragosch, à l'« Obchtchina » et au « Travailleur » (1878) ;

Doctorul **Russell** : *Un Studiu al psychiatriei urmat de câte-va comentarii a supra ideilor sanatoase* (Jassy, 1880, 34 pp., in-8°) ;
Socialismul innainte a justitiei. Procesul fratilor Nadejde innainte a juriului universitar....(Jassy, 1881, 23 pp., in-8°) ; *Sentinta comisiunei judiciare a universitatei din Jassy in procesul fratilor Nadejde* (Jassy, 1881, 23 pp., in-8°) ; **Joan Nadejde,** aujourd'hui marxiste et politicien se déclarait alors anarchiste.

Basarabia (Jassy, journal de J. Nadejde et du docteur Russell), fin de 1879 ; publication qui a duré trois mois ;
Dacia viitoare (Paris, 1ᵉʳ février 1883, puis à Bruxelles) ;
Drepturile Omului, revista mensuala sub directiunea d-lui **C.-A. Filitis** (Bucarest, juin 1884 sq.);
Plusieurs brochures de C.-A. Filitis ;
Opt scrisori catre tarani de **Gr. Munteanu** (Editiunea noua, Bucarest, 1885, 40 pp., in-16°), etc.

Toute cette littérature est plus ou moins anarchiste. Ce n'est que vers 1886, que **Gherea (C. Dobrogeanu)** introduisit en Roumanie le marxisme, qui depuis, servit de masque aux socialistes devenus de vulgaires politiciens ; v. p. ex.: Gh.-A. Teodoru, *Social-Democrati ori Sarlatani*.... (Bucarest, 1894, 106 pp., in-8°) et *Bericht über die socialistische Bewegung in Rumænien*. (Supplément au « Socialist », du 5 sept. 1896, 4 pp., in-fol., 1re partie), publié d'abord dans la « Freiheit » du 22 au 29 févr. 1896 ; v. aussi « Freiheit » du 19 oct. 1895).

Traductions de Bakounine et Reclus, dans la « Revista sociala », de Jassy, 1885, et en brochures ;

Societatea dupa revolutie de Jehan le Vagre (Jean Grave), « Biblioteca unui cerc comunist-anarchist », n° 1 (Bucarest, 1887, janvier, 36 pp., in-8°) ;

« Biblioteca anarchista » (Bucarest, vers 1891) : trois traductions de Malatesta ;

Razvratirea, journal anarchiste de Focsani, du 21 juillet-2 août 1891, 4 nos) ;

Un mémoire envoyé au Congrès des Etudiants de Bruxelles, en 1891 ;

Panaite Zosin : *Catre Studenti. Conferinta pregatita pentru al XVI-lea Congres studentesc romin din Cimpu-lung* (en août 1895, Bucarest, 4 pp., in-fol.) ;

Stiinta sociala. Conferinta pregatita pentru al XVII-lea Congres studentesc romin din Folticani (Jassy, 1896, 29 pp.) ;

Determinismul (ib., 1895, 30 pp., in-16°).

Récentes traductions de Reclus *(Idealul tinerimei)* et de Most *(Ciuma retigoasa)*, cette dernière en préparation ;

On peut citer encore les articles de P. Musoiu et de Zosin, dans la revue *Carmen Sylva* (12 nov.-13 déc. 1895, 4 nos) et dans *Munca* (21 janv. 1896 sq., 5 nos) ; cf. *Munca esceptionala* (par Musoiu et Zosin, 25 févr. 1896, 1 n°), *Motiunea mea* (1 p., in-4°, mai 1896) et *Raspuns lui Nadejde* (15 pp., in-16°, juin 1896) par Panaite Zosin.

CHAPITRE XXXII.

Bulgarie.

Traductions de Bakounine, Kropotkine, Malatesta, etc.;

Narodt i revoluciata (trad. du russe, Gabrovo, 1889, 25 pp., in-16º);

Usmrtiavanieto i recta na Vaiana ot **N. G.** (Izdava « Rabotnik », Sevlievo), Sevlievo, 1895, 16 pp., in-16º (Auguste Vaillant en cour d'assises, son discours).

Il n'y a pas de journaux et probablement peu de publications d'origine bulgare (1).

---

(1) D'après des renseignements publiés en Bulgarie, en 1895, des révolutionnaires bulgares se mirent en relations avec Bakounine en 1869. On savait déjà que celui-ci était en correspondance avec Liouben Karavelov (mort jeune).

CHAPITRE XXXIII.

Serbie

Bien que les premiers socialistes serbes s'inspirassent plutôt des idées de Proudhon, de Bakounine et des socialistes russes que des théories autoritaires (1), le mouvement qu'ils avaient suscité, par suite de leur intervention continuelle dans la lutte politique, devint un simple mouvement radical dont le seul résultat fut de transformer quelques uns des premiers socialistes en hommes politiques, tour à tour ministres ou opposants, selon que le parti radical s'emparait du pouvoir ou le perdait. Cette histoire est instructive pour démontrer l'inanité de la conquête des pouvoirs publics par les socialistes : aussitôt que quelques uns ont réussi à s'emparer du pouvoir, ils se débarrassent du socialisme. C'est le résultat inévitable des victoires remportées sur le terrain politique ; on pourrait l'appeler la conquête des socialistes par les pouvoirs publics.

Aucune publication anarchiste, que je sache, n'a paru en Serbie.

---

(1) Je ne connais pas la brochure de Stephan Draguicha : *Le communisme individualiste* (Genève, 1876), qui me paraît devoir être considérée comme libertaire (V. « Revue Socialiste », décembre 1888, pp. 582-4).

CHAPITRE XXXIV.

Grèce.

Le « Bulletin » jurassien, le « Travailleur », le « Martello » et le « Jahrbuch » (de Zurich), contiennent des renseignements sur un mouvement socialiste qui agita la Grèce à l'époque où paraissaient ces journaux, mais ce mouvement n'eut, semble-t-il, rien d'anarchiste.

Depuis lors, quelques traductions de brochures ont été publiées par Platon Drakouli, qui, cependant, n'est pas anarchiste :

Ecclèsis eis tous neous, trad. de *Aux jeunes gens* (Athènes, 1886);

Exelixis tou neoteristikou pneumatos tou enestôtos aionos, trad. de l'*Anarchie dans l'évolution socialiste* (Bibliotheka « Ardên », Athènes, 1887, 32 pp., in-8°);

Dans « Bibliotheka tès Ephemeridos ho Sosialistès »: *Hodégos pantos anthropou*, par Stavros G. Kallergis, les pp. 8-10, 37-47, sont une contribution d'un anarchiste italien.

Il se peut que les journaux suivants contiennent des traductions d'écrits anarchistes: *Ardên* (1886-87); *Sosialistès* (1890 sq.), *Hé Koinônia* (1891); *Sosialismos* (1894); en 1896 (printemps), le *Sosialistès* est devenu libertaire et a annoncé la traduction de « Dieu et l'Etat » et d'autres brochures (à paraître).

A Patras, en 1896, a paru le journal *En Avant (Ardên?;* v. les « Temps nouveaux » du 20 juin 1896), journal qui a été saisi après l'acte de D. Matsalis (novembre 1896).

CHAPITRE XXXV.

Arménie.

Brochures et feuilles :
L'Idée est une force (4 pp.) ;
A l'occasion de l'élection du catholicos (6 pp.) ;
Aux paysans arméniens (5 pp.) ;
Lettre aux révolutionnaires arméniens, adressée par un groupe international anarchiste (8 pp.).

Toutes ces feuilles sont en arménien, publiées à Paris, 1891, in-8° ;

Aux socialistes révolutionnaires et libertaires, signé : « Quelques libertaires arméniens », 1 p., in-4°, s.l., du 18 juillet 1896 ; — trad. allemande dans le « Socialist » du 26 sept. 1896 ;

Vardgess. Les Rires, Poésie libre orientale (Paris, 1894, 15 pp., in-16°; est-ce une publication anarchiste ?).

Journal :
Hamaïnk (La Commune), janvier 1894-fin de 1894, 5 n°ˢ, in-4°.

Traductions de :
Kropotkine : *Droits politiques* (1892, 11 pp., in-8°, et 1893, 20 pp., in-16°) ; *La désorganisation des Etats* (1892, 10 pp., in-8° et 1893, 16 pp., in-16°) ; *L'Esprit de révolte* (1892, 4 pp., inachevé, in-8°; une autre impression inachevée et 1893, 14 pp., in-16°) ; *L'Anarchie*

(1893, 15 pp., in-16°) ; *Les minorités révolutionnaires* (1894, 16 pp., in-16°) ;

Reclus : *A mon frère le paysan* (1893, 22 pp., in-16°) ;

Malatesta : *Entre paysans* (VIII — introduction arménienne —, 87 pp., in-16°) ;

J. Grave : *Pourquoi nous sommes révolutionnaires* (1894, 24 pp., in-16°) ;

Toutes ces brochures ont paru, soit autographiées (1891-92, in-8°), soit dans la série : « Publications anarchistes » (1893-94, in-16°), soit dans celle : Imprimerie libre de la « Fédération ».

Le Programme libertaire (mais non anarchiste) de cette « Fédération révolutionnaire arménienne » a été publié en brochure (1894, 21 pp.) ; elle a pour organe le journal *Drochak*. V. aussi son rapport *Au Congrès international socialiste de Londres* (signé : « la rédaction du Drochak », 6 pp., in-8°, du 25 juillet 1896).

CHAPITRE XXXVI.

Japon.

Vers 1890, la « Freiheit » publia des renseignements sur un mouvement libertaire qui se dessinait alors au Japon. Un des organes de ce mouvement était le journal *Liberty*, qui se publiait, en japonais, à San Francisco, Cal.; les n°s 13 et 15 sont datés des 14 et 28 mars 1890.

Ne connaissant pas la langue japonaise, je n'ai pu juger de la valeur de cette publication.

Depuis, je n'ai pu obtenir aucun renseignement sur l'anarchisme en ce pays.

CHAPITRE XXXVII.

Afrique.

Egypte et Tunisie : V. le chapitre XVI, Italie, p. 132.
Algérie : V. le chapitre XIII, France, pp. 89-90.

APPENDICE

CHAPITRE XXXVIII.

UTOPIES LIBERTAIRES.

La littérature spéciale aux Utopies ou sociétés imaginaires est plus considérable qu'on ne pourrait le penser d'après les ouvrages et les études publiés jusqu'ici sur ce sujet : sans doute un long travail de minutieuses recherches nous ferait découvrir de multiples traces d'idées libertaires dans nombre d'écrivains utopistes déconsidérés plutôt comme autoritaires étatistes ou théocrates. Il faut bien avouer cependant que, pour la plupart, ceux des écrivains qui, dans les derniers siècles, ont bâti en rêve des cités plus ou moins merveilleuses, sont restés bien loin des idées anarchistes, qu'il ne leur était pas possible de comprendre, encore moins de vouloir propager.

Nous citerons donc seulement :

François Rabelais : les chapitres où il est traité de l'*Abbaye de Theleme* (livre 1, chap. 52-58 ; et particulièrement le chap. 57, *Fay ce que vouldras !*) ;

Gabriel de Foigny : *Les Aventures de Jacques Sadeur dans la découverte de la terre australe*.... (1676, 1692, 1705) ; — trad. allemande ; — trad. anglaise (1693) ; — trad. hollandaise (1701) ; v. pp. 153-155, de l'éd. française de 1705 ;

Equality, or a History of Lithconia (Philadelphia, 1837), autres éditions en 1863, 1889 (Boston), d'après le « Twentieth Century » du 24 octobre 1889.

L'utopie anarchiste par excellence reste jusqu'ici :
L'Humanisphère. Utopie anarchique, par **Joseph Déjacque**; publ. dans « Le Libertaire » (New York), du 9 juin 1858 au 18 août 1859, communiste-anarchiste. Prospectus (Nouvelle-Orléans, février 1858) pour annoncer la publication en un vol. qui n'a pas paru ;

A citer encore :
Prophétie. La Liquidation sociale (Bruxelles, dépôt chez Verrycken...., 1872, 63 pp., in-8º), collectiviste anarchiste ;
Un Comune socialista, par **Cardias** (le docteur **Giovanni Rossi**), Milano (« Biblioteca socialista », vol. 4, 1878) ; 4ª edizione..., Brescia, 1884, VIII, 72 pp., 5ª edizione, Livorno, 1891, 84 pp., suivi de pp. 85-138 : *Parto Terza : La Colonia Cecilia* (1ʳᵉ édition) ; autre édition par le « Circolo di Studii sociali Barriera », de Rome (1891 ?) ; réimpr. dans « In Marcia ! » (Fano-Pesaro, 1885, inachevé ?).
Sur la « Colonia Cecilia », v. le chap. suivant ;

William Morris : *News from Nowhere; or, an Epoch of Rest. Being some Chapters from a Utopian Romance*, publié dans le « Commonweal », Londres, du 11 janvier au 4 octobre 1890 ; en vol., London (1891, 238 pp., in-8º ; 1892, 305 pp., Kelmscott Press) ; Boston (1890, 278 pp.) ; New York (Twentieth Century Publishing Cº) ; — trad. française, dans la « Société Nouvelle » (en 1892 ?) ; — trad. allemande, dans la « Neue Zeit », de Stuttgart ; — trad. italienne : *La Terra promessa. Romanzo utopistico* ; — trad. en jargon juif, dans le « Worker's Friend », Londres (en 1893). Cette utopie est communiste libertaire, mais pas nettement anarchiste.

Pour bien comprendre le point de vue auquel s'est placé l'auteur dont le socialisme dérivait en partie des idées de Ruskin, voir parmi ses autres ouvrages :

The revival of handicraft (« Fortnitghly Review », 1888, vol.54, pp. 603-610); l'utopie rétrospective : *A Dream of John Ball*, dans le « Commonweal », et en brochure (1892, 143 pp., in-16°, avec *A King's Lesson*), et *The Tables turned, or Nupkins awakened* (1887), une pièce de théâtre se terminant par une utopie ; — trad. française, dans le « Supplément de la « Révolte », 1ᵉʳ vol.;

William Morris a été apprécié au point de vue anarchiste et libertaire par Walter Crane, P. Kropotkine, J.-C. Kenworthy, Lothrop Withington, S. Mainwaring, etc., et dans « Freedom », novembre 1896 sq.

La Nueva Utopia, par **Ricardo Mella**, dans *Segundo Certamen socialista...* (Barcelona, 1890, pp. 201-227), collectiviste anarchiste;
El Siglo de Oro, par **M. B.**, de Sabadell (ib., pp. 229-237).

On peut encore citer les utopies suivantes non étatistes et où se retrouvent des tendances libertaires :

Freiland : Ein sociales Zukunftsbild, par **Theodor Hertzka** (Dresden, 1889; 2ᵐᵉ édit., 1890, 330 pp.; 6ᵐᵉ édit., 1892; 10ᵐᵉ édit., 1896, avec une préface : *Die Freilands-expedition ;*

Du même auteur : *Eine Reise nach Freiland* (Leipzig, 1893, 184 pp., in-16°), et, après l'échec de la colonie fondée en Afrique (décrit surtout dans un article de la « Neue deutsche Rundschau » de Berlin, en 1895), *Entrückt in die Zukunft. Socia'politischer Roman* (Berlin, 1895, 279 pp.).

Dans la revue *Freiland* (Vienne, 5 juillet 1891 sq.), tirée de la « Zeitschrift für Staats-und-Volkswirtschaft » (Vienne, depuis 1890), le système de cette utopie est défendu contre les autres systèmes ; le « Socialist » (Berlin) et la « Freiheit » (New York), le discutèrent au point de vue anarchiste.

J'omets les journaux *freilandais* publiés en anglais, hollandais, danois, etc., et de la littérature qui s'y rattache, n'ajoute que : *Die Siedlungsgenossenschaften....* par le docteur H. Oppenheimer

(Berlin, 1896, 333 pp.) ; v. aussi le journal « Volkspresse » de Vienne (1895 sq).

Une utopie d'**Auberon Herbert** a été publiée dans son journal « Free Life » (Londres), en été de 1890 ;

Skazka o Ivane Durakye i ego dvukh bratiakh (Ivan le sot et ses deux frères), par **Léon Tolstoï** (Moscou, 1886);— trad. allemande (Berne, 1887 ; Berlin, 1888), etc., est aussi une sorte d'utopie.

A Cityless and Countryless World. An Outline of Co-operative Individualism, par **Henry Olerich**, ouvrage individualiste publié en Amérique (un vol., 189 ?) ;

Ten Men of Money Island, par **Seymour Norton**, *Appendix* par Henry Seymour (London, 1895, etc.

A mentionner encore deux utopies satiriques critiquant le socialisme autoritaire :

Dans la « Freiheit » (New York), du 24 septembre 1894 (les Socialistes allemands au pouvoir) ; et dans la « Torch » (Londres), août 1895 (les Socialistes anglais au pouvoir) ;

Dans cette ordre d'idées peut se ranger la critique plus sérieuse de *Looking backward*, de Bellamy, publiée dans « La Révolte » en une série d'articles (du 30 novembre au 28 décembre 1889), sous le titre : *Le Vingtième Siècle* (par P. Kropotkine).

CHAPITRE XXXIX.

Colonies libertaires.

Josiah Warren (mort en 1874) essaya de réaliser ses théories (v. chap. III, les anarchistes individualistes américains) dans son «Time Store», de Cincinnati (1828-29) ; cette expérience a été décrite dans ses *Practicable Details of Equitable Commerce*. Il tenta un nouvel essai à Utopia (Ohio), où il publia *The Peaceful Revolutionist* (v. Noyes, *History of American Socialisms*, Philadelphia, 1872, pp. 98-101) ; puis, plus tard encore, dans le village «Modern Times», sur Long Island, en 1851.

Des nombreuses colonies plus ou moins communistes fondées en Amérique, les plus libertaires paraissent avoir été d'abord celle des «Associationists» de la «Skaneateles Community», qui publiaient *The Communitist*, 1er janvier 1844 sq. (d'après Noyes, l.c., chap. 15), et, 25 ans plus tard, la «Communauté de la Liberté sociale», en Virginie (d'après E. Peron, dans le «Communiste Libertaire», en septembre 1881).

A l'occasion de la scission de la colonie Icarienne, en 1877, la minorité qui se maintint en communauté libertaire publia, en plus de quelques brochures, deux journaux :

La Jeune Icarie, organe du *Communisme progressif* (1878-1879, 20 n^{os}, peut-être plus ?) ; et *Le Communiste libertaire*, organe de *la Communauté icarienne* (Corning, Iowa, de juillet à l'automne de 1881);

Voir aussi la brochure anglaise :

Realization of Communism. Brief History of Icaria.... (Icaria, Corning, Iowa, 1880, 42 pp.), etc.

La tentative la plus sérieuse de réalisation des idées anarchistes a été faite par le docteur Giovanni Rossi, auteur de : *Un Comune socialista*, d'abord à Stagno Lombardo, province de Crémone, Italie (v. « La Révolte », du 26 mai 1888), puis au Brésil. Cf.: *Atto di Costituzione della associazione agricola cooperativa di Cittadella, Comune di Stagno Lombardo, Cremona* (approvato nell' Ass. gen. dell' 11 nov. 1887), 23 pp., in-16° ; *La Colonia Cecilia*, prima edizione, pp. 81-138 de la 5ᵐᵉ édit. de *Un Comune socialista* (Livourne, 1891) et l'histoire de la colonie : *Cecilia, comunità anarchica sperimentale* et *Un episodio d'amore nella colonia Cecilia*, Prima edizione (Biblioteca del « Sempre Avanti », n° 7, Livorno, 1893, 80 pp.);— trad. française dans la « Revue Libertaire », 1894, nᵒˢ 3-5, inachevée ; — trad. espagnole de *Cecilia....* (Barcelone, 1896, en brochure); *Un episodio de amor en la colonia Cecilia* (« Bibl. della Questione sociale », Buenos Aires, 1896, 32 pp.) ; — trad. allemande dans le « Socialist » (Berlin), 23 juin-25 septembre 1894 ; réimpr. dans la « Zukunft » (Vienne) et la « Freiheit » (New York); — trad. anglaise : *Cecilia. Notes on an experimental anarchist colony in Brazil....*, dans « Solidarity » (New York, inachevée, etc.).

Sur la Colonia Cecilia v. p. ex.: « La Révolte », 31 mai 1890, 1ᵉʳ et 23 juillet, 30 septembre, 7 octobre 1892, 18 février, 4 mars 1893 ; « El Perseguido », 29 janvier 1893 ; « La Questione sociale » (Prato), septembre 1892, etc. Cette colonie n'existe plus (« Temps Nouveaux », 17 août 1895); sur sa chute, v. des lettres de Rossi dans la « Freiheit » des 14 mars, 6 et 13 juin, le « Socialist » du 25 avril, le « Firebrand » du 5 avril 1896, etc. Rossi prépare: *Le Parana au 20ᵐᵉ siècle*. La traduction allemande de ses écrits et des documents sur ces colonies est en préparation (*Utopie und Experiment*, par A. Sanftleben).

V. encore la polémique de Rossi avec N. Converti, dans « In Marcia ! », de Fano Pesaro, en 1885 ; son journal « Lo Sperimentale », de Brescia (1886-87), fusionné en 1887, avec « l'Humanitas », de Naples, etc.

D'autres colonies ont été fondées. Ce sont :

« La Commune anarchiste », de Montreuil (v. « La Révolte », 26 novembre, 17 décembre 1892 ; 7 et 14 janvier 1893) ;

« The Free Communist and Cooperative Colony » de Clousden Hill Farm, près de Newcastle, dont le programme, surtout au point de vue agricole, coïncide avec les idées de Kropotkine.

D'autres essais sont projetés, mais, à l'heure actuelle, non encore réalisés, en France et en Amérique (1).

---

(1) V. p. ex.: des appels dans le « Despertar » du 30 mai 1896 (*Iniciativa individual*) et le « Père Peinard » du 5 déc. 1896 et la « Freiheit » de 1896, *passim*, sur un essai de colonie allemande, etc.

CHAPITRE XL.

CRITIQUE SOCIALISTE AUTORITAIRE DE L'ANARCHIE.

On peut s'attendre à ce que je ne dresse point la liste trop longue de toutes les sottises débitées chaque jour contre les anarchistes par la presse socialiste autoritaire. Je tiens seulement à mettre en relief les efforts tentés par les socialistes scientifiques les plus éminents pour réfuter les théories anarchistes. Si la valeur intrinsèque de ces écrits, signés des plus grands noms, est, après vérification, trouvée minime, la faute n'en peut être imputée aux anarchistes contre lesquels ils sont dirigés.

Karl Marx : *La Misère de la Philosophie* (Bruxelles, 1847) ; — trad. allemande : *Das Elend der Philosophie....*, Stuttgart, 1885 ; 2ᵐᵉ édit., 1892 ; — trad. polonaise, etc. C'est une réponse à *La Philosophie de la Misère*, de Proudhon ;

Colins, A. de Potter (1862), Hugentobler, etc., ont également écrit contre Proudhon : p. ex.:

Colins : *A. M. Proudhon, sur son ouvrage intitulé : de la Justice dans la Révolution et dans l'Eglise* (1858) ;

De la Justice de la Science, hors l'Eglise et hors la Révolution (1861, 3 vol.) ;

A. Hugentobler : *Dialogue des morts entre Proudhon et Colins* (Bruxelles, 1868), etc. ;

Frédéric Engels : *Zur Wohnungsfrage* (dans le « Volkstaat », Leipzig, 1872 ; en brochure, 1872 et, à Zurich, 1887, « Socialdem. Bibliothek », n° 13, 72 pp., avec des additions), contre Mülberger, v. p. 38 ;

Les prétendues scissions dans l'Internationale. Circulaire privée du Conseil général de l'Association Internationale des Travailleurs (Genève, 1872, 39 pp.) et : *L'Alliance de la Démocratie socialiste et l'Association Internationale des Travailleurs* (Londres, 1873, 137 pp.; — trad. allemande (Braunschweig, 1874, 119 pp.), par Karl Marx, contre Bakounine ;

Fr. Engels: *Die Bakunisten an der Arbeit*, dans le « Volkstaat », du 31 octobre au 2 novembre 1873 et en brochure ; réimpr. dans *Internationales aus dem « Volkstaat »* (1871-75), Berlin, 1894, 72 pp.; contre les internationalistes espagnols au sujet de leur attitude lors des insurrections cantonalistes d'Alcoy, Cartagena, etc.;

P.-N. Tkatchev : *Anarchiia mysli* (Londres, 1879, 78 pp., in-16°), réimpr. du « Nabat », de Genève, de décembre 1875 à février 1876, polémique blanquiste contre Bakounine, etc.;

H. Greulich, série d'articles dans la « Tagwacht » (Zurich), 1877, nos 9-14 ; *Der Staat vom socialdemokratischen Standpunkt aus. Eine Auseinandersetzung mit den « Anarchisten »*....(Zurich, 1877, 39 pp., gr. in-8°) ; *Die Theorie der Anarchie kritisch beleuchtet*.... dans « Jahrbuch für Socialwissenschaft » (Zurich, vol. I, 1re partie, pp.1-53, 1879), dirigé surtout contre les anarchistes jurassiens ;

A. Geel, J. Franz ont écrit dans la « Neue Gesellschaft », de Zurich, en 1878, divers articles contre Mülberger et Proudhon ;

Lettre ouverte adressée au compagnon Kropotkine...., par **Frédéric Borde**, dans la « Philosophie de l'Avenir » (VIIIme année, 1882-83, pp. 395-414), critique colinsienne ;

Discussion über das Thema : « Anarchismus oder Commu-

nismus ? », *geführt von* **Paul Grottkau** *und* **Johann Most**, *am 24 Mai 1884, in Chicago* (Chicago, 1884, 47 pp.) ;

L'Anarchisme, par **Gabriel Deville** (Paris, 1885 ; autre édit,, 1887, 12 pp., in-8°) ; — trad. italienne (Altamura, 1893, 16 pp.) ; — trad. allemande, dans « Deutsche Worte » (Vienne), novembre 1885, pp. 378-383 ;

Socialism and Anarchism : antagonist opposites (dans « Socialistic Library », n° 6, 1ᵉʳ juin 1886, New York, National Executive, American Socialist Labor Party, 11 pp.) ;

Anarchismul si Socialismul, dans « Revista Sociala » (Jassi, 1887), II. vol., pp. 153-168, 193-216, par le marxiste roumain **Gherea (C. Dobrogeanu)**, inachevé ; c'est surtout une critique de *La Société au lendemain de la révolution*, de Jean Grave, dont la traduction roumaine venait de paraître ;

Louis Bertrand : *Le Communisme anarchiste*, dans « Revue Socialiste » (février 1888, pp. 113-129), et en **brochure** ;

George Bernard Shaw : *Anarchism versus Statesocialism* (« Revolutionary Reprints », n° 1, publ. par H. Seymour, London, 1889, 8 pp., in-16°) ;

The Impossibilities of Anarchism, dans « Fabian Tracts », n° 45 (London, juillet 1893, 27 pp.) ; — trad. en hollandais ;

G. Lefrançais : *Où vont les anarchistes ?* (« Bibliothèque du Comité Central de l'Union des socialistes pour l'action révolutionnaire », Paris, 1889, 32 pp.) ;

Eduard Bernstein : série d'articles dans la « Neue Zeit », de Stuttgart, en 1891-92 ;

Almeras : *L'Anarchisme* (Genève, s.a.- 189·, 8 pp., in-16°) ;

Van Kol, brochure hollandaise ; — trad. française : Rienzi, *L'Anarchisme*, traduit du néerlandais par Auguste Dewinne (Bruxelles, 1893, 48 pp., « Bibliothèque de propagande socialiste ») ;

Georg Plekhanov : *Anarchismus und Socialismus*, dans le « Socialdemokrat », de Berlin, en 1894 ; en brochure (Berlin,

« Vorwärts » Expedition, 1894, 84 pp.); — trad. française, dans la « Jeunesse socialiste », de Toulouse ; brochure (Paris, 1896-97, publication du « Groupe des Etudiants collectivistes », 66 pp.) ; — trad. italienne, dans la « Critica sociale », de Milan et en brochure (Milan, 1895) ; — trad. anglaise, dans les « Weekly Times and Echo », Londres, et en brochure (Londres, 1895), etc.

Die anarchistischen Lehren und ihr Verhältniss zum Communismus, par **Catilina**, dans le « Socialistische Akademiker » (Berlin), 1895, nos 15, 24 : cf. aussi n° 1 ;

Georges Renard : *Socialisme libertaire et Anarchie* (Paris, libr. de la « Revue socialiste », s.a.- 1895, 32 pp., in-8°), etc.

A la suite de ces œuvres de polémique, nous ajoutons quelques publications émanant d'écrivains socialistes s'étant proposé l'étude loyale des idées anarchistes:

Georges Renard : *Communisme anarchiste*, partie de : *Le Socialisme actuel en France*, « Revue Socialiste », novembre 1887, pp. 472-480 ; réimpr. dans *Etude sur la France contemporaine* (Paris, 1888), pp.186-199 ;

Gustav F. Steffen: *Anarkismen och Anarkisterna*, dans « Ord och Bild », revue de Stockholm, octobre 1892, pp. 433-454 ;

D^r jur. **Naum Reichesberg** : *Socialismus und Anarchismus* (Berne et Leipzig, 1895, 40 pp.).

CHAPITRE XLI.

La littérature bourgeoise sur l'Anarchie.

Mentionnons, en premier lieu, quelques publications émanant de professeurs :

Prof. **G. Adler** : l'article *Anarchismus* du *Handwörterbuch der Staatswissenschaften* (Iena, 1890), vol. I, pp. 252-270 ; un article dans « Nord und Süd » (mars 1885), et le livre sur le socialisme allemand avant 1848 (Breslau, 1885) ;

C. Lombroso : *Gli Anarchici* (Torino, 1894, 95 pp.) ;
Die politischen Verbrecher und der Mörder Carnot's, dans « Neue Freie Presse » (Vienne), du 15 juillet 1894 ;
Dopò la morte di Caserio, dans « Piccola Antologia » (Rome), 2 septembre 1894.
(V. *Lombroso y los Anarquistas. Refutación*, par **R. Mella** (Barcelona, 1896, mars, 119, 1 pp., in-8° et *Een Studie over Anarchisten* (« Morgenrood », Amsterdam, 1896, n°s 19-21) ;

Prof. Dr. **Edmund Bernatzik** : *Der Anarchismus. Eine Antrittsrede* (de Vienne), Leipzig, 1895, extrait du « Jahrbuch.... », de Schmoller ; etc.

L'Anarchisme et le combat contre l'Anarchisme au point de vue de l'anthropologie criminelle. Rapport présenté par M. le Dr G.-A. van Hamel.... (Extr. des C.-r. du Xme Congrès int. d'Anthropologie criminelle, session de Genève, 1896), 9 pp., in-8° ;

Publications de journalistes :

Karl Schneidt: *Die Hintermänner der Socialdemokratie* (Berlin, s.a.- 1890, 142 pp.) ; v. aussi « Die Kritik », ib., 28 mars 1896 sq. ;

Henri Varennes : *De Ravachol à Caserio. Notes et documents* (Paris, 1895, 363 pp., in-18°) ; réimpr. de chroniques judiciaires de « l'Intransigeant ».

Puis un nombre considérable de publications provenant de policiers, de journalistes à la solde de la police et d'une foule d'ignorants. P. ex.:

J. Garin : *L'Anarchie et les Anarchistes* (Paris, 1885, VI, 314 pp.) ; — trad. allemande (Leipzig, 1887, 243 pp.) ;

(Martin) : *Der Anarchismus und seine Träger* (Berlin, 1887, V, 211 pp.), tiré de la « Kölnische Zeitung » ;

Michael J. Schack (de la police de Chicago!): *Anarchy and Anarchism* (en 1889) ;

Flor O'Squarr : *Les Coulisses de l'Anarchie* (Paris, 1892, 351 pp., in-18°) ;

Félix Dubois : *Le Péril anarchiste* (Paris, 1894, avril, 288 pp., in-18°) ; publié d'abord dans le « Figaro », suppl. litt., du 14 janvier 1894 et « l'Illustration » (Paris), du 10 février 1894 ; — trad. allemande (Amsterdam, 1894) ; — trad. anglaise (Londres 1894) ;

E. Sernicoli (policier italien) : *L'Anarchia e gli Anarchici* (Milano, 1894, 2 vol., 372, 316 pp., suivi de : *Gli Attentati*..., ib., 83 pp.) ; v. la « Société Nouvelle », mars-avril 1895, article de **Jacques Mesnil** ;

G.-V. Zenker : *Der Anarchismus. Kritik und Geschichte* (Iéna, 1895, 258 pp., gr. in-8°).

Je ne connais pas les ouvrages suivants ; aussi ne puis-je leur assigner une place dans cette énumération :

R. Garraud : *L'Anarchie et la répression* (Paris, 1895) ;

C. Botella : *El Socialismo y los anárquistas* (Madrid, 1895) ; Etc., etc.

La liste des écrits sur l'anarchie émanés d'écrivains bourgeois pourrait s'allonger encore, et de beaucoup, mais je crois qu'il suffit d'avoir réuni en un bouquet les plus fines fleurs de ce genre de productions littéraires (1).

---

(1) J'omets aussi les publications superstitieuses qui abusent du mot d'anarchie, tels que le journal *Le Christ anarchiste* (devenu plus tard le *Christ*), le livre : *Le Spiritisme et l'Anarchie*, 1896, etc.

CHAPITRE XLII.

La littérature libertaire moderne.

Fort heureusement, les rapports entre la littérature moderne et l'anarchie ne se bornent pas aux publications de combat qui font l'objet des deux chapitres précédents ; au contraire, les hommes les plus dignes d'être considérés dans la science et dans les lettres ont toujours subi l'influence d'un courant libertaire dont la force s'accroît sans cesse, la liberté étant une des conditions premières de toute production artistique ou littéraire comme de tout progrès scientifique.

Je ne puis énumérer ici que quelques uns de ces auteurs; que l'on consulte p. ex. les 1154 pp., in-fol. du supplément littéraire de la « Révolte » et — au 26 déc. 1896 — les 656 pp. in-4°, de celui des « Temps Nouveaux » et l'on pourra se convaincre de la puissance du mouvement libertaire et révolutionnaire qui anime la science, la littérature et l'art en cette fin du XIXe siècle.

Je nommerai seulement p. ex.:

John Stuart Mill: *On Liberty* (London, 1859 ; 3me édit., 1864 ; écrit en 1853) ; — trad. française : *La Liberté* (Paris, 1860, 1864) ; — trad. espagnole: *La Libertad* (Madrid, 1890) ; — trad. allemande: *Ueber Freiheit* (Leipzig, 1896); — trad. hollandaise : *Om Vrijheid* (Gand, 1870) ; — trad. islandaise : *Um Frelsid* (1886) ; — trad. tchèque : *O Svobode* (Leipzig, 1861) ; etc. L'auteur dit, dans son

Autobiography: « The social problem of the future we considered
» to be how to unite the greatest individual liberty of action with
» a common ownership in the raw materials of the globe, and an
» equal participation of all in the benefits of combined labor »;

Herbert Spencer : *Social Statics : or the Conditions essential to human happiness specified and the first of them developed*, 1re édit. (Londres, 1851), etc.;

The Coming Slavery (« Contemporary Rewiew », avril 1884) ; critique du socialisme autoritaire: *The Sins of Legislators* (ib., mai-juin 1884) ; *The Great Political Superstition* (ib., juillet 1884) ;

Ces trois ouvrages ont été publiés ensemble (Londres, 1884, II-113 pp.) ; édit. américaine (New York, 1884, II, 113 pp.) et aussi : «The Humboldt Library», n° 103 (60 pp., in-8°) ; — trad. française (avec l'article : *The new Toryism*) : *L'Individu contre l'Etat* (Paris, Alcan, 4me édit., 1895, 166 pp., in-18) ; — trad. hollandaise : *De Mensch tegenover den Staat* (La Haye, 1886, VI-130 pp.) — trad. italienne : *L'Individuo e lo Stato* (Città di Castello, 1886, CVII, 163 pp.) ;

Les démocrates socialistes répondirent à la critique de Spencer par les publications suivantes :

H.-M. Hyndman : *Socialism and Slavery* (Londres, 1884 ; 2me édit., 1889, 5me édit.189 ?) ;

J.-Gherea: *Robiea si socialismul*(« Revista sociala »,Jassy,1884) ;

Jean-Marie Guyau : *Esquisse d'une morale sans obligation ni sanction* (Paris, 1885, 252 pp.) ;

L'Irreligion de l'avenir. Etude sociologique (Paris, 1887,XXVIII, 470 pp., in-8°) ;

L'Art au point de vue sociologique ;

Education and Heredity. A Study in sociology (trad. anglaise, Londres,1891,XXIV,306 pp.,« The Contemporary Science Series»);

Alfred Fouillée : *La Morale, L'Art et la Religion, d'après M. Guyau* (Paris, 1889, in-8°) ;

Nombre d'œuvres de **Ch. Letourneau, Manouvrier, J.-L. Lanessan, Elie Reclus, L. Metchnikoff**, etc.;

E. Leverdays : *Les Assemblées parlantes. Critique du gouvernement représentatif* (Paris, 1883, XXVIII, 453 pp.) ;

L'Organisation de la République (Paris, vers 1888, 55 pp., in-8°), etc.;

Karl Heinzen (républicain allemand); v.p.ex.: un article de **G. S(chumm)** : *Karl Heinzen and Anarchism*, dans « Liberty » (Boston), 1ᵉʳ août 1891 ;

Karl Vogt : *Untersuchungen über Thierstaaten* (Frankfurt a. M., 1851), pp. 28-32, etc., écrites à Berne, décembre 1849 ; réimpr. en partie d'après un manuscrit de Michel Bakounine, dans le supplément de la « Révolte » vol. II, pp. 369) ;

Richard Wagner : *Die Revolution* (article du 8 avril 1849, publié sans nom d'auteur), réimpr. dans H. Dinger : *Richard Wagner's geistige Entwicklung* (Leipzig, 1892), pp. 233-240 ; v. aussi, ib. pp. 301-304 ;

Die Kunst und die Revolution (Leipzig, 1850, 60 pp) ;

Das Kunstwerk der Zukunft (Leipzig, VIII, 233 pp.) ;

Alexandre Herzen : *De l'autre rive* ; *Lettres de France et d'Italie* ; *La Russie et le vieux monde* (lettres à Linton, dans « The English Republic », « L'Homme », de Jersey, en 1854, et en brochure), etc.

A citer aussi les grands écrivains américains **Ralph Waldo William Lloyd Garrison, Emerson, Walt Whitman, Thoreau,** l'auteur de *Walden*, le socialiste libertaire anglais **Edward Carpenter** ; et le poète **Francis Adams**, auteur des *Songs of the Army of the Night* (London, 1890, 119 pp., in-16°; autres édit. en 1892, 119 pp.; 1894, « The Bellamy Library », n° 10, 132 pp., in-16°) ;

Les idées de Walt Whitman, l'auteur des *Leaves of Grass*, sont propagées par le journal *The Conservator* (Philadelphie). Pour Edward Carpenter, v. *Towards Democracy* (poésies, édit. de Manchester, 1896, 367 pp.); *Love's Coming of Age* (ib., 1896, 176 pp,), etc.;

L'italien **Giuseppe Ferrari** : *Filosofia della Rivoluzione* (2 vol. Londres, août 1851, XV, 387, 413 pp., in-8°), etc.;

Les hollandais **Douwes Dekker (Multatuli)** et **S.E.W. Roorda**

van Eysinga (cf. ses : *Versamelde Stukken*...., s'Gravenhage, 1889, 8 parties) ;

Le roumain **Mircea Rossetti** (mort jeune) : *Stăpînii noștri (Nos Maîtres)*, œuvre posthume (Bucarest, 1882), traduit en partie dans la « Société Nouvelle », en 1885 ;

Henrik Ibsen: l'auteur de l'*Ennemi du Peuple (En Folke-fiende)*; etc. Son premier drame fut : *Catilina* (trad. allemande, Berlin,1896); il prit part au premier mouvement socialiste norvégien de **Marcus Thrane, Abilgaard,** etc. Cf. aussi: *The Quintessence of Ibsenism* par G.-B. Shaw (London, 1891, in-18°; autre édition, Boston, Tucker's Library, n°7, décembre 1891, VII,170 pp.);

Oscar Wilde, dans son article : *The Soul of Man under Socialism* (« Fortnightly Rewiew », février 1891, pp. 292-319) ; réimpr. en une brochure américaine : *The Soul of Man under Socialism* (New York, Humboldt Publ. C°); — extraits français : *Individualisme* (Supplément de la « Révolte », n° 43, IV° année, juillet 1891) ; — trad. espagnole, dans « El Productor » (Barcelone), 7 janvier 1892 ; — trad. allemande, dans « Die Autonomie » (Londres), 2-16 janvier 1892 ; — tout l'article en jargon juif dans le « Worker's Friend » (Londres), 1895-96 ;

Ici, deux noms se présentent à nous :

F. Nietzsche, l'individualiste aristocratisant allemand, qui ne manque pas d'individualisme, mais bien d'esprit libertaire, et son opposé direct, le comte **Léon-N. Tolstoï.** L'esprit libertaire du grand écrivain russe s'affirme surtout dans :

Carstvo bojie vnutri vas ili Christianstvo ne kak mistitcheskoe utchenie a kak novoe jiznoponimanie (Berlin, 1895; Carouge, 1896); — trad. française : *Le Salut est en vous* (Paris, 1893, 389 pp.) ; — trad. allemande : *Gottes Reich ist in Euch* (Berlin, 294 pp., in-8°); — trad. anglaise : *The Kingdom of God is within you* (London, 1894, trois éditions différentes), etc. ;

Extraits :

Die Conscription (dans le « Socialist », de Berlin, 12 mai-9 juin 1894) ; — *Le Conseil de Révision* (Figaro, 1893) ; en brochure, par le « Groupe de propagande communiste-anarchiste par la brochure à distribuer», n° 1 (Paris, octobre 1894, 8 pp) ; — *La Guerre et le Service militaire obligatoire*, extrait de l'édit. française de 1893, pp. 159-200 (Bruxelles, Bibliothèque des Temps Nouveaux, n° 7, 1896, 53 pp., in-16°) ;

I Doveri del Soldato. I Fratti del Denaro (Milano, « Critica sociale », 1894, 15 pp., in-16°) ;

Patriotism and Christianity (dans le « Daily Chronicle », Londres, juillet 1895 et en brochure, « The Bijou Library », n° 5, 1896, 54 pp.) ; — éditions françaises et allemandes *(Christentum und Vaterlandsliebe,* Berlin, 1895) ;

Autre lettre sur le même sujet dans le « Daily Chronicle », Londres, 17 mars 1896 et nombre d'autres écrits : *L'Ecole de Yasnaïa Poliana, Les Temps sont proches* (dans le supplément des « Temps Nouveaux » et en brochure, Paris, 1896), etc.;

Adin Ballou et quelques autres précurseurs des idées tolstoïennes, ont été appréciés et discutés par Tolstoï lui-même, dans le 1er chapitre de *Carstvo bojie vnutri vas....*;

Christian non resistance (Londres, 1848, 178 pp., etc.);

Un journal en faveur de la « non resistance » fut *The Practical Christian* (Hopedale, Mass., vers 1847, v. « Westfäl. Dampfboot », III, p. 219) ;

E.-N. Drojin paya de sa vie la propagande d'idées semblables à celles de Tolstoï ; cf. le livre russe sur sa vie et sa mort ; — trad. allemande : *Leben und Tod von Jewdokim Nikititch Droschin, 1836-1894,* von **E.-J. Popow** mit einem Vorwort (trad. dans la « Revue Blanche », 1895) von Graf L.-N. Tolstoï.... (Berlin, octobre 1895, 156 pp.) et d'autres éditions ;

John C. Kenworthy, propage des théories similaires en Angleterre ; v. *The Anatomy of Misery ; From Bondhood to Brotherhood* (Londres, 1894, 141 pp.) ; *The Christian Revolt ;*

The Croydon Brotherhood Intelligencer, journal, janvier 1895 sq., transformé plustard en *The New Order ;*

D'autres auteurs *tolstoïsants* sont :

J. Morrison Davidson ;

Le Dr **Eugen Heinrich Schmitt** *(Die Religion des Geistes,* revue, Leipzig et Berlin, 1894 sq.); v. aussi « Die Zeit », Vienne, du 19 sept. 1896, « der Eigene », 1ᵉʳ juin 1896, et, souvent, le « Socialist » de Berlin (1);

A. Losert *(Blätter für Socialreform*, Salzburg, 1893 sq.) ;

Sur les sectes russes qui adhèrent à la « non resistance » et les persécutions qu'elles subirent v. p. ex.: Tolstoï, *Les persécutions en Russie* (« Revue blanche », 15 janvier 1896), — les Dukhoborcy ; sur les Nazaréens en Hongrie v. un article par Dusan Makovicky (« Nase Doba », Prague, 1896), etc.;

Dr. Bruno Wille : *Philosophie der Befreiung durch das reine Mittel. Beiträge zur Pädagogik des Menschengeschlechts* (Berlin, 1894 ; publ. d'abord dans « Freie Bühne », Berlin, la principale « jeune revue » allemande) ;

Vom rothen Götzen (« Zukunft », de Berlin, 1894) ;

Schattenbilder vom Zukunftstaate (« Freie Bühne », octobre 1894 ; réimpr. dans le « Socialist », 20-27 octobre 1894), critique des socialistes autoritaires ;

Religiöse Knechtschaft (1892, 15 pp.); *Der Tol* (1892), 16 pp.; les revues : *Die Jugend* (Berlin, 1896, 5 nᵒˢ) ; *Die Kunst dem Volke ; Die freie Jugend ;*

Emil F. Rüdebusch : *Freie Menschen in der Liebe und Ehe* (Mayville, Wis., 1895, 149 pp., in-8º) ; — édit. anglaise : *The Old and the New Ideal* (ib., 1896, 348 pp.) ;

Dr. **Rudolf Steiner**: *Philosophie der Freiheit* (Berlin, 1894); etc.

Der Eigene (revue mensuelle, Wilhelmshagen, près Berlin, 1896), etc.

Mentionnons encore la littérature antimilitaire qui, surtout en France, est libertaire *(Sous Offs, Biribi, La Grande Famille*, etc.).

---

(1) Cf. l'article *Anarchie* (« Religion des Geistes », II nº 3, 1895 ; *Katechismus der Religion des Geistes* (1894) ; — trad. hongroise: *A szellemi vallás Katekizmusa* (Budapest, 1896); l'article *Anarkia*, dans « Szabad Szo », du 29 novembre 1895; *Allam nélkül* (Sans Etat), journal hebdomadaire hongrois (Budapest, 1ᵉʳ janv. 1897 sq.), édit. allemande : *Ohne Staat* (ib.).

L'observation faite, p. 169, qu'il n'y a pas de littérature anarchiste hongroise, doit être complétée par la mention des ouvrages suivants, indiqués comme libertaires, mais que je n'ai pu apprécier :

Arthur Balhon : *A társadalmi forcadalom (ar anarchismus)*, Budapest, 1894 ;

Adolphe Grósz : *A IV rend, Ssocialpolitikai tanulmány* (ib., 1896).

Je pourrais allonger indéfiniment cette liste en y comprenant nombre de livres ou d'articles de journaux des écrivains contemporains; je citerai seulement Octave Mirbeau, Camille Lemonnier, Georges Eekhoud (p. ex.: *Burch Mitsu*, réimpr. des *Communions*, dans « Bibl. des Temps Nouveaux », Bruxelles, 1806 ; — trad. allemande dans la « Gesellschaft » en sept. 1806), L. Descaves, G. Darien, Maurice Barrès *(L'Ennemi des Lois*, Paris, 1893, 300 pp.), plusieurs des articles réunis dans *Pages rouges*, etc., de Severine, des poésies de Richepin, etc., etc., v. p. 102.

Comme conclusion, on peut dire qu'il se confirme chaque jour davantage que l'importance de la littérature, sa vie même, ce par quoi elle a une influence sur l'esprit et les actions des hommes, c'est la liberté. La littérature n'existe qu'en tant qu'elle est libre.

Ce principe admis, adaptons le à tout ce qui compose la vie humaine et nous avons le but réel que se sont proposé dans leur œuvre de propagande les écrivains, les philosophes, les penseurs, les savants dont je me suis efforcé d'énumérer les œuvres aussi complètement que possible : LA LIBERTÉ !

ADDITIONS.

(p. 2, l. 6). Parmi les libertaires oubliés qui, selon l'habitude de leur temps, émirent leurs idées sous forme de doctrines antireligieuses, on peut encore mentionner — à moins d'être convaincu du contraire par des études plus spéciales qui nous manquent encore : **Mathias Knutsen**, du Holstein ; v. l'écrit réactionnaire dirigé contre lui : *Ableinung der ausgesprengten abscheulichen Verleumbdung*, etc., par Johannes Musæus, 2ᵐᵉ édit., Iena, 1675, dont l'Appendice (15 pp.) contient trois écrits de Knutsen ; — l'Arménien **Smbate** qui « niait toute loi quelconque et autorité » ; v. l'*Histoire arménienne* par Tchamtchiantz (Venise, 1795, t. II., p. 884 sq.).

(p 5. l. 4). **William Godwin:** *Enquiry*.... (4ᵐᵉ édition, London, J. Watson, 1842, 2 vol., XVI, 220, VI, 286 pp., in-12º).

(p. 12, l. 4). *Liberty*, publié à Boston jusqu'à VII, nº 36 (13 février 1892), à New York : VII, nº 37 sq. (30 avril 1892 sq.).

(p. 12, l. 28). **Charles A. Dana:** *Proudhon and his Bank of the People* (série d'articles de 1849, réimpr. en brochure à New York, R.-B. Tucker, 1896).

(p. 12). **Hugo Bilgram**: *The Iron Law of Wages*.... (8 pp., in-4°, s.a. s.l.); *Involuntary Idleness* (Philadelphia, 1889); *A Study of the Money Question* (New York, Humboldt Publ. C°, s.a.-1895, 55 pp.).

(p. 13, l. 3). **Francis D. Tandy**: *Free Competition* (« Liberty Library », n° 6, Columbus Junction, Iowa, juin 1896).

(p. 13, l. 9-11). *Egoism*, San Francisco, mai 1890-déc. 1892 (II, n° 12); Oakland, Cal., du 14 janvier 1893 sq.; il y a paru une série d'articles : *The Philosophy of Egoism*, par « **Tak-Kak** » (mai 1890-déc. 1891).

(p. 13, l. 13). *The Age of Thought*, publié par **Fulton** à Columbus Junction, Iowa), 4 juillet 1896 sq.

(p. 13, l. 21). Le journal de **Jeremiah Hacker** fut le *Pleasure Boat*, ensuite *Hacker's Pleasure Boat*, à Portland (Maine) et à Berlin, N. J., en 1846; extraits dans la « Freiheit », en 1890. Hacker n'est mort qu'en 1895 et fut encore en relations avec le groupe qui édite le « Firebrand » (v. ce journal à la date du 16 août 1896).

(p. 16, l. 25). *Uebersicht über die Literatur des individ. Anarchismus* (Berlin, B. Zack, 1895, 2 pp.).

(p. 21, l. 20). **P.-J. Proudhon**: *Napoléon et Wellington. Papiers inédits publiés par* Clément Rochel (« Cosmopolis », Londres, oct. 1896 sq.) — *Jésus et les origines du Christianisme. Préface et manuscrits inédits classés par* Clément Rochel (Paris, 1896 en sept., 331 pp.).

(p. 24). A. Desjardins, *P.-J. Proudhon ; sa vie, ses œuvres, sa doctrine* (Paris, 1896, 2 vol., XXIII, 285, 308 pp.).

Parmi les Proudhoniens des différents pays, on peut encore citer, bien qu'ils n'aient adopté le mutuellisme qu'avec des modifications:

Oliveiro Martins (en Portugal) et **Fréderik Dreyer** (en Danemark).

Une traduction hollandaise : F. Bastiat en P.-J. Proudhon, *Krediet om niet. Redetwist* (Leeuwarden, 1852).

(p. 26, l. 3). *Congrès ouvrier*, en 1863, 4 pp., in-fol. (par Fribourg et Ch. Limousin).

(p. 27, l. 17). *Compte-rendu du meeting démocratique de Patignies* (26 déc. 1863), Bruxelles, 1864, 112 pp., in-12°; le discours de C. de Paepe : pp. 25-93.

(p. 31, l. 9). *La Barrière du Combat...*, 29 pp., in-12°; préface : Londres, juin 1852.

(p. 36). **Max Stirner :** (l. 10). *Das unwahre Princip....* dans « Beilage zur Rheinischen Zeitung » (Cologne), du 12 au 19 avril 1842 ; — (l. 15). *Königsberger Skizzen von Karl Rosenkranz* (ib., 26 juillet ; v. aussi le n° du 12 mai) ; — quelques petits articles signés (ib., 15 mai, 7 juin 1842). — (l. 19). *Geschichte der Reaction* (2 vol., VI, 309 ; X, 330 pp., inachevé).

Berliner Monatsschrift, herausgeg. von **L. Buhl**. *Erstes und einziges Heft*. Mannheim, Selbstverlag von L. Buhl, 1844, IV, 332 pp., in-12° est le premier journal anarchiste allemand ; il devait paraître à Berlin, en août 1843, mais la censure défendit presque tous les articles, qui furent ensuite imprimés à Mannheim, en un livre de plus de 20 feuilles (in-16), non soumis à la censure. V. surtout le *Prospectus* (du 14 juillet 1843, pp. 29-33), l'article : *Einiges Vorläufige vom Liebesstaat* par Max Stirner et l'article : *Die Mysterien von Paris von Eugène Sue* (pp. 302-332), signé : « Max Schmidt » qui est peut-être — ce n'est qu'une hypothèse personnelle — de Stirner (K. Schmidt).

(p. 36, l. 21). *Das Verstandestum und das Individuum* (Leipzig, 1846, 308 pp., in-8°) et *Liebesbriefe ohne Liebe* (l. 24) sont du même auteur **Karl Schmidt** (1819-1864), v. son *Geschichte der Pædagogik...*, 4me édit., Cöthen, 1890, pp. III-VII (biographie de l'auteur).

(pp. 36-37). **John Henry Mackay :** (p. 36, l. 33-34). C'est une erreur ; on a empêché la distribution d'une livraison de l'édition de 1893 ; cette édition fut mise en vente de nouveau en 1895 : « 5-tes Tausend, Berlin, B. Zack, 1895) ; — (p. 37, l. 3). *De Anarchisten* (Amsterdam, août 1896, 331 pp.) ; — traduction tchèque : *Anarchiste. Kulturni obraz z konce XIX stoleti* (« Vzdělavaci

Biblioteka », vol. 31, Prague, s.a.- sept. 1896, VIII, 369 pp., in-16°);
— (l. 9). *Starec a jinoch*, réimpr. dans *Májové pisné* « *Proletáre* » (Reichenberg, 1896, pp. 5-12).

(p. 39, l. 4). **A. Mülberger** : *Aus meinen Proudhon-Collectaneen* (dans « Deutsche Worte », Vienne, 1896).

(p. 39, l. 31). **K. Grün** est mort le 18 févr. 1887, à Vienne.

(pp. 42-51). **M. Bakounine** : — (p. 44, l. 5), trad. allemande (d'après le *Mémoire*) dans le « Socialist » (24 oct.-7 nov. 1896) ; — (p. 47, l. 21). *Bůh a Stat*, dans « Dělnická Knihovna », n° 4 (New York, juillet 1896) ; — (p. 48). *Le Principe de l'Etat* (manuscrit inédit), dans la « Société nouvelle » (novembre 1896) ; — (p. 51, l. 25-26). *Correspondance... Lettres...* (1860-1874), *publiés avec préface et annotations*, par M. Dragomanov. Traduction de Marie Stromberg (Paris, 1896, 388 pp., in-18° ; publié en partie dans la « Société nouvelle », juillet à novembre 1895).

(p. 51, l. 17). *1848. Briefe von und an Georg Herwegh....* (München, 1896 ; contient des lettres inédites de Bakounine) ; — *Bakounine et l'Internationale à Lyon*, par Albert Richard (« Revue de Paris », 1ᵉʳ sept. 1896, pp. 119-160, avec des extraits de lettres inédites de Bakounine).

(p. 51. ll. 27-31). Cette édition polygraphiée comprendra toute la biographie jusqu'à l'époque de l'Internationale ; *Bakounine et l'Internationale* sera ensuite publié en volumes. Il a déjà paru comme extraits et comme résumés de la première partie : *Contributions à la biographie de Michel Bakounine*. I. par N. (« Société nouvelle », septembre, pp. 309-324, comprenant aussi le fragment : *Histoire de ma vie*).

(p. 53, l. 16-18, 27- p. 54, l. 1 et p. 115, l. 20-23). **Cesare de Paepe**: *Proprietà collettiva del suolo. Relazioni presentate ai Congressi dell' Internazionale di Bruxelles e di Basilea, 1838-1869* (« Bibl. della Battaglia » - social-démocrate - n° 6, Milan, 1896, 59 pp., in-16°).

(p. 55, l. 32). Sur le pseudo-Congrès international de Londres,

1896 et sur les conférences anarchistes (20-31 juillet 1896), v. les publications citées p. 101, ll. 21-25 et p. 104, ll. 16-26; les comptes-rendus du « Socialist » furent réimprimés dans la « Freiheit » (22 août-30 oct. 1896) et en traduction tchèque (incomplète) dans « Dělnické Listy » (New York, 5 sept.-24 oct. 1896). V. aussi le compte-rendu des conférences dans « Freedom » (août-sept. 1896) et dans les « Temps Nouveaux » ; les comptes-rendus et articles par E. Pouget (dans « La Sociale »), E. Malatesta (dans « El Despertar », 30 oct. 1896), P. Gori (dans « La Questione sociale »), P. Kropotkine *(Les Congrès internationaux et le Congrès de Londres*, « Temps Nouveaux », 15 août-10 oct.1896), W.Tcherkesoff: *Soyons justes* (lettre à Liebknecht, ib., 19 sept. 1896) et ce qui a paru, à ce sujet dans le journal hollandais « Recht voor Allen »; *Die Congresslerei beleuchtet von der Londoner Arbeiter-Zeitung* (London, sept. 1896, 16 pp., in-32º); *Parlottes anarchistes!* (ib., 1 p.in-4º). — *Le Socialisme et le Congrès de Londres*, par A. Hamon (« Bibliothèque sociologique », nº 11, Paris, 1897-déc. 1896, un vol., in-18º). — Parmi les rapports impartiaux de journaux non libertaires je ne puis citer que ceux du « Labour Leader » et du « Clarion » (Londres); *Full Report of the Proceedings of the International Workers' Congress*.... (printed and published by the « Labour Leader », Glasgow et Londres, août 1896, 96 pp., comprenant aussi l'article de P. Kropotkine : *War or Peace?*, du « Labour Leader » du 25 juillet 1896).

(pp. 67-72). **Elisée Reclus** : *Anarchy by an Anarchist* (p. 69, l. 28) dans *Anarchism*, par Parsons (1887) ; — trad. allemande : *Ein Anarchist über Anarchie*, dans l'édition allemande du même livre ; — (p. 70, ll. 8-9). *Die Anarchie*, dans le « Socialist », 20 juin-4 juillet 1896 et en brochure (« Anarchist. Bibliothek, N. Folge, nº 1, Berlin, nov. 1896, 16 pp., in-8º) ; — trad. tchèque du même dans « Dělnické Listy », (5 sept.-8 oct. 1896) ; — trad. espagnole dans l' « Esclavo », 1896 ; — trad. anglaise (« Liberty ») en préparation.

(p. 67, l. 36). *Les Produits de la Terre* (« Révolté », 23 nov. 1884-15 févr. 1885).

(pp. 72-80). **Pierre Kropotkine** : (p. 74, l. 26). *A los jovenes*, dans la «Anarquía» (La Plata, 1896);—(l. 27). *A os jovenes* («Bibliotheca libertaria», Porto, 1896 ?) ; — trad. russe polygraphiée *K' molodejye* (édit. clandestine, en Russie, 188-) ; — (p. 76, l. 17). *L'Esprit de Révolte* dans « Volné Listy » (1893-1er févr. 1894) ; — trad. arménienne : il en existe deux éditions inachevées (4 pp., in-16° et 14 pp., in-8°, vers 1890-91) ; — (p. 77, l. 3). *Les Minorités révolutionnaires*, trad. tchèque dans «Dëln.Listy», 28 nov.1896 sq.; —(p. 77, l. 9).*Les Droits politiques*,trad.danoise dans «Proletaren», 2 août 1896 ; — (p. 77, l. 10). *La loi et l'autorité* (« Révolté », 13 mars-14 août 1882) ; — (p. 77, l. 31). *Le gouvernement pendant la révolution* («Révolté», 2 sept.-14 oct. 1882) ; — (p. 78, l. 11). *L'Expropriation* («Révolté», 25 nov.-23 déc.1882); — (p. 78, l. 13). *Théorie et pratique* (« Révolté », 4 mars 1882) ; — (p. 78,l. 15). *Der Krieg* («Freiheit», 31 oct.-14 nov. 1896);—(p. 79, l. 3). *Expropriace* dans « Matice dëlnická » (Vienne), 14 oct.-11 nov. 1896 ; — (p. 79, l. 11). *L'Anarchia nell' evoluzione socialista* («Bibl. di Prop. del Circ. di Studii », n° 2). Ancona, 1896, 31 pp., in-8° ; — (p. 79, l. 36). *Le Prigioni (Conferenza tenuta a Parigi)*,Torino (Publ. du «Grido del Popolo», social-démocrate, 1895, 45 pp., in-16°) ; — trad. espagnole en brochure (1896) ; — (p. 80, ll. 19-22) : *Die Lebensmittel. Die Wohnung.Die Bekleidung.Zweck*,etc.,dans «Freiheit», 15 août-26 sept. 1896;—(p.80,l.35).*(The scientific bases of anarchy)*, réimpr. dans «Freedom», Chicago, en 1892; — (p. 80, l. 35). *Die wissenschaftliche Entwicklung des Anarchismus* et *Die kommende Anarchie*; — (p. 82, l. 33). *Un secolo d'aspettativa (1789-1889)*, Torino, l.c., 1896, 28 pp., in-16° ; — (p.83, ll. 13-15). *Die angenehme Arbeit*(«Freiheit», 17-24 oct. 1896) ; — (p. 83, ll. 33-34). *Mravouha Anarchie* (New York,1896,brochure); —(p.84.l.6), *Vore rigdomme* (« Proletaren », 25 oct. 1896 sq., danois);—(l. 13). *L'Agiotezza per tutti*, dans la « Questione sociale » (Paterson), 1896 ; *Comunismo anarchico* (brochure publ. par l'« Avvenire sociale » (Messina,1896, 15 pp., in-8°); — (p. 84, l. 31). *L'Agricoltura* (Torino, l.c., 1896, 30 pp., in-16°) ; — trad. anglaise, en brochure (« Liberty Press », 1896) ; — (p. 85, l. 35). *Die Luxusbedürfnisse* («Freiheit», 3-10 oct. 1896) ; — (p. 86, l. 19). *De Anarchie. Philosophie en Ideaal* (trad.

hollandaise, en brochure ?, et dans l'« Anarchist », nouvelle série, n° 1 sq.,1896) ; *Anarchy : its philosophy and ideal*, dans « Freedom » (1896-97) et en brochure, en préparation.

Co-operation. A Reply to Herbert Spencer. (« Freedom », déc. 1896-janv. 1897.

L'Etat : son rôle historique (« Temps nouveaux », 19 déc. 1896 sq. et en préparation en brochure.

(pp. 87-91). Journaux français : (p. 90, l. 2-3). *Harmonie*, le n° 27 est de déc. 1893 ; — (l. 16). *L'Œuvre sociale*, le n° 6 est du 30 juin 1895) ; — (l. 20). *La Sociale*, 11 mai 1895-18 oct. 1896, 76 n°°, suivi de *Le Père Peinard*, 25 oct. 1896 sq.; *Almanach du Père Peinard pour 1897* (Paris, 1896, 64 pp.); en préparation : *La Clameur* (quotidienne) ; — *L'Idée libre* (Agen, 29 oct.-22 nov. 1896, 4 n°°) ; — *La Jeunesse nouvelle* (Lyon, 5 décembre 1896 sq.) ; — *l'Enclos* (Paris) paraît de nouveau (fin de 1896) ; — (en préparation : *La Purée*, Roubaix; *Le Crachat*, Paris; *L'Agitateur*, 3me série, Marseille ; *L'Almanach du Libertaire*, Paris).

(pp. 93-95), **Jean Grave** (p. 95, l. 17): *De Toekomstmaatschappij, naar het Fransch van Jean Grave* (Amsterdam, sept. 1896 sq., en livraisons).

(p. 98, l. 9). **Ch. Malato** : *Les Joyeusetés de l'Exil* (« Bibl. sociologique », n° 12, Paris, nov. 1896, 329 pp., in-18°) ; — (p. 101, l. 10). **B. Lazare**: *L'Ecrivain et l'Art social* (Paris, l'« Art social »,1896).

(p. 101, l. 25). *Réformes ou Révolution* (Paris, au bureau des « Temps nouveaux », brochure publiée par le « Groupe des Etudiants socialistes révolutionnaires internationalistes »).

(p. 102). **H.-G. Ibels** : *Les chansons colorées....* (« Bibl. de la Plume », Paris, 1894) ; — **Jehan Rictus** : *Les Soliloques du Pauvre* (Paris, 1896).

(p. 104, l. 2). **F. Pelloutier** : *L'Organisation corporative et l'Anarchie* (Paris, l'« Art social », déc. 1896).

(p. 108, l. 3). Déclaration de **Ravachol** dans le « Libertaire »,

Paris, 15 avril 1896 ; — (p. 110). **Emilio Henry,** *su discorso ante los tribunales* («Bibl. de la Questione sociale», Buenos Aires, 1896) ; — résumé italien (ib.), à la suite de la brochure : *Perchè siamo anarchici* (1896) ; — (p. 110-111). *Santo Caserio*, article par P.Gori, dans la «Torch» du 18 juin 1895 et le «Despertar»,—(p.111, l. 17-20) *Le Procès des Trente,* par Sébastien Faure, dans le «Libertaire» du 15 août 1896, c'est la 1re partie d'un livre que prépare S. Faure, et qui doit paraître sous le même titre.

(p. 111). *L'Errore giudiziario* (num. unique, Ancona, 1896, sur le procès des anarchistes de Tremiti, à Lucera). Nous n'avons pas encore de complets rapports sur le crime judiciaire de Barcelone (décembre 1896), 8 condamnations à mort et 1016 années de bagne) ; mais la lumière commence à se faire sur les tortures de la nouvelle inquisition ; v. « Le Père Peinard » du 3 janv. 1897 et les numéros précédents ; le « Le Libertaire » du 1er janv. 1897.

(p. 114, l. 28). *La Vérité* (Ensival, 5 déc. 1896 sq.) ; — (p. 115, l. 9-10). Heuvels n'est que le pseudonyme d'un des trois noms précédents ; la revue parait toujours ; — (l. 16), le titre est *Ontwaking* et non pas De *Ontwaking*.

(p. 125, l. 11). **E. Malatesta**: *Entre campesinos* («Bibl. de El Corsario», n° 3, La Coruna, 1896) ; — (p. 127, l. 32). **N. Converti** : *Repubblica ed Anarchia. Polemica con l'« Emancipazione »*, dans la «Croce di Savoia», n° 4, 1891 (inachevé) ; — (p. 129, l. 19). **F.-S. Merlino** : *Perchè siamo anarchici* (avec la défense d'Emile Henry), Buenos Aires, 1896 31, pp.; — *L'Individualismo nell' anarchismo* (Rome, édit. de l'« Asino », 1895) ; — Merlino est aussi l'auteur de deux articles sur l'organisation du parti social-démocrate allemand, d'un article : *La doctrine de Marx et le nouveau programme des social-démocrates allemands* et d'un autre : *Le Programme d'Erfurth,* dont les deux derniers forment la brochure allemande *Die Irrlehren und Irrwege....* (1891; v.p.: p. 160, l. 29).

(p. 126, l. 17). **E. Malatesta**: *L'Anarchia*, trad. en jargon juif: *Der Anarchismus* (Anarch. Gruppe « Gleichheit », London, s.a.-189-, 34 pp., in-8°).

(p. 132, l. 11). *Anarchia* (numéro unique, par E. Malatesta, etc., Londres, 1896).

(p. 133). **V.-S. Mazzoni** : *Barlumi d'Ideale* (Bibl. di Prop. dell' « Avvenire sociale »), Messina, 1896, 62 pp., in-8°).

Zino Domenico : *Nuovi Orizzonti. Versi sociali* (fin de 1893).

(p. 146, l. 34. **J. Medico** : *Al Pueblo* (Reus, 1896, 36 pp.).

M. Lores : *Consecuencias del Estado. Breve disertación* (« Bibl. de El Corsario », n° 2, « La Coruña, 1896).

Petro Esteve : *A los anarquistas de España y Cuba* (1893), série d'articles dans le « Despertar », en 1896.

(p. 147, l. 32). *Ciencia social*, supprimée dans l'été de 1896 ; — en ce moment, *El Productor* (La Coruña), paraît être le seul journal anarchiste en Espagne.

(p. 147, l. 35). *El Productor* (La Coruña), qui avait remplacé « El Corsario » et « El Productor », de Barcelone, ne paraît plus.

(p. 149, l. 14). *La Mujer* est tirée de la « Lucha Obrera », num. programme et n° 1 (1884) ; autre brochure : ¿ *Que es la solidaridad?* (ib., 1884, tirée du même journal).

(p. 149, l. 20). *El Perseguido* (Buenos Aires), n° 99 du 31 mars 1896 ; a reparu le 6 décembre 1896 (n° 100).

(p. 149, l. 23). *El Oprimido*, de Lujan, fut transféré à Buenos Aires (23 août 1896) et la « Questione sociale », dès son numéro 22 (23 août 1896) paraît comme supplément de l'« Oprimido ».

(p. 149, l. 24). *La Federación obrera* (Rosario) ; le n° 2 est du 24 août 1896.

(p. 152, l. 23). *La Nueva Esclavitud por Mr.* **John Davis**.... (publ. par le groupe « Centro de Propaganda obrera », Tampa, Fla., 1896, 16 pp., in-8°).

(p. 157, l. 27). **Johann Most** : *Zur Geschichte der « Freiheit »* (« Freiheit », du 20 juin au 3 oct. 1896) ; — *Die Gottespest und Religionsseuche* (3me édition, « Revolutionäre Volksschriften »,

New York, s.a., 16 pp., in-8°) ; — (p. 158, l. 36) : *Povstal clovek z opice* (New York, 1896, édit. du groupe « Pokrok »).

(p. 163, l. 33 et p. 176, l. 5). **W. Tcherkesoff** : *Pages d'histoire socialiste. I. Doctrines et actes de la social-démocratie* (Publications des «Temps Nouveaux», n° 3, Paris, 1896, 64 pp., in-8°) ; — trad. hollandaise : *De sociaal-demokratie en haar leeringen en daden* («Volksbibliotheek», Amsterdam, déc. 1896, 74 pp., in-16° ; — du même, l'article : *Soyons justes* («Temps Nouveaux», 19 sept. 1896) ; — trad. italienne, dans l'«Avvenire sociale», 10-17 oct. 1896.

(p. 164, l. 9). *Der Genossenschafts-Pionier* (Grosslichterfelde, près Berlin), 15 nov. 1896 sq.

(p. 164, l. 12). *An den Züricher Congress. Bericht über die deutsche Arbeiterbewegung (Au Congrès de Zurich. Un rapport du mouvement allemand)*, par G.-L(andauer), (Berlin, s.a.- 1893, 20 pp., in-8°).

(p. 164, l. 22). *De Zurigo a Londra* («Biblioteca Studî sociali», n° 1, Forli, 1896, 16 pp.).

(p. 165, l. 22). *Der Kämpfer*, par **O. Rinke**, 25 juillet 1896 sq.

(p. 166, l. 4). Nouvelle édition en février 1894.

(p. 166, l. 10). *O vyvínu lidstva a cílech anarchistických Komunistů. Dle německého originalu volně vpracoval* J(an) O(pletal) (Vienne, édit. de «Matice dělnická», s.a.- 1896, 16 pp., in-8°), d'après la brochure de Steinle, *Das Endziel des Anarchismus*.

(p. 170, l. 15). *Volny Duch*, jusqu'au 17 décembre 1896 (II, 8), pour être continué par *Volné Listy* (1897).

(p. 170, l. 18). *Karabác*, supplément satirique au *Proletár*, 20 févr. 1896 sq.; — *Volnost* (Mährisch Ostrau, Moravie, en 1896). *Májové Písné « Proletáre ». Sbírka písní a básní dělnických* (éd. du « Proletár », Reichenberg, 1896, 97 pp., in-16°, recueil de poésies).

(p. 174, l. 26). **D.-J. Nicoll**: *The Ghosts of Chelmsford Jail* (Sheffield, « The Commonweal », fin de 1896, 16 pp., in-8°).

Liberty (London), jusqu'en décembre 1896 (III, 12 pp.), pour reparaître en mai 1897.

(p. 178, l. 14). *The Anarchist*, journal manuscrit (Sidney, 1896 ; v. le « Firebrand », du 13 sept. 1896).

(p. 180, l. 16). *Reminiscenzen von August Spies. Seine Rede vor Richter Gary, socialpolitische Abhandlungen, Briefe, Notizen*, etc., übers. u. redig. von Albert Currlin, herausg. von Frau Christine Spies.... (Chicago, s.a.- 188-, XI, 181 pp., in-8°).

(p. 181, ll. 27-28). Brochure du même titre par **Edlitam** (« Bibl. emancipadora d'estudos sociologicos », Porto, 1896).

(p. 182, l. 18). **Albert Parsons** : *Anarchismus. Seine Philosophie und wissenschafliche Grundlage. Dargestellt von einigen seiner Jünger* (Chicago, s.a.- 1888, 213 pp., in-8°).

(p. 201, ll. 8-9). V. *Volksgedichte* par D. Edelstat (herausg von der Gruppe » Freie Arbeiterstimme », New York, 1892, 124 pp., in-8°; — il faut aussi mentionner **A. Libermann**, socialiste révolutionnaire qui, en 1876, publia 3 n^{os} de *Haemeth* (La Vérité) à Vienne, en véritable hébraïque.

INDEX.

TABLE DES NOMS CITÉS.

Abilgaard : 228.
Adam (Paul) : 102.
Adams (Francis) : 227.
Addis (Henry) : 183.
Adler (Prof. G.) : 40, 222.
Ahasverus (v. Arnould A.) : 66.
Airam Labigaud : 95.
Ajalbert (Jean) : 102.
Aleksyeev (Peter) : 194.
Alerini (Charles) : 50, 66, 67.
Almeras : 220.
Altgeld (John P.) : 180, 182.
Alvarez (Alfredo) : 139.
Alvarez (Ernesto) : 47, 74, 125, 146, 181.
Ancízar : 148.
Andrade (David A.) : 14, 16, 177.
Andrews (J.-A.) : 172, 178.
Anonymus Veritas (v. J. Most). 159.
Anton-Evar : 155.
Appleton (Henry) : 9.
Arana (E.-Z) : 150.

Arburc (Zamfir-C., v. Ralli Z.) : 194.
Argyriadès (P.) : 163.
Armsden (J.) : 175.
Arnim (Mme Bettina von) : 35.
Arnould (Arthur, v. Ahasverus et Matthey A.) : 51, 66, 67.
Arnould (Victor) : 27.
Asseline (L.) : 34.
Aubry : 64.
Auerbach : 162.
Avenel (G.) : 3.
Axelrod (P.) : 156, 195, 196.

Bachmann : 168.
Bakounine (Michel, v. Elysard Jules) : 14, 42 à 51, 52, 54, 59, 61, 65, 99, 120, 123, 136, 155, 171, 176, 186, 192, 193, 195, 196, 197, 198, 199, 203, 204, 205, 219, 227, 236.
Ballou (Adin) : 229.

Balogh (Arthur) : 230.
Bamberger (Ludwig) : 38.
Barbanti : 122.
Barbero (v.Pezza Vicenzo) : 120.
Bardina (Sophie) : 194, 196.
Barker (W.) : 175.
Barrès (Maurice) : 231.
Barrucand (Victor) : 101, 102.
Bastiat (Frédéric) : 19, 38, 138, 234.
Bauer (Edgard) : 37.
Baux : 68.
Bayard (Thomas-F.) : 8.
Beaussire (Emile) : 2.
Bebel (A.) : 39.
Bel-Adam : 153, 154. 155.
Bellamy (Edward) : 83, 214.
Bellegarrigue (A.) : 24, 31.
Benedetto (Nicoló de) : 119.
Bennet (D. M.) : 13.
Béranger : 32.
Berkmann : 106, 109.
Bernatzik (Prof. D^r. Edmund) : 222.
Bernstein (Eduard) : 220.
Bertrand (Louis) : 220.
Beslay (Charles) : 26.
Bevington (L.-S.) : 175.
Bianchi (A.) : 31.
Biedenkapp (Georg) : 166.
Bilgram (Hugo), 234.
B. K. : 86.
Black (W.-P.) : 180.
Blanc (Louis) : 18, 25, 31.
Blanqui (Adolphe) : 17.
Blanqui (Auguste) : 26.
Bluntschli : 40.
Boëtie (Etienne de la) : 2.
Bolingbroke (St-John Viscount) : 4.
Bonthoux (Adolphe) : 93.
Bordat : 107.
Borde (Frédéric) : 219.
Borrâs Jave (Martin) : 144.
Borrel (Enrique) : 143.
Botella (C.) : 224.
Bottero (G.) : 122.
Bran (D) : 48.
Bripon (v. Robin P.) : 05.
Brix : 188.
Brousse (Paul) : 61. 63, 66, 67.
Brunel (François) : 97.

Bürger (Karl, v. Schmidt Karl) : 36.
Burke (Edmund) : 4, 14, 172.
Bus (G.) : 117.
Busch (Ernst) : 39.

Cabet (Etienne) : 28, 29, 31.
Cabossel : 95.
Cafiero (Carlo) : 46, 55, 57, 58, 99, 120, 123, 124.
Cafiero (Olimpia) : 128.
Cantiello : 128.
Camet (Camille) : 66, 67.
Cantwell (T.) : 106.
Cardias (v.Rossi Giovanni) : 123, 212.
Carnecchia (F.-G., v. Tersite) : 127.
Carpenter (Edward) : 227.
Caserio (Santo) : 110, 111, 150, 174, 240.
Cassisa (G.) : 122, 135.
Catilina : 221.
Ceretti (Celso) : 48.
C.G.M. : 143.
Chalain (L.) : 66.
Charavay : 29.
Charles (F.) : 106.
Charles Albert : 101, 102, 104.
Charles Edmond (v. Chojecki) : 23.
Chassin (Ch.-L,) : 43.
Châtel (Charles) : 102.
Chemalé : 26.
Chenu : 30.
Chevalet (Emile) : 25.
Chevé (C.-F.) : 23.
Chojecki (v. Charles Edmond) : 23.
Choron : 29.
Cipriani (Amilcare) : 106, 130, 133.
Clémence (A.) : 65.
Clemens (G.-C.) : 184.
Cleveland (Grover) : 8.
Cleyre (Voltairine de) : 109, 184.
Clootz (Anacharsis), 3.
Cœurderoy (Ernest) : 31, 32.
Coffineau : 29, 30.
Cohen (Alexandre) : 102.

Cohn (A.-F.) : 37.
Colacito (F.) : 122.
Colin (Benjamin) : 33.
Colins : 218, 219.
Colonna : 67.
Comas (J.) : 138.
Conelli (Giov. Antenore) : 136.
Considérant (Victor) : 17.
Constant (abbé L.-A., v. Eliphas Lévy) : 29.
Converti (Nicoló) : 119, 127, 217, 240.
Cornelissen (Chrétien) : 116, 187.
Cosmo (Sergio di) : 134, 147.
Costa (Andrea) : 44, 50, 57, 122, 123.
Covelli (Emilio) : 119, 122, 123.
Craig (E.-T.) : 175.
Crane (Walter) : 213.
Creaghue (Dr) : 106.
Currlin (Albert) : 243.
Custon Cuddon (Ambrose) : 172.
Cyvoct : 107.

Dana (Charles-A) : 233.
Danesi (Alfonso) : 120.
Dardare : 108.
Darien (Georges) : 102, 231.
Darimon (Alfred) : 20, 21, 23, 38.
Darnaud (Emile) : 50, 53, 95, 98, 99, 124, 136, 155, 190.
Davis (John) : 241.
David (Marie-Louise) : 11.
Decamp : 108.
Defuisseaux (Léon) : 116.
De Greef (Guillaume) : 27.
Deitch : 196.
Déjacque (Joseph) : 30, 31, 32, 56, 64, 212.
Delmasso (A.) : 121.
Démocrite : 97.
Demoulin (J.-N.) : 55.
Denis (Hector) : 27.
Denis (Pierre) : 26.
Denk (M.) : 161.
De Paepe (César, v. Isegrim) : 27, 52, 53, 54, 115, 235, 236.
Deroin (Jeanne) : 32.
Descaves (Lucien) : 102, 231.
Deschamps (dom) : 2, 3.

Desjardins (A.) : 234.
Deville (Gabriel) : 220.
Dewinne (Auguste) : 220.
Dézamy (Théodore) : 29.
Diderot : 3.
Diehl (Dr Karl) : 21, 22.
Digeon (Emile) : 95, 96.
Dinger (H.) : 227.
D.-M. : 51.
Dobrogeanu (C., v. Gherea) : 203, 220.
Domanico (G.) : 86, 135.
Domenico (Zino) : 241.
Doni (A.-F.) : 2.
Donisthorpe (Wordsworth) : 15, 16.
Douwes Dekker (v. Multatuli) : 227.
Dragomanov (M.) : 43, 49, 51, 197, 236.
Dragosch (v. Zubku-Kodreanu) : 202.
Draguicha (Stéphan) : 205.
Drakouli (Platon E.) : 75, 206.
Dreyer (Frederik) : 234.
Drojin (E.-N.) : 229.
Drury (Victor) : 184.
Dubois (Félix) : 223.
Dubois (Fr.) : 103.
Duchêne (G.) : 23, 26.
Dühring (Eugen) : 41.
Dumartheray (François) : 56, 67.
Dumay : 66.
Duncan (H.-H.) : 175.
Duval (Ch.) : 107.
Dybfest (Arne) : 189, 190.

Edelstatt (D.) : 201, 243.
Edinger (G.) : 100.
Edlitam : 243.
Edward (G., v. Stirner Max) : 35, 36.
Eekhoud (Georges) : 231.
E. G. B. : 135.
Einsle (Anton) : 167.
Eliphas Lévy (v. abbé Constant L.-A.) : 29.
Elysard (Jules, v. Bakounine Michel) : 42.
Emerson : 227.

Engel : 41, 168.
Engels (Friedrich) : 38, 219.
Engländer (Dr S.) : 119.
English Anarchist (an) : 173.
Ensz (Abraham) : 41.
Esteve (Petro) : 241.
Etiévant (Georges): 108,109,136, 150, 155, 174.

Faillet (E.) : 65.
Faliès (G.) : 96.
Faure (Sébastien) : 100,108,109, 110, 111, 240.
Favre (Joseph) : 57.
Feigenbaum (R.) : 200.
Fénéon (Félix) : 102.
Férand (Séverin) : 96.
Ferrari (Giuseppe) : 30, 227.
Feuerbach (L.) : 35, 36.
Fielden (Samuel) : 182.
Filitis (C.-A.) : 202.
Fischer (Adolph) : 182.
Fischer (Kuno) : 35, 36.
Flaustier (P.) : 116.
Flor O' Squarr : 223.
Foigny (Gabriel de) : 212.
Fouillée (Alfred) : 226.
Fourier (Charles) : 30.
Fowler (Charles-T.) : 9, 10.
Francolini (D.) : 122.
Franch (Santiago Salvador) : 106, 109.
Franko (J.) : 197.
Franz (J.) : 38, 219.
Fribourg (E.) : 25, 26, 65, 235.
Friedlander (Dr Benedict) : 41.
Fröhlich (Conrad) : 161.
F. T. M. : 147.
Fulton, 234.

Gaia (O. de) : 153.
Galleani (Luigi) : 106, 134.
Gallo : 107.
Garborg (Arne) : 189, 190.
Garin (J.) : 223.
Garraud (R.) : 224.
Garrido (Fernando) : 137.
Garriga (Abazá) : 147.

Gauche (Henri) : 102.
Gautier (Emile) : 92, 173.
Geel (A.) : 38, 219.
Gégout (Ernest) : 98.
Georges (Henry) : 11.
Gercen (A.-I., v. Herzen Alex.-Ivan) : 31.
Gherea (J., v. Dobrogeanu C.) : 203, 220, 226.
Gille : 107.
Gilmour (William) : 15.
Girard (Henri) : 104.
Gnocchi-Viani (O.) : 118.
Godwin (William) : 4,5,172,233.
Goldmann (Emma) : 109, 184.
Gordon (Samuel-H.) : 184.
Gori (Pietro) : 134, 237, 240.
Gorsuch (W.-J.) : 184.
Grave (Jean, v. Jehan Le Vagre) : 93 à 95,99,110,147,150,155,174, 186, 203, 208, 220, 239.
Gravelle (Emile) : 104.
Greeley (Horace) : 7.
Greene (William-B.) : 8, 13.
Greevz Fisher (J.) : 15.
Greulich (H.) : 219.
Grey (John) : 5.
Grösz (Adolphe) : 230.
Grottkau (Paul) : 220.
Grün (Karl) : 29, 37, 39, 40, 236.
Guérard (Eugène) : 101.
Guérin (Ch.) : 96.
Guesde (Jules) : 61, 116.
Guillaume (J.) : 62, 63, 123, 142, 152.
Guy (François) : 98.
Guyau (Jean-Marie) : 226.

Hacker (Jeremiah) : 13, 234.
Hall (W.-K.) : 176.
Hamon (Augustin) : 91, 102, 103, 136, 237.
Hansson (Ola) : 189.
Hansteen (Kristofer) : 158.
Harding (Robert) : 15.
Harman (Moses) : 10, 11, 13.
Harman-Walker (Lillian) : 11.
Hatin : 21, 24.
Hawthorne (Julian) : 11.
Hegel : 42.

Heinzen (Karl) : 227.
Held (E.) : 63.
Hennequin (Amédée) : 40.
Henry (Agnès) : 176.
Henry (E.) : 96.
Henry (Emile) : 110, 240.
Herbert (Auberon) : 15, 214.
Hérold (A. Ferdinand) : 102.
Hertzka (Theodor) : 213.
Herwegh (Georg) : 39, 40, 236.
Herzen (Alexandre Ivan, v. Gercen A.-I.) : 21, 31, 43, 46, 49, 50, 51, 120, 227.
Hess (Moses) : 35, 36, 39.
Heuvels : 115, 240.
Heymans (V.) : 116.
Heywood (Ezra.-H.) : 9, 13.
Hodde (de la) : 30.
Hoedel : 106.
Holmes (William) : 185.
Hübner (Ferdinand) : 168.
Hugas (E.) : 146.
Hugentobler (A.) : 219.
Humboldt (Wilhelm von) : 3.
Huret (Jules) : 100.
Hyndman (H.-M.) : 75, 226.

Ibels (H.-G.) : 102, 104, 239.
Ibsen (Henrik) : 228.
Illenatnom (J.) : 155.
Ingalls (J.-K.) : 9.
Isegrim (v. De Paepe César) : 27.

Jahn : 107.
James (C.-L.) : 11, 182.
James (Henry) : 7.
Janowski (Sch.) : 160, 186, 201.
Janson (Paul) : 27.
Javelot : 30.
Jeger (Mauricy-D.) : 199.
Jordan (W.) : 37.
Joukowsky (N.) : 66, 192, 196.
J. T. R. : 147.
Junqua (D^r) : 25.

Kaler (Emil) : 30, 40.

Kallergis (Stavros-G.) : 206.
Kammerer : 168.
Kampfmeyer (Paul) : 163.
Kanewi (Minna) : 161.
Karavelov (Liouben) : 204.
Kegan Paul (C.) : 5.
Keller (Charles) : 61.
Kelly (John-F.) : 11.
Kelso (John-R.) : 11.
Kenworthy (John C.) : 213, 229.
Kimball (Rev. John C.) : 181.
Knutsen (Mathias) : 233.
Körber (Vilém) : 171.
Körner : 2, 106.
Kravtchinski (Serge, v. Stepniak) : 195.
Krejci (Fr.-V.) : 171.
Kropotkine (Pierre, v. Levachoff) : 48, 55, 57, 58, 59, 63, 69, 70, 72 à 86, 101, 106, 136, 137, 145, 147, 150, 152, 155, 160, 164, 171, 173, 174, 176, 182, 186, 188, 190, 191, 195, 196, 199, 201, 204, 207, 213, 214, 217, 219, 237, 238.
Krtschal (August) : 167.

Lacordaire (le R.P) : 17.
Lahautière : 29.
Lamennais : 29.
Landauer (Gustav) : 164, 242.
Lane (Joseph) : 174.
Lanessan (J.-L.) : 226.
Langlois (J.-A.) : 21, 23.
Laponneraie : 29.
Larousse : 31.
Laveleye (Emile de) : 50.
Lavigne (Ernest) : 194.
Lazare (Bernard) : 101, 102, 239.
Lazzari (C.) : 74.
Léauthier : 109.
Ledru-Rollin : 31.
Lefrançais (G.) : 66, 220.
Lega (Paolo) : 106, 111.
Lemonnier (Camille) : 231.
Lence (D.) : 146.
Leroux (Pierre) : 18, 31.
Lesigne (Ernest) : 14.
Lessing : 3.
Letourneau (Dr Charles) : 226.
Levachoff (v. Kropotkine P.) : 73.

— 250 —

Le Vagre (Jehan,v.Grave Jean): 93 à 95, 203.
Léveillé : 108.
Leverdays (E.) : 227.
Lévy (J.-H) : 15.
Lewis (Léon) : 180.
Libermann (A.) : 243.
Liebknecht (Wilhelm) : 46, 55, 237.
Lieske (Julius) : 106, 160.
Lima (Magalhães) : 137, 153.
Limousin (Ch.) : 26, 235.
Lingg (Louis) : 182.
Lizárraga (Gabino) : 139.
Lloyd Garrison (William) : 227.
Lluñas y Pujals (Jose) : 142,147.
Lollini (Vittorio) : 133.
Lombroso (Cesare) : 145, 222.
Longuet (Charles) : 26.
Lorenzo (Anselmo): 142,143,147.
Lores (M.) : 241.
Lorion (Girier) : 107, 112.
Lo Savio (Nicoló) : 119.
Losert (A.) : 230.
Lucchesi (O.) : 106.
Luce (Maximilien) : 102, 104.
Lum (Dyer D.) : 179,180,184,185.
Luss : 98.
Luzarche (Robert) : 26.

Mackay (John Henry) : 16, 36, 160, 171, 182, 186, 235.
Maia (Edoardo) : 154.
Mainwaring (S.) : 213.
Makovichy (Dusan) : 230.
Malarmé : 31.
Malatesta (Errico) : 57, 124, 125, 130,132, 147, 155, 171, 174, 176, 190,201, 203, 204, 208, 237, 240.
Malato (Charles) : 97,98,171,239.
Malon (Benoit) : 3, 25, 32, 57,65, 119, 121.
Malquin Ludovic : 102.
Mañe y Montseny (Teresa): 146.
Manouvrier : 226.
March (Vicente) : 143.
Maréchal (Sylvain) : 3.
Maria : 92.
Marie (Maximilien) : 24.

Marr (Wilhelm) : 39, 40.
Marselau (Nicolas Alonso) : 139, 140.
Martin : 223.
Martinez Ruiz (J.) : 146.
Martins (Oliveiro) : 234.
Marx (Karl) : 38, 39, 45, 64, 120, 129, 218, 219, 240.
Masaryk (Th.-G.) : 171.
Matsalis (D.) : 206.
Matteuci : 122.
Matthey (A.,v.Arnould Arthur): 51.
Mathieu (cardinal-archevêque) : 19.
Mauclair (Camille) : 102.
May (J.-J.) : 29.
Mazzini (Giuseppe) : 31, 48, 118.
Mazzini (G.) : 128.
Mazzoni (V.-S.) : 241.
M. B.: 147, 213.
Medico (J.) : 241.
Mella (Ricardo): 47,126,136,145, 146, 147, 181, 184, 213, 222.
Merlino (Francesco Saverio) : 106,118,119,122, 128,129,130, 161, 240.
Merstallinger : 106. 168.
Mesnil (Jacques) : 115, 223.
Mestdagh de Ter Kiele : 115.
Metchnikoff (Léon): 70, 226.
Meunier (Constantin) : 104.
Meyer (F.) : 37.
Michel (Louise) : 92,93,106,175.
Milano (Edoardo) : 135.
Millière : 56.
Mirbeau (Octave) : 94, 102, 103, 231.
Moineau (Jules) ; 106, 109.
Mokrievitch (Vl. Debagorio) : 194.
Molinari (Luigi): 131, 134, 135.
Montels (Jules) : 66.
Monticelli (Carlo) : 3, 127, 135.
Montseny (Juan) : 112, 145, 146, 150.
Morel (Hector) : 33, 116.
Morris (William) : 175, 212, 213.
Morrison Davidson (J.) : 229.
Martensen (Ivar) : 189.
Most (Johann, v.Anonymus Ve-

— 251 —

ritas) : 106, 112, 130, 157, 158, 160,164,165,167, 171, 175,185, 186, 196,201,203,220,241.
Moullé (Ernest) : 26.
Mozzoni (Anna-Maria) : 74, 135, 136, 150.
Mroczkowski (v. Ostroga) : 44, 198.
Mülberger (D' A.) : 22,38,39,219, 236.
Müller (Eduard) : 160.
Müller (Hans) : 162.
Multatuli (v. Douwes Dekker) : 227.
Munteanu (Gr.) : 202.
Musæus (Johannes) : 233.
Musoiu (P.) : 203.

N.: 116.
N.: 236.
Nadaud (Martin) : 31.
Nadedje (Joan) : 74, 202.
Naewiger (Conrad) : 175.
Ncebe (Oscar) : 182.
Nekvasil (J.) : 51.
Netchaev (S.-G.) : 45,105,192.
Neve : 106.
N. G.: 204.
Nicolet : 106.
Nicoll (David-J.) : 106, 112, 174; 175, 242.
Nietzsche (F.) : 103, 228.
Nieuwenhuis (F.-Domela) : 115, 163,187,196.
Nieva (Teobaldo) : 143, 147.
Niveleur (un) : 96.
Nobre França : 153.
Nyblaeus (Axel.) : 190.
Nyström (Anton) : 190.

Oelsnitz (A.) : 61.
Ogarew : 43, 49, 50, 51.
Olerich (Henry) : 214.
Opitz (Theodor) : 38.
Opletal (Jan) : 242.
Oppenheim (H.-B.) : 38.
Oppenheimer (D' H.) : 213.
Ornum (W.-H. van) : 185.

Orsolini (Pirro) : 122.
Ostroga (v. Mroczkowski) : 44, 198.
Outine (Nicolas) : 59, 195.

Paillette (Paul) : 97.
Paine (Thomas) : 14.
Palla : 106.
Pallás Lattore (Paulino) : 106, 109, 146.
Pare (William) : 5.
Parsons (Albert-R.) : 11, 80, 179, 182, 237, 243.
Parsons (Léon) : 101.
Parsons (Lucy-E.) : 182.
Passanante (Giovanni) : 105,122.
Pavlik (M.): 197.
Pearl Andrews (Stephen) : 6, 7.
Pelletier (Claude) : 32.
Pellicer (Antonio) : 146.
Pelloutier (Fernand) : 104, 239.
Pensa (L.) : 128.
Pensa (Pascale) : 128.
Pentecost (Hugh.-O.) : 13,181.
Perovskaia (Sophie) : 76.
Perrare (A.) : 67.
Perceire : 95.
Perrin (L.) : 135.
Perrot (Joseph) : 25.
Peukert (Joseph) : 160.
Pezza (Vicenzo,v.Barbero): 120.
Pezzi (Francesco) : 122.
Pfau (Ludwig) : 38.
Pfleger : 168.
Pillot (J.-J.) : 29.
Pinheiro Chagas : 154.
Pini (Vittorio) : 92, 107, 130.
Pirata (un) : 120.
Pisacane (Carlo) : 118, 119, 124, 129.
Pissaro : 104.
Pistolesi (Agostino) : 118, 121, 123.
Pi y Margall (Francisco):138,139.
Plekhanov (Georg): 196,220,221.
Podolinski (S.) : 197.
Popow (E.-J.) : 229.
Potter (Rev. William J.) : 12.
Pouget (Emile) : 101, 106, 237.
P.R.: 57.

— 252 —

Prolo (Jacques) : 97.
Proudhon (P.-J.): 7,12,14,16,17 à 22, 23, 24, 25, 26, 32, 37, 38, 39, 119,138,156,190, 193, 205, 218, 219, 233, 234, 236.
Pujo (Maurice) : 102.

Quérard : 21.
Quillard (Pierre) : 102.

Rabelais (François): 2, 212.
Ralli (Z., v. Arbure Zamfir C.) : 61, 194, 202.
Ranc (A.) : 34.
Randon (Gabriel) : 102.
Ravachol : 100,108,144,150,239.
R. C. R.: 147.
Rebellus : 96.
Reclus (Elie): 226.
Reclus (Elisée) : 46,58, 61, 63, 67 à 71,72,74,101,136,147,150,160, 171,176,190,203,208,237.
Reichel (Adolphe) : 51.
Reichesberg (D^r jur. Naum): 221.
Reinsdorf (August): 106,157,159, 160.
Reitzel (Robert) : 165.
Renard (Georges) : 221.
Retté (Adolphe) : 100,102,171.
Rey (Miguel) : 143.
Reymond (G.) : 128.
Richard (Albert) : 236.
Richepin (Jean) : 231.
Richter Gary : 243.
Rictus (Jehan) : 239.
Rienzi (v. Van Kol) : 220.
Rinke (O.) : 242.
Robert (Eugène) : 27.
Robert (Roberto) : 138.
Robin (Paul, v. Bripon) : 65,103, 104.
Rochefort (Henri) : 101.
Rochel (Clément) : 234.
Roig y San Martin (Enrique) : 150.
Roorda van Eysinga (S.E.W.) : 227.
Rosenkranz (Karl) : 36, 235.
Rossetti (Mircea) : 228.

Rossi (Giovanni, v. Cardias) : 123, 212, 216, 217.
Roux (Jacques) : 3.
Roux (Jacques, pseudonyme): 98.
Royer (Emile) : 109, 111.
Rudebusch (Emil-F.) : 230.
Ruge (Arnold) : 35,36,38, 42, 50.
Ruskin : 213.
Russell (D^r) : 202.
Russo (Vicenzo) : 129.

Sagra (Ramon de la) : 23, 138.
Saint-Auban (de) : 110, 111.
Sainte-Beuve : 22.
Salas Anton (Juan) : 137.
Salle (Gabriel de la) : 91.
Salt (H.S.) : 4.
Samuels (H.-B.) : 175.
Sanchez Ruano (Juan) : 139.
Sanftleben (A.) : 216.
Sarno (Giuseppe) : 136.
Saurin (Daniel) : 100.
Say (J.-B.) : 36.
Sceusa (Francesco) : 122.
Schack (Michael J.) : 223.
Schicchi (Paolo) : 106, 132, 135.
Schiller : 3.
Schiroky (L.) : 97.
Schmidt (Kaspar, v. Stirner Max): 35.
Schmidt (Max, v. Stirner Max) : 235.
Schmidt (Karl, v. Burger Karl) : 235.
Schmitt (Dr Eugen Heinrich) : 229, 230.
Schneidt (Karl) : 223.
Schultze (J.) : 74.
Schumm (E.) : 39 ;
Schumm (G.) : 39, 227.
Schwab (Michel) : 182.
Schwitzguebel (Adhémar) : 55, 58, 61, 62, 63.
Semmig (Hermann) : 40.
Serantoni (F.) : 123.
Sernicoli (E.) : 223.
Serrano (V.) : 146.
Serrano y Oteiza (Juan) : 142.
Séverine : 231.
Seymour (Henry) : 9, 12, 14, 15, 50, 214.

Seymour (Norton) : 214.
Shaw (George-Bernard):175,220, 228.
Signac : 104.
Simoni : 118.
Simpson (A.-H.) : 13.
Sivieri (Emilio) : 134.
Skajewski (Alexandre) : 198.
Smbate : 233.
Smith (Adam) : 36.
Soledad (Gustavo) : 146,147,150.
Solieri (V.) : 124.
Solitaire (le) : 24.
Solovief : 73.
Souhain : 135.
Spencer (Herbert) : 226.
Spichiger (A.) : 61.
Spiess (August):165,180,187,201, 243.
Spiess (Mme Christine) : 243.
Spooner (Lysander) : 7, 8.
Stefanovitch : 196.
Steffen (Gustav.-F.) : 221.
Stein (Lorenz von) : 29.
Steiner (Dr Rudolf) : 230.
Steinle (E.) : 166, 242.
Steinlen : 98, 104.
Steinsvik (Rasmus) : 189, 190.
Stellmacher (Hermann):106,168.
Stepniak (v. Kravtchinski Serge): 195.
Sternberg : 106.
Stirner (Max, v. Schmidt Kaspar, Edward G. et Schmidt Max) : 16, 35, 36, 156, 235.
Stromberg (Maria) : 43, 236.
Stuart (Frank Q.) : 11, 185.
Stuart Mill (John) : 225, 226.
Sullivan (A.-M.) : 157.
Suñe (Sebastian) : 146.

Tailhade (Laurent) : 102.
Tak-Kak : 234.
Talandier : 49.
Tandy (Francis-D.) : 13, 234.
Tarn (Albert) : 14, 15.
Tasso (N.) : 147.
Tchamtchiantz : 233.
Tcherkesoff (W.) : 163, 176, 237, 242.

Teistler (H.) : 162.
Teodoru (Gh.-A.) : 203.
Tersite (v. Carnecchia F.-G.):127.
Testu (O.) : 50, 65.
Teulière (E.) : 66.
Théodore Jean : 102.
Thiers : 18, 25.
Thomachot (A.) : 65, 66.
Thompson (William) : 172.
Thoré : 28.
Thoreau : 227.
Thrane (Marcus) : 228.
Tillinghurst (William H.) : 12.
Tkatchev (P.-N.) : 196, 219.
Tochatti (James) : 174.
Tolain : 25, 26.
Tolstoï (comte Léon) : 100, 214, 228, 229, 230.
Train (Georges-Francis) : 180.
Trautner (Max) : 161.
Tridon (Gustave) : 3.
Trumbull (général M.-M.) : 180.
Tucker (Benjamin R.) : 12, 16, 39, 47, 185.
Turati (F.) : 50.

Vaillant (Auguste) : 89, 110, 204.
Valera (Paolo) : 127, 128.
Van Bloppoel (M.) : 68.
Van der Voo (B.-P.) : 95.
Van Hamel (Dr G.-A.) : 223.
Van Kol (v. Rienzi) : 220.
Varennes (Henri) : 223.
Varlet (Jean) : 3.
Varlin : 52, 64, 65.
Vasbenter (L.) : 23.
Vaughan (E.) : 69.
Vauthier (Octave) : 31.
Vedaux (André) : 90, 102.
Vellicus : 29.
Vermeylen (A.) : 115.
Vermorel (A.) : 2, 26.
Veuillot (Louis) : 116.
Vianna (J.-M. Gonçalves) : 153, 154.
Villaumé (N.) : 21.
Visalli (Salvatore) : 136.
Vogt (Karl) : 227.
Vollmar (von) : 163.

Wagner (Richard) : 227.
Waldo (Ralph) : 227.
Walker (E.-C.) : 10, 11, 13.
Walker (L.) : 13.
Warren (G.-O.) : 15, 172.
Warren (Josiah) : 6, 215.
Webster (John-W.) : 7.
Weitling : 30, 40.
Weller (E.) : 3.
Wemyss (Earl of) : 16.
Whitman (Walt) : 227.
Whittick (William-A.) : 13.
Wichers von Gogh (O.) : 163.
Wilde (Oscar) : 228.
Wille (Dr Bruno) : 230.
Willems (Henri) : 111.

Wilson (Charlotte-M.) : 173, 174.
Winspear (W.-R.) : 16, 177.
Withington Lothrop : 15, 181, 213.

Yarros (Victor) : 12, 185.

Zanardelli (Tito) : 121.
Zeisler (Salomon) : 180.
Zenker (G.-V.) : 223.
Zo d'Axa : 101.
Zosîn (Panaite) : 70, 203.
Zubku-Kodreanu (Nicolas Petrovitch, v. Dragosch) : 202.
Zuccarini (E.) : 119, 128.

PUBLICATIONS PÉRIODIQUES ET JOURNAUX CITÉS.

Acracia, revista sociologica, Barcelone, 71, 81, 144, 184.
Acracia, Santa Clara (Cuba), 151.
Action (l'), Paris, 90.
Action révolutionnaire (l'), Alger, 88.
Action révolutionnaire (l'), Nîmes : 88.
Action sociale (l'), Paris, 90.
Affamé (l'), Marseille, 87.
Aftonbladet, Stockholm, 42.
Age of Thought (the), Columbus Junction, Iowa, 184, 234.
Agitador (o), Covilhâ, 154.
Agitateur (l'), Chaux-de-Fonds : 60.
Agitateur (l'), Marseille, 63, 68, 89, 97, 239.
Agitatore (l'), Lugano, 121.
Alarm (the), Chicago, puis New York, 11, 72, 75, 76, 179, 182, 183, 184.
Alarm (the), Londres, 176, 189.
Alarma (la), La Havane, 85, 151.
Alarma (la), Séville, 140, 144.
Alarme (l'), Lyon, 87.
Allam nëlkül (v. *Ohne Staat),* Budapest, 230.
Allgemeine Zeitung, Salzburg, 169.
Altrurian (the), Columbus Junction, Iowa, 183.
Amico del Popolo (l'), Mantoue, 127.
Amico del Popolo (l'), Milan, 76, 131, 134.
Ami des Ouvriers (l'), Charleroi, Pennsylvanie, 91.
Ami du Peuple (l'), Liége, 55, 65, 121, 153.

Amsterdam Vooruit, Amsterdam, 187.
Anarchia (l'), Marseille, 132.
Anarchia, Londres, 241.
Anarchia (l'), Naples, 122, 123.
Anarchico (l'), New York, 133.
An-archie, Amsterdam, 68, 110, 186.
Anarchie (l'), *journal de l'Ordre*, 24.
Anarchist (the), *Socialistic Revolutionary Review*, Boston, 179.
Anarchist (der), Chicago, 165.
Anarchist (the), Londres, 12, 14, 55, 69, 79, 173, 181.
Anarchist (der), New York, 76, 83, 84, 108, 109, 110, 129.
Anarchist, Rotterdam, puis Sappemeer, puis Amsterdam ; 2ᵉ série, La Haye, 73, 74, 76, 77, 109, 160, 161, 186, 239.
Anarchist (der), St-Louis, Mo., 82, 165.
Anarchist (the), Sheffield : 37, 86, 174, 175.
Anarchist (the), Sydney, 243.
Anarchist Labour Leaf (the), Londres, 174.
Anarchy, Smithfield, puis Rockwood, N.S.W., 178.
Anarquia (la), La Plata, prov. de Buenos Aires, 77, 149, 238.
Anarquia (la), Madrid, 85, 109, 129, 145, 146, 147, 181.
Antikrat (der), 41.
Antipatriote (l'), Bruxelles, 114.
Antipatriote (l'), Paris, 89.
Arbeider (de), Sappemeer, 187.
Arbeit (die), Marburg, Styrie, 168.
Arbeit, Villach, Linz, puis Vienne, 169.
Arbeiterfreund (v. *the Worker's Friend*), Londres, 200.
Arbeiter Zeitung, Berlin, 164, 182.
Arbeiter Zeitung, Berne, 57, 60, 67, 157.
Arbejderen, Copenhague, 75, 188.
Arbetet, Suède, 191.
Arbitrator (the), Highlands, Colorado, 11.
Archivo social (el), La Havane, 69, 108, 110, 129, 151.
Ardén, Athênes, 79, 206.
Ardén ? (v. *En Avant*), Patras, 206.
Ariete anárquista, Barcelone, 147.
Arme Konrad (der), Berlin, 164.
Arme Teufel (der), Detroit, 165, 182.
Arte, Messine, 132.
Articulo 248 (l'), Ancône, 103, 131.
Art social (l'), Paris, 91, 103, 239.
Armée Nationale (l'), Bruxelles, 114.

Asino (l'), Florence, 123.
Asino, Rome, 112.
Asino umano (l'), Sâo Paulo, Brésil, 133.
Associazione (l'), Nice, 130, 132.
Attaque (l'), Paris, 88, 97, 107, 130.
Audace (l'), Paris, 24, 88.
Australian Radical (the), Hamilton, N.S.W., 16, 177.
Autonomia, Séville, 143.
Autonomie (die), Londres, 69, 71, 76, 78, 82, 83, 84, 107, 109, 160, 161, 167, 201, 228.
Autonomie individuelle (l'), Paris, 88.
Autonomista (el), Espagne, 141.
Avant-Garde (l'), Chaux-de-Fonds, 49, 53, 56, 60, 67, 106, 156.
Avant-Garde cosmopolite (l'), Paris, 88.
Avenir (l'), Genève, 60, 110, 126.
Avvenire (l'), Buenos Aires, 133, 146.
Avvenire (l') Modène, 118, 119, 121, 122.
Avvenire (l'), Sâo Paulo, Brésil, 78, 82, 85, 133, 155.
Avvenire sociale (l') Messine, 132, 238, 242.

Bandera del Pueblo (la), Mexico, 152.
Bandera roja (la), Madrid, 46, 71, 144.
Bandera social (la), Madrid, 143.
Bandit du Nord (le), Roubaix, 89.
Barbaros (os), Coïmbre, 100, 124, 154, 158.
Basarabia, Jassy, 202.
Beacon (the), San Francisco, 183.
Beilage zur Rheinischen Zeitung, Cologne, 235.
Berliner Monatsschrift, Mannheim, 235.
Bibliographie de France (la), Paris, 17.
Bien-être social (le), Belgique, 27.
Blätter der Gegenwart für Sociales Leben, Lausanne, 40.
Boa Nuova (a), Lisbonne, 126.
Boletin de la Asociación de Trabajadores, Ferrol, 140.
Boletin de la Federación Regional Española, Alcoy, 140.
Bollettino dei lavoratori, Naples, 120.
Bollettino della Federazione italiana del l'Internazionale dei Lavoratori, Italie, 121.
Borba, Philippopoli, 79.
Brandfackel (die), New York, 80, 109, 165.
Budoucnost, Chicago, 170.
Bulletin de la Commune, 66.

Bulletin de la Fédération Jurassienne de l'Association Internationale des Travailleurs, Sonvillier, puis Locle, puis Chaux-de-Fonds, puis Sonvillier, 49, 50, 54, 55, 56, 57, 60, 62, 118, 123, 152, 156, 206.
Bulletin de l'Union républicaine de langue française, New York, 33, 66.
Bulletin de propagande antipatriotique, Paris, 89.
Bulletin des Groupes anarchistes, Paris, 87.
Bulletin des Harmoniens, Paris, 90.
Bulletin du Congrès de Londres, Bruxelles, 55.

Cahiers du Travail (les), Liège, 113.
Ça ira (le), Paris, 88.
Campana (la), Macerata, 131.
Campana (la), Naples, 120.
Canaglia (la), Gênes, 121.
Capestro (il), Fermo, 121.
Carlo Pisacane, Naples, 119.
Carmen Sylva, Bucarest, 70, 203.
Caserio, Buenos Aires, 150.
Casopis pokrokového studentstva, 171.
Cech (Genève), 42.
Cervanki lipanske casopis ceskych radikalnich socialistû, 170.
Che Siamo, Pesaro, 131.
Chicagoer Arbeiterzeitung, Chicago, 165.
Christ (le), 224.
Christ anarchiste (le), 224.
Chronique (la), Bruxelles, 70.
Ciclone (il), Paris, 130, 132.
Ciencia social, Barcelone, 103, 147, 241.
Clameur (la), Paris, 239.
Clameur amiénoise (la), Amiens, 90.
Clarion (the), Londres, 237.
Cloche (la), Bruxelles, 42.
Combate (el), Bilbao, 144.
Combattiamo ! Gênes, 79, 127.
Commonweal (the), Londres, 47, 69, 73, 76, 78, 85, 93, 108, 109, 158, 174, 175, 182, 212, 213.
Commonweal (the), Sheffield, 175, 242.
Commune (la), Genève, 65, 66.
Commune (la), Nouvelle Orléans, 66.
Communist (der), Londres, 161.

Communist, Pest, 168.
Communiste (le), Londres, 91.
Communiste libertaire (le), Corning, Iowa, 215.
Communitist (the), Skaneateles Community, Etats-Unis, 215.
Comunardo (il), Fano, 121.
Comunista (il), Londres, 132.
Comunista (el), Saragosse, 144.
Condenado (el), Alcoy, 147.
Condenado (el), Madrid, 140.
Conquista del Pan (la), Barcelone, 144.
Conquista do Bem anarchista, Coïmbre, 154.
Conscrit (le), Paris, 89.
Contemporary Review (the), 15, 69, 226.
Controversia (la), Barcelone, 147.
Corsario (el), La Corogne, 24, 76, 109, 110, 135, 136, 137, 142, 147, 164, 181, 241.
Cosmopolis, Londres, 234.
Cosmopolita (el), Valladolid, 143.
Cosmopolitain Review (the), Londres, 50, 172.
Courrier français (le), Paris, 26.
Courrier social (le), Paris, 90.
Crachat (le), Paris, 239.
Cri des Opprimés (le), Charleroi, Belgique, 114.
Cri du Peuple (le), Verviers, 114.
Crise sociale (la), New York, 91.
Critica sociale (la), Milan, 221, 229.
Critique sociale (la), Genève, 60, 158.
Cri typographique (le), Paris, 89.
Croce di Savoia (la), Genève, 132, 240.
Croydon Brotherhood Intelligencer (the), Angleterre, 229.
Cuarto Estado (el), Orense, Espagne, 144.
Cuestion social (la), Valence, 147.
Cyclone (le), Buenos Aires, 91.

Dacia viitoare, Paris, puis Bruxelles, 202.
Daily Chronicle (the), Londres, 229.
Débâcle (la), Bruxelles, 101, 114.
Débâcle sociale (la), Ensival, 70, 109, 114.
Déchard (le), Damery Brunet, Marne, France, 89.
18 Marzo, Milan, 131.
Défi (le), Lyon, 87.
Délnické Listy, Chicago, 171.

Dělnické Listy, New York, 47, 50, 83, 158, 161, 171, 175, 237, 238.
Dělnické Listy, Vienne, 170.
Democratic Review (the), Londres, 15.
Démocratie (la), Paris, 43.
Demoliamo, Rosario de Santa Fé, Argentine, 133.
Demolitore (il), Naples, 126.
Derecho (el), Cordoue, 140.
Derecho á la Vida (el), Montevideo, 24, 51, 78, 95, 134, 149.
Descamisados (los), organo de las ultimas capas sociales, Madrid, 140.
Desheredados (los), Sabadell, 143.
Despertar (el), Brooklyn, 77, 81, 85, 95, 109, 110, 111, 145, 151, 152, 175, 217, 237, 240, 241.
Deutsche Jahrbücher, 42.
Deutsche Worte, Vienne, 189, 220, 236.
Deutsch-Französische Jahrbücher, Paris, 42.
Devoir (le), Liége, 113.
Diritto (il), Monsclice, Vénétie, 122.
Diseredato (il), Gênes, 122.
Drapeau Noir (le), Bruxelles, 77, 78, 114.
Drapeau Noir (le), Lyon, 87.
Drapeau Noir (le), Marseille, 88.
Drapeau Rouge (le), Bruxelles, 114.
Drapeau Rouge (le), Lyon, 88.
Drapeau Rouge (le), Paris, 88.
Drepturile Omului, Bucarest, 202.
Drochak, 208.
Droit anarchique (le), Lyon, 87, 107.
Droit social (le), Marseille, 88.
Droit social (le), Lyon, 76, 87, 92, 93, 94.
Duch Casu, Prossnitz, Moravie, 170.
Duch Volnosti, Chicago, 171.

Echo, Londres, 15.
Eco del Rebelde (el), Saragosse, 144.
Eco de Ravachol (el), Espagne, 144.
Economie Sociale (l'), Bruxelles, 56,
Education intégrale (l'), Paris, 103.
Egalitaire (l'), Paris, 29.
Egalitaire (l'), Genève, 60.
Egalité (l'), Genève, 45, 46, 54, 56, 59.
Egoism, San Francisco, puis Oakland, Californie, 13, 234.

— 261 —

Eguaglianza (l'), Girgenti, 120.
Eigene (der), Wilhelmshagen, près Berlin, 230.
Einbrecher (der), Londres, 161.
Emancipador (o), Porto, 80, 154.
Emancipazione sociale (la), Naples, 131.
Emeute (l'), Lyon, 87.
Enclos (l'), Paris, 90, 239.
En-dehors (l'), Paris, 89.
Enfant terrible (l'), San Francisco, 13.
English Republic (the), 227.
Entretiens politiques et littéraires (les), Paris, 35, 48, 90, 101.
Epigonen (die), Leipzig, 35, 36, 37.
Epi ta prosô, Patras, 206 et v. errata.
Errore Giudiziaro (l'), Ancône, 240.
Erste Freie Presse Cisleithaniens, Vienne, 168.
Esclavo (el), Tampa, Floride, 45, 47, 75, 86, 151, 152, 237.
Esclavo moderno (el), Villanueva y Geltrù, 143.
Escravo (o), Porto. 154.
Esprit de Révolte (l'), Paris, 88.
Etendard révolutionnaire (l'), Lyon, 33, 76, 87, 92, 93.
Expansión individual (la), Buenos Aires, 150.

Fackel, Chicago, 165.
Fakkel (de), Gand, 70, 76, 110, 111, 115, 163.
Falot cherbourgeois (le), Cherbourg, 89.
Fame (la), Gênes, 120.
Fascio Operaio (il), Bologne, 120.
Favilla (la), Mantoue, 108, 120, 124, 125, 131, 134, 135, 136.
Federación (la), Barcelone, 45, 140.
Federación de Trabajadores (la), Montevideo, 74, 149.
Federación Igualadina (la), Igualada, 143.
Federación obrera (la), Rosario, Rép. Argentine, 241.
Fédéraliste (le), Paris, 26.
Fédération (la), Londres, 66.
Fedraheimen, Tönsett puis Skien, 69, 71, 74, 75, 76, 82, 84, 99, 125, 189, 190.
Fer rouge (le), Bruxelles, 114.
Fiaccolo rossa (la), Florence, 126, 129.
Fieramosca (la), 123.
Figaro (le), Paris, 99, 100, 103, 110, 111, 223, 228.
Firebrand (the), Portland, Oregon, 69, 178, 183, 216, 234, 243.
Folgore (la), Forli, 131.

Forçat (le), Paris, 80.
Forçat du Travail (le), Paris, 88.
Forche repubblicane (le), Imola, 131.
Fortid og Fremtid, Norvège, 190.
Fortnightly Review, 98, 195, 213, 228.
Forum (the), 84.
France Libre (la), Paris, 24.
Frankfurter Zeitung, Francfort a. M., 38.
Fratellanza (la), Naples, 120.
Fraternité (la), 29.
Fraternité de 1845 (la), 29, 30.
Freedom, Chicago, 81, 158, 182, 183, 238.
Freedom, Londres, 73, 74, 81, 82, 83, 85, 86, 93, 94, 110, 111, 125, 126, 130, 174, 189, 191, 213, 237, 239.
Free Exchange, Londres, 14.
Free Life (the), Londres, 15, 214.
Free Trade, Londres, 14.
Freie Arbeiterstimme, New York, 83, 200.
Freie Bühne, Berlin, 189, 230.
Freie Gesellschaft (die), Zurich, 164.
Freie Gesellschaft (die), New York, 200.
Freie Jugend (die), Berlin, 230.
Freie Wacht, Philadelphie, 75, 165.
Freiheit (die), Graz, 169.
Freiheit (die), Heilbronn, 164.
Freiheit (die), Londres, puis New York, 29, 32, 35, 36. 47, 48, 50, 51, 69, 71, 72, 73, 74, 76, 77, 78, 79, 80, 81, 83, 84, 85, 94, 96, 98, 107, 108, 110, 111, 124, 125, 126, 129, 157, 158, 160, 161, 162, 163, 165, 166, 167, 175, 180, 182, 189, 191, 203, 209, 213, 214, 216, 217, 234, 237, 238, 241.
Freiland, Vienne, 213.
Friesch Volksblad, Leeuwarden, 187.
Fuerza de la Razón, Chivilcoy, 150.

Gazette des Tribunaux (la), Paris, 30.
Gazzetta degli Operai, Turin, 82.
Gazzetta Operaia, Turin, 126, 128.
Gazzettino Rosa, Milan, 48, 120.
Genossenschafts-Pionier (der), Grosslichterfelde, près Berlin, 242.
Gesellschaft, Leipzig, 231.
Gil Blas, Paris, 102.
Giustizia (la), Girgenti, 120.
Glaneur anarchiste (le), Paris, 3, 34, 88.

Gleichheit, Vienne, 169.
Golos, Saint-Pétersbourg, 106.
Grido degli Oppressi (il), New York, puis Chicago, puis New York, 76, 133.
Grido dell' Operaio (il), Spezia, 131.
Grido del Popolo (il), Naples, 122, 129.
Grido del Pueblo (el), San Martin de Provensals, 144.
Grito de Revolta, Porto, 154,
Gromada, Genève, 197.
Gromadaski Drug, Lemberg, 197.
Guerre sociale (la), édition française de *Ni Dieu ni Maitre,* de Bruxelles, 114.
Gueux (le), Paris, 89.

Hacker's Pleasure Boat, Portland, Maine, puis Berlin, N.J., 234.
Haemeth, Vienne, 243.
Hamaïnk, 95, 111, 207.
Harmonie, Marseille, 79, 90, 239.
Hijo del Trabajo (el), Pontevedra, 143.
Herald of Anarchy, Londres, 14.
Hereje (o), Lisbonne, 154.
Hijos del Mundo (los), Guanabacoa, Cuba, 125, 151.
Homme (l'), Jersey, puis Londres, 31, 33, 34, 227.
Homme Libre (l'), Bruxelles, 48, 109, 114, 129, 130.
Honesty, Melbourne, 16, 177.
Hors la loi, Lyon, 87.
Humanitaire (l'), Paris, 29, 30.
Humanitas, Naples, 119, 123, 124, 126, 127, 129, 217.
Hydre anarchiste (l'), Lyon, 87, 107.

Idea Libre (l'), Madrid, 69, 74, 142, 147, 151.
Idea Libre (l'), Montevideo, v. errata.
Idée (l'), Bruxelles, 76, 114.
Idée libre (l'), Agen, 239.
Idée ouvrière (l'), Le Hâvre, 88, 125.
Illustration (l'), Paris, 99, 223.
Ilota (l'), Pistoja, 124, 127.
Independant (l'), Commercy, 89.
Individualist (the), Highlands, Colorado, 11.
In Marcia! Fano et Pesaro, 119, 126, 127, 129, 212, 217.
Insurgé (l'), Bruxelles, 95, 2me série, 114.
Insurgé (l'), Lyon, 33, 90, 97, 103, 107, 108, 111.

Insurrezione (l'), Londres, 124.
Interdit (l'), édition française de *Ni Dieu ni Maître*, de Bruxelles, 114.
Internacional (el), Malaga, 140.
Internacional (el), Montevideo, 149.
International (l'), Londres, 91.
International anarchiste (l'), Marseille, 88.
Internationale (l'), Bruxelles, 45, 54, 113, 115.
Internationale (l'), Genève, 66.
Internazionale (l'), Naples, 120.
Intransigeant (l'), Paris, 223.
Intransigente (l'), Venise, 126, 129.
Invencible (el), Saragosse, 144.
Izdanie Obchtchestna narodnoi razpravy, Genève, 192.

Jahrbuch für Socialwissenschaft, Zurich, 206, 219.
Jeunesse nouvelle (la), Lyon, 239.
Jeunesse socialiste (la), Toulouse, 221.
Jeune Icarie (la), Corning, Iowa, 215.
Journal de Genève (le), Genève, 49.
Journal des Débats (le), Paris, 31, 110.
Journal des Economistes (le), Paris, 130.
Journal des Etudiants (le), Liège, 26.
Jovenes Hijos del Mundo (los), Guanabacoa, Cuba, 125, 151.
Jugend (die), Berlin, 230.
Jus, Londres, 15, 16.
Justice, Londres, 75, 173.
Justicia (la), Malaga, 140.
Justicia humana (la), Gracia, Barcelone, 94, 144.

Kampf (der), Berlin, 157.
Kämpfer (der), St-Louis, 165.
Kansas Liberal (the), Valley Falls, Kansas, 11.
Karabac, Reichenberg, 242.
Klok (de), Wolvega, 187.
Koinónia (he), Athènes, 206.
Kölnische Zeitung, Cologne, 223.
Kolokol, russe, Londres, puis Genève, 42, 46, 50
Kolokol, français, Genève, 43.
Korrektie (de), Gand, 115.
Kritik (die), Berlin, 223.
Kunst dem Volke (die), Berlin, 230.

Labor Corchera (la), Palamos, 147.
Labor Enquirer (the), Denver, Col., 75.
Labour Leader (the), Glasgow et Londres, 237.
Lanterna (la), Florence, 123.
Lavoratore (il), Alexandrie, 132.
Lavoratore (il), Gênes, 123.
Lavoriamo, Buenos Aires, 48, 133.
Legalidad (la), Gracia, 140.
Libero Patto, Ancône, 130.
Libertà e Giustizia, Naples, 43, 120.
Libertaire (le), Alger, 89.
Libertaire (le), Bruxelles, 109, 110, 111, 114.
Libertaire (le), New York, 30, 32, 33, 56, 212.
Libertaire (le), Paris, 90, 92, 97, 102, 110, 230, 240.
Libertario (o), Porto, 154.
Libertas, Boston, 7, 12, 30.
Liberté (la), Bruxelles, 27, 45, 48, 49, 54, 66, 113, 192, 193.
Liberté (la), Bruxelles, puis Verviers, 114.
Liberté (la), Buenos Aires, 47, 68, 71, 75, 91.
Liberté (la), Genève, 44.
Liberty, Boston, 7, 12, 13, 48, 227, 233.
Liberty, Hammersmith, Londres, 14, 47, 69, 70, 84, 85, 93, 111, 126, 163, 174, 176, 243.
Liberty (en japonais), San Francisco, Cal., 209.
Liberty Annual (the), Angleterre, 16.
Liberty Review (the), Angleterre, 16.
Libre Iniciativa (la), Rosario de Santa Fe, Argentine, 107, 150.
Libre Parole (la), Paris, 110.
Licht en Waarheid, Amsterdam, 76, 174, 186.
Lichtstrahlen, Berlin, 80, 164.
Livre d'Art (le), Paris, 90.
Londoner Arbeiter Zeitung, Londres, 161.
Loteling (de), Malines, 115.
Lotta (la), Mantoue, 74, 126.
Lotta sociale (la), Milan, 50, 131.
Lotta Umana (la), Ancône, 132.
Lucha Obrera (la), Buenos Aires, 149, 165, 241.
Lucha Obrera (la), La Corogne, 143.
Lucha Obrera (la), Montevideo, 149.
Lucifer, Valley Falls et Topeka, Kan., puis Chicago, 11.
Luctador (o), Portugal, 154.
Luctador anarchista (o), Portugal, 154.

Lumpenproletarier (der), Londres, 161.
Lutte (la), Lyon, 87, 95, 107.
Lutte pour l'Art (la), Bruxelles, 114.
Lutte pour la Vie (la), Paris, 90.
Lutte sociale (la), Lyon, 88.
Luz (la), Montevideo, 78, 149.
Luz do Operaio (a), Portugal, 153.

Magazin für Litteratur, Berlin, 36, 189.
Malfattori (i), Genève, 123, 132.
Malfattori (i), Imola, 131.
Marmaglia (la), Imola, 131.
Marmite sociale (la), Alger, 90.
Marseillaise (la), Paris, 46, 56.
Martello (il), Fabriano, Iesi, 122, 123.
Martello (il), Milan, 57, 120, 206.
Match (the), Columbus Junction, Iowa, 184.
Matice Dĕlnická, New York, 79, 171.
Matice Dĕlnicka, Prossnitz, Moravie, 170.
Matice Dĕlnika, Vienne, 170, 238.
Mercure de France (le), Paris, 35, 90.
Metallarbeiter, New York, 165.
Metallarbeiterfachblatt, Vienne, 168.
Mirabeau (le), Verviers, 113.
Miserabili (i), Parme, 126.
Misère (la), Bruxelles, 108, 114.
Miseria (la), Alexandrie, Italie, 122.
Miseria (la), Buenos Aires, 149.
Mistoufle (la), Dijon, 90.
Mlot, Lemberg, 198.
Moderne Völkergeist (der), Berlin, 41.
Moderni Revue, Prague, 100, 171.
Modern Science Essayist (the), New-York, 13.
Moniteur (le), Paris, 18.
Montagna (la), San Remo, 127.
Morgenrood, Amsterdam, 110, 222.
Morgenrood ('t), Harlingen, 187.
Morgenrood, La Haye, 187.
Moskovskii Nabliudatel, Moscou, 42.
Moto (il), Imola, 122.
Motto d'Ordine (il), Naples, 120.
Movimento sociale (il), Naples, 122.

Movimiento social (el), Espagne, 141.
Munca, Bucarest, 84, 203.
Munca exceptionala, Bucarest, 203.
Municipio libre (el), Málaga, 141.

Nabat, Genève, puis Londres, 196.
Narod, Lemberg, 197.
Narodnoe Dyelo, Genève, 44, 192.
Nase Doba, Prague, 230.
Nemesis, Baltimore, 179.
Nepákarat, Budapest, 169.
Nettuno (il), Rimini, 122.
Neue Anecdota, Darmstadt, 39.
Neue deutsche Rundschau, Berlin, 36, 213.
Neue Freie Presse, Vienne, 38, 50, 189, 222.
Neue Gesellschaft (die), Zurich, 38, 167.
Neue Zeit (die), Stuttgart, 212, 220.
Newcastle Daily Chronicle (the), Newcastle, 85.
New England Anzeiger, New Haven, U.S., 165.
New Jersey Arbeiter-Zeitung, Jersey City Hights, 165.
New Order (the), Croydon, 229.
New York Tribune (the), New York, 7.
Ni Dieu ni Maître, Bruxelles (v. *La Guerre sociale* et *L'Interdit)*, 114.
Ni Dios ni Amo, Buenos Aires, 150.
Nineteenth Century (the), Londres, 80, 81, 82, 83, 84, 86.
Non Partisan (the), Los Angeles, Cal., 184.
Noodkreet (de), Malines, 115.
Nord und Süd, Berlin, 222.
Nouvelle Humanité (la), Paris, 90.
Nouvelle Revue (la), Paris, 21, 51.
Nouvelle Tribune du Peuple (la), Bruxelles, 113.
Noografo (el), Barcelone, 143.
Novè Proudy, Prague, 171.
Novoe Slovo, Russie, 195.
Nueva Idea (la), Gracia, Barcelone, 147.
Nuova Gazzetta Operaia, Turin, 33, 97, 126.
Nuova Giuventù, Florence, 74, 131.
Nuova Riscossa (la), Trapani et Marsala, 131, 133.
Nuovo Combattiamo, Gênes, 48, 127, 158.
Ny Tid, Chicago, 190.
Nyt Tidskrift, Christiania, 190.

Obchtchee Dyelo, Genève, 194.
Obchtchina, Genève, 48, 156, 195, 202.
Obchtchina, Londres, 192.
Obrero (el), Cuba, 151.
Obrero (el), Grenade, 140.
Obrero (el), Palma, Mayorque, 140.
Obrero (el), Sabadell, 140.
Obrero Panadero (el), Buenos Aires, 145, 149.
Œuvre sociale (l'), Marseille, 90, 239.
Ohne Staat (v. *Allam nélkül*), Budapest, 230.
Omladina, Aussig, 170, 180.
Omladina, Prague, puis Brüx, 171.
11 de noviembre, Montevideo, 149.
Ontwaking, Anvers, 115, 240.
Operaio, Reggio Calabria, 71, 124, 127.
Operaio (l'), Brésil, 133.
Operaio (il), La Spezia, 93, 131.
Operaio (il), Tunisie, 48, 79, 127, 132.
Opposition (die), 38.
Oppresso (il), Pergola, 124.
Oprimido (el), Algeciras, 144.
Oprimido (el), Lujan, prov. de Buenos Aires, 110, 149, 241.
Oprimido (el), Santiago, Chili, 150.
Opstand (de), Anvers, 115.
Opstand (de), Gand, 115.
Opstandeling (de), Anvers, 115.
Ora sanguinosa (l'), Ancône, 132.
Orden (el), Cordoue, 140.
Orden (el), hoja socialista de propaganda y de acción revolucionaria, Espagne, 140.
Ordine, Turin, 79, 108, 129, 131.
Ord och Bild, Stockholm, 221.
Ordre social (l'), France, 130.
Ottantanove (l'), Venise, 127.
8 Giugno (l'), Florence, 131.
Our New Humanity, Topeka, Kansas, puis Chicago, 11.
Ouvrier révolté (l'), Calais, 88.

Paria (il), Ancône, 48, 126, 130.
Paria (le), Paris, 90.
Parole (die), Saint-Louis, 165.
Patriote (le), Bruxelles, 70.

Paupertas, Piedimonte d'Alife, 127.
Paysan révolté (le), France, 87.
Peaceful revolutionist (the), Utopia, Ohio, 215.
Pensamiento social (el), Lisbonne, 153.
Pensiero (il), Chieti, 78, 80, 110, 131.
Pensiero e Dinamite, Genève, 132.
People (the), San Francisco, 75.
Père Duchéne (le), Paris, 90, 158.
Père Peinard (le), Paris, 89, 104, 217, 239, 240.
Per la Propaganda, Naples, 131.
Per la Verità, Livourne, 124.
Perseguido (el), Buenos Aires, 70, 75, 77, 85, 103, 108, 109, 110, 111, 124, 149, 181, 216, 240.
Persévérance (la), Verviers, 114.
Personal Rights Journal, Londres, 15.
Petardo anarchista (o), Portugal, 154.
Petrolio (il), Ferrare, 120.
Peuple (le), Paris, 18, 21, 37, 138.
Peuple Belge (le), Bruxelles, 53.
Peuple de 1850 (le), Paris, 21.
Phalange (la), Paris, 17.
Philosophie positive (la), Versailles, 65.
Piccola Antologia, Rome, 222.
Piccone (il), Catane, 131.
Piccone (il), Naples, 126.
Pisacane, Naples, 124.
Pleasure Boat, Portland, Maine, puis Berlin, N. J., 234.
Plebaglia (la), Imola, 131.
Plebe (la), Milan, 121.
Plebe (la), Terni, 131.
Plébéien (le), Dison, Vaux-sous-Olne, Nessonvaux et Ensival, 110, 114.
Plume (la), Paris, 90.
Pokrok, Kolin, 170.
Pokrokové Listy, Prague, 170.
Pomsta, organ socialne-revolucni strany ceské, 170.
Popolo (il), Florence, 124.
Popolo d'Italia (il), 43.
Porvenir anárquista (el), Barcelone, 132, 144.
Porvenir social (el), Barcelone, 147.
Pot-à-Colle (le), Bagnolet, Seine, 89.
Povero (il), Palerme, 121.

Praca, Lemberg, 198.
Práce, Brünn. 170.
Práce, Chicago, 171.
Practical Christian (the), Hopedale, Mass.: 229.
Practical Socialist, Londres, 173.
Present Day (the), Londres, 173.
Presse ouvrière (la), Bruxelles, 26.
Primo Maggio, Ancône, 130.
1º Maggio, Lugano, 132.
Primo Maggio, Naples, 131.
1ª Maggio, Sâo Paulo, 133.
Primero de Maio (o), Coïmbre, 154.
Producteur (le), Le Havre, 89.
Productor (el), Barcelone, 3, 68, 71, 77, 80, 82, 84, 108, 128, 137, 144, 146, 150, 228, 241.
Productor (el), Guanabacoa, Cuba, 151.
El Productor, La Corogne, 241.
Productor (el), La Havane, 69, 76, 80, 81, 94, 128, 151, 184.
Progrès (le), Bruxelles, 193.
Progrès (le), Locle, 44, 50, 54, 56, 59.
Prolétaire (le), Bruxelles, 27, 33.
Proletár, New York, 171.
Proletár, Reichenberg, 170, 242.
Proletár, Vienne, 170.
Proletaren, Copenhague, 72, 73, 83, 188, 238.
Proletariato (il), Marsala, 131.
Proletario (el), Key West, Fl.: 151.
Proletario (el), San Feliú de Guixols, 147.
Proletario (il), Florence, 119.
Proletario (il), Palermo, 126.
Proletario (il), Trapani et Marsala, 127, 131.
Proletario (il), Trieste, 132.
Proletario italiano (il), Turin, 120.
Propaganda (la), Imola, 131.
Propaganda (a), Lisbonne, 80, 85, 110, 111, 125, 144, 153.
Propaganda (la), Vigo, 143.
Propaganda anarchista (a), Lisbonne, 154.
Protesto Operaio (o), Porto, 71.
Protesta Umana (la), Tunis, 127, 132.
Proximus tuus, Turin, 124.
Przeglad spoleczny, Lemberg, 194.
Prvni svobodná tiskárna v Cechách, Vienne, 170.

Pugnale (il), 130, 132.
Purée (la), Roubaix, 239.
Pygmée (le), Bruxelles, 114.

Questione sociale (la), Buenos Aires, 132 ; 2ᵐᵉ série,129,133,184,241.
Questione sociale (la), Egypte, 132.
Questione sociale (la), Florence, 49, 119, 124, 127, 129.
Questione sociale (la), Paterson, N. J., 70, 103, 119, 133, 237, 238.
Questione sociale (la), Prato, 131, 135, 216.
Questione sociale (la), Turin, 24.
Question sociale (la), Bruxelles, 16, 81. 114.
Question sociale (la), Paris, 67, 94, 163.

Rabotnik, Genève, 193.
Rache (die), Londres, 161.
Radical (the Australian), 178.
Radical (the), Hamilton. N.S.W., 177.
Radical, Pest, 168.
Radicale (der), Reichenberg, 168.
Radical Review (the), New Bedford, Mass., 7, 8, 12.
Raggi (i), Spezia, 131.
Ravachol, Sabadell, 144.
Razón (la), Séville, 139, 140.
Razvratirea, Focsani, 203.
Reason, Melbourne, 178.
Rebel (the), Boston, 85, 184.
Rebelde (el), Grenade, 140.
Rebelde (o), Lisbonne, 154.
Rebelde (el), Saragosse, 109, 144.
Rebell (der), Londres, 160.
Recht door zee, Enschede, 187.
Recht voor Allen, La Haye, 187, 237.
Reforma social (la), Mexico, 152.
Réforme sociale (la), Bruxelles, 65, 114.
Religion des Geistes (die), Leipzig et Berlin, 229, 230.
Renaissance (la), Paris, 101.
Represalias (las), Espagne, 140.
Représentant du Peuple (le), Paris, 20, 37.
Revancha (la), Reus, 144.
Réveil des Masses (le), Newfoundland, Pa. 91.
Réveil des Mineurs (le), Hastings. Cambria County, Pa, 91, 182.
Réveil social (le), Paris, 111.
Revendicateur (le), New York, 32.

— 272 —

Revista social, Gracia, Barcelone, 140, 141.
Revista social, eco del proletariado, Madrid, 46, 137, 143.
Revista social, Sans, 143.
Revista sociala, Jassy, 69, 74, 203, 226.
Revolt (the), Sydney, 178.
Revolta (a), Lisbonne, 72, 76, 77, 78, 81, 82, 108, 154.
Revolta (a), Porto, 81, 154.
Revoltado (o), Lisbonne, 154.
Révolte (la), Paris, 33,53,55,56,60,70,71,72,81,82, 83, 84,85,86,88.92, 100,101,103,107,108,109,110,116,124,129,136,161,163,189,214,216, 217, 237.
Révolte (la), Supplément littéraire, Paris, 3, 24, 32, 33, 50, 51, 88, 97, 129, 164, 213, 225, 227, 228.
Révolté (le), Genève,puis Paris, 53,55,56,67,60,62,63,67,68,69,70,71, 72,73,74,75,76,77,78, 79,80,82,85, 86,87,88, 92,94,99,106,118,123, 125, 144, 152, 156, 238.
Révolte des affamés (la), Calais, 88.
Révolté sédanais (le), Sedan, 89.
Revolução social (a), Porto, 69, 74, 78, 82, 83, 94, 154.
Revoluce, 170.
Revolucionario (el), Barracas, prov. de Buenos Aires, 149.
Revolución popular (la), Espagne, 141.
Revolución social (la), Barcelone, 144.
Revolución social (la), Buenos Aires, 150.
Revolución social (la), Mexico, 152.
Revolución social (la), Montevideo, 149.
Revolución social (la), Palma, Mayorque, 140.
Revolución social (la), Espagne, 143.
Revolutionär (der), Londres, 161.
Revolutionary Review (the), Londres, 14.
Révolution cosmopolite (la), Paris, 88.
Revolutionist (the), Angleterre, 14.
Révolution sociale (la), Genève, 54, 59, 66.
Révolution sociale (la), Paris, 87, 92, 118, 124, 130, 156.
Revue anarchiste (la), Paris, 90.
Revue anarchiste internationale (la), Bordeaux, 88.
Revue antipatriotique et révolutionnaire, Paris, 87.
Revue blanche (la), Paris, 51, 90, 102,229, 230.
Revue de l'Ouest (la), St-Louis Mo., 32.
Revue de Paris (la), Paris, 236.
Revue des Deux-Mondes (la), Paris, 30, 50.
Revue indépendante (la), Paris, 17.

Revue libertaire (la), Paris, 90, 130, 216.
Revue rouge (la), Paris, 90.
Revue sociale (la), Dijon, 71.
Revue socialiste (la), Genève, 66.
Revue socialiste (la), Paris, 3, 25, 27, 43, 49, 51, 53, 65, 118, 119, 205, 221.
Revue universitaire (la), Bruxelles, 70.
Rheinische Jahrbücher für gesellschaftliche Reform, Darmstadt, 39, 40.
Rheinische Zeitung, Cologne, 36.
Ribelle (il), Reggio d'Emilia, 126.
Ribelli (i), Imola, 131.
Ricordiamoci !, Faenza, 126.
Riflard (le), Paris, 89; 2me série, suivi de l'*Action*, 90.
Riscatto (il), Messine, 127.
Riscossa (la), Buenos Aires, 133.
Riscossa (la), Florence, 123.
Riscossa (la), Trapani et Marsala, 131.
Risveglio (il), Ancône, 124.
Risveglio (il), Sienne, 121.
Rive gauche (la), Paris, puis Bruxelles, 26, 27, 113.
Rivendicazione (la), Forli, 118, 124.
Rivista internazionale del Socialismo, Milan, 68, 118.
Rivista italiana del Socialismo, Lugo et Imola, 68.
Robotnik, Cracovie, 198.
Romagnolo (il), Ravenne, 120, 121.
Roode Duivel (de), Amsterdam, 187.
Rothschild (le), Londres, 91.
Rozhlêdy, Chrudim, Bohème, 171.
Russkaia Mysl, Moscou, 43.
Russkoe Bogatstvo, 195.
Rzczespospolita Polska, Genève, 50.

Samtiden, Bergen, 190
Scalpellino (lo), Barre, Vermont, 103.
Scamisciato (lo), Reggio d'Emilia, 126, 131.
Schiavi bianchi (gli), Sao Paulo, 133.
Schiavo (lo), Nice, 48, 126, 132.
Schiavo bianco (il), Turin, 121.
Schneiderfachzeitung, Vienne, 168.
Schumacherfachblatt, Vienne, 168.
Schweizerischer Republikaner, Zurich, 42.

Science populaire (la), Verviers, 49, 114.
Scoala Noua, Roman, 71.
Secolo (il), Milan, 111.
Semaine rouge (la), Paris, 92.
Sempre Avanti !, plusieurs séries, Livourne, 85, 108, 121, 126, 131.
Sera (la), Milan, 111.
Sheffield Anarchist (the), Sheffield, 174.
Situazione (la), 120.
Socialdemokrat, Berlin, 161, 220.
Socialdemokraten, Copenhague, 195.
Socialdemokraten, Kristiania, 189, 190.
Social-demokratisches Bülletin, Chaux-de-Fonds, 60, 157.
Sociale (la), Paris, 90, 104, 107, 111, 112, 164, 237, 239.
Sociale Gids (de), Amsterdam, 187.
Socialismo (el), Cadix, 71, 74, 80, 81, 82, 83 144.
Socialismo (el), Guanabacoa, Cuba, 151.
Socialist (der), Berlin, 41, 49, 70, 72, 75, 76, 77, 80, 83, 84, 85, 95, 108, 110, 111, 162, 164, 167, 174, 175, 178, 180, 187, 203, 207, 213, 216, 228, 230, 236, 237.
Socialist, Pest, 168.
Socialist, Lemberg, 198.
Socialista (el), Mexico, 152.
Socialista (il), Buenos Aires, 71, 74, 132.
Socialista (il), Cosenza, Calabre, 122.
Socialista (il). Montevideo, 81, 133.
Socialista (il), Pise, 122.
Socialiste (le), Neuchâtel, 64.
Socialiste (le), Paris, 23.
Socialistès, Athènes, 206.
Socialistische Akademiker (der), Berlin, 103, 164, 221.
Social Revolutionist (the), 13.
Société Nouvelle (la), Bruxelles, 43, 47, 48, 49, 69, 81, 84, 103, 114, 129, 130, 163, 187, 212, 223, 228, 236.
Sole dell' avvenire (il), Ancône, 124.
Solidaridad (la), Madrid, 140.
Solidaridad (la), Séville, 144, 145.
Solidarité (la), Neuchâtel, puis Genève, 56, 59.
Solidarité révolutionnaire (la), Barcelone, 66.
Solidarity, New York, 85, 109, 130, 183, 216.
Sosialismós, Grèce, 206.
Sperimentale (lo), Brescia, 50, 119, 124, 126, 217.
Sturmglocken, Chicago, 165.

Sun (the), Kansas City, Mo., 10.
Sur le Trimard, Paris, 90.
Svoboda, Chicago, 171.
Svoboda, Hlubokai, près de Reichenberg, 170.
Swit, Londres, 199.
Szabad Szo, Budapest, 230.

Tagwacht, Zurich, 50, 219.
Tchernyi Peredyel, Russie, 196.
Teatro social, Barcelone, 147.
Tejedor (el), Valls, 140.
Tempi nuovi (i), Ancône, 132.
Temps Nouveaux (les), Paris, 56, 60, 70, 72, 85, 90, 103, 104, 112, 136, 163, 164, 206, 216, 237, 239, 242.
Temps Nouveaux (les), Supplément littéraire, Paris, 32, 90, 225, 229.
Terre et Liberté, Paris, 68, 88, 173.
Tierra y Libertad, Gracia, Barcelone, 125, 144.
Tito Vezio, Milan, 127.
Tocsin (le), Alger, 89, 93.
Tocsin (le), Londres, 91.
To Day, Londres, 75.
Toekomst (de), La Haye, 186.
Toekomst (de), Middelburg, 187.
Torch (the), Londres, 174, 214, 240.
Torche (la), Bruxelles, 114.
Torch of Anarchy (the), Londres, 174.
Trabajo (el), Ferrol, 140.
Trabajo (el), Guanabacoa, Cuba, 80, 151.
Trabajo (el), Puerto Principe, 151.
Trabajo (el), Malaga, 143.
Trabalbador (o), Porto, v. errata.
Tramontana (la), Barcelone, 142, 144.
Travail (le), Genève, 60, 66.
Travailleur (le), Genève, 48, 56, 60, 68, 70, 156, 202, 206.
Travailleur (le), Le Mans, 88.
Tribuna dell' Operaio (la), Florence, 131.
Tribune des Peuples (la), Paris, 67, 70.
Tribune du Peuple (la), Bruxelles, 27, 113.
Tribune libre (la), Charleroi, Pa., 91.
Tribune libre (la), Londres, 91.
Tribune ouvrière, (la), Paris, 26.

Truth, San Francisco, 69, 179.
Trybun ludowy, Lemberg, 198, 199.
Tutti in Maschera, San Remo, 127.
Twentieth Century, New York, 13, 181, 212.
Tydni List Hlas Lidu, New York, 84.

Uguaglianza (l'), Naples, 120.
Uguaglianza sociale (l'), Marsala, 131.
Under röd flagg, Stockholm, 191.
Union obrera (la), Barcelone, 143.
Union obrera (la), San Martin de Provensals, 147.
Union Gremial (la), Buenos Aires, 149.
Urlo della Canaglia (l'), Padoue, 127.

Van Nu en Straks, Anvers, 115.
Va-Nu-Pieds (le), Paris, 88.
Varlope (la), Paris, 88.
Vendémiaire, Paris, 89.
Vengeance anarchiste (la), Paris, 87.
Venti Settembre, Buenos Aires, 132.
XX Settembre, Buenos Aires, 133.
Verdad (la), Rosario, Rép. Argentine, 125, 149.
Veritas, Milan, 131.
Vérité (la), Ensival, 240.
Vero (il), Forli, 132.
Victima del Trabajo (la), Valencia et Játiva, 147.
Vierteljahrschrift (Wigand's), Leipzig, 35, 36.
Voix des Ecoles (la), Bruxelles, 26.
Voix du Peuple (la), Paris, 19, 21.
Volksblad (de), Winkel, N.-H., 187.
Volksblad (het), voor de Zaan en Omstreken, Zaandijk, 187.
Volkspresse, Vienne, 214.
Volksstaat, Leipzig, 45, 46, 219.
Volkstribüne, Berlin, 162.
Volksvriend (de), Arnhem, 187.
Volksvriend (de), Zwolle, 187.
Volkswille, Pest, 168.
Volné Listy, Brooklyn, New York, 11, 69, 70, 73, 76, 77, 81, 82, 84, 167, 171, 238.
Volné Listy, Vienne, 170.
Volné Listy, Zizkov-Prague, 242.
Volnoe Slovo, Genève, 42, 49.

Volnost, Mährisch Ostrau, Moravie, 242.
Volny Duch, Zizkov-Prague, 170, 242.
Vooruit, Bruges, 113.
Voorwaarts, Arnhem, 187.
Vorbote, Chicago, 165, 180, 182.
Vorbote, Genève, 44.
Vorwärts, Leipzig, 194.
Voz de la Mujer (*la*) Buenos Aires, 150.
Voz del Trabajador (*la*), Bilbao, 140.
Voz del Trabajador (*la*), Montevideo, 149, 158.
Voz de Ravachol (*la*), Buenos Aires, 150.
Vpered, Zurich, puis Londres, 194.
Vrije Pers (*de*), La Haye, 79, 186.
Vrijheid, La Haye, 66, 186.

Wage (*die*), Berlin, 38.
Wahrheit, v. *Truth*, New York, 200.
Wapens neder (*de*), Amsterdam, 187.
Weekly Times and Echo, Londres, 15, 221.
Werker (*de*), Anvers, 75, 113.
Wiener Zeitung, Vienne, 167.
Word (*the*), Princeton, Mass, 9.
Worker's Friend (*the*), v. *Arbeiterfreund*, Londres, 200, 201, 212, 228.

Zeit (*die*), Vienne, 171, 230.
Zeitschrift für Staats und Volkswirtschaft, Vienne, 213.
Zemlia y Volia, Saint-Pétersbourg, 195.
Zukunft (*die*), Berlin, 39, 230.
Zukunft (*die*), *Organ der radicalensocialen oesterreichs*, Vienne, 168.
Zukunft (*die*), Pest, 168.
Zukunft (*die*), Philadelphie, 165.
Zukunft (*die*), Vienne, 50, 84, 168; 2me série, 169, 216.
Zwoeger (*de*), Sneek, 187.

SÉRIES DE BROCHURES, PUBLICATIONS DE GROUPES, DE JOURNAUX, ÉDITIONS DIVERSES, ETC.

Acrata (Biblioteca), Barcelone, 103, 143, 146.
« Agitations comité der I. A. A. », New-York, 183.
Allemane (Imprimerie), Paris, 101.
« Alliance des groupes socialistes révolutionnaires », Paris, 92.
« Amici dell' Ordine » (Biblioteca degli), Marseille, 135.
Anarchica (Biblioteca), Marsala, 128.
Anarchica (Biblioteca), Marseille, 127.
Anarchicheska Bibliotheka, Razgrad, 82.
Anarchista (Biblioteca), Bucarest, 125, 126, 203.
Anarchista (Biblioteca), Lisbonne, 77.
Anarchiste (Bibliothèque), Paris, 100.
Anarchistes d'Armentières, de Roubaix et de Monveaux (Publ. des), Armentières, 96.
Anarchistische Bibliothek, Berlin, 74, 78, 82, 83, 159, 164, 175, 237.
Anarchistische Bibliothek, New-York, 180.
Anarchistisch-Communistische Bibliothek, Londres, 37, 69, 73, 78, 82, 83, 160, 201.
Anarchistisch-Communistische Bibliothek, her. von der Gruppe « Ritter der Freiheit », « Worker's friend », Londres, 201.
Anarchistisch-Communist Bibliothek, Radical Library Series, New-York, 84, 94.

Anarchitcheskaia Biblioteka, Genève, 196.
Anarquico-comunista (Biblioteca), Barcelone, 93, 94, 181.
Anarquista (Biblioteca), Madrid, 81.
Antiforce Leaflets, Voluntary State Papers, 15.
« Ardên » (Bibliotheke), Athènes, 79, 206.
Artistique et littéraire (Bibliothèque), Paris, 100.
« Art Social » (Bibliothèque de l'), Paris, 104.
« Art Social » (Publ. de l'), Paris, 239.
« Asino » (Publ. de l'), Rome, 240.
« Association des Libres Penseurs » (Publ. de l'), France, 24.
Associazione (Biblioteca dell'), Londres, 124, 125, 126, 134.
« Autonomie » (Publ. du groupe), Londres, 77, 160, 161.
« Avant-Garde » (le Groupe), Londres, 102.
« Avvenire » (Publ. de l'), Sâo Paulo, Brésil, 78, 82.
« Avvenire Sociale » (Publ. de l'), Messine, 238, 241.

« Barriera » (Circolo di Studi sociali), Rome, 212.
Banque du Peuple (Publ. de la), Paris, 138.
Battaglia (Biblioteca della), Milan, 236.
« Brochure » (la), Bruxelles, 68, 110, 116.
« Brochure à distribuer » (Groupe de propagande communiste-anarchiste par la), Paris, v. publ. de la « Révolte », 100, 229.
Bellamy Library (the), Londres, 12, 227.
Berio (Imprimerie A.), Paris, 108.
« Bezvlâdi » (Publ. du Groupe), New-York, 171.
Bibliothèque révolutionnaire cosmopolite (Publ. du Groupe cosmopolite), 97.
Bijou Library (the), Londres, 10, 229.
« Branca napoletane dell' Associazione Internazionale de Lavoratori » (la), Naples, 127.
Buhl (Selbstverlag von L.), Mannheim, 235.

Cerc comunist-anarchist (Biblioteca unui), Bucarest, 94, 203.
« Ciencia social », Barcelone, 145.
« Ciencia y Progresso » (Grupo de propaganda comunista anárquista), Rosario, Rép. Argentine, 150.
Collections de brochures populaires à un sou, Genève, 63.
« Commonweal » (Office of the), Londres, 47, 78, 85.
Contemporary Science Series (the), Londres, 226.
« Corsario » (Biblioteca del), La Corogne, 146, 240, 241.
« Critica sociale », Milan, 229.

— 281 —

« Dèlnickà Knihovna », New York, 48, 159, 236.
« Despertar » (Biblioteca del), Brooklyn, New York, 77, 152.
« Drapeau Noir » (Publ. du), Bruxelles, 116.
« Drapeau Noir » (le), Groupe de propagande anarchiste, Paris, 96.

Economica (Biblioteca), Marsala, 158.
« Economista » (Biblioteca del), 119.
Elpidine, Genève, 46.
Emancipadora d'Estudios sociologicos (Bibliotheca), Porto, 243.
Ephemeridos ho Sosialistês (Bibliotheka tês), 206.
Epistoly Svobody, publ. du groupe « Samosprava », 158.
Equity Publishing Company, Oaklands, Cal., 11.
« Etincelle » (Publ. du Cercle l'), impr. de la « Persévérance », Verviers, 115.
Etudes sociales de Bourges (Le Groupe d'), 92.
« Etudiants collectivistes » (Groupe des), Paris, 221.
« Etudiants socialistes révolutionnaires internationalistes (Groupe des), Paris, v. « Temps Nouveaux », 239.
« Expropriación » (la), Grupo de propaganda comunista anárquica, Buenos Aires, 68, 79, 108, 125, 143, 150.

Fabian Tracts, Londres, 173, 220.
« Fakkel » (Publications de De), Gand, 117.
« Favilla » (Publ. de la), Mantoue, 124.
« Fédération révolutionnaire arménienne » (Imprimerie libre de la), 76, 208.
« Figli dell' Avvenire » (Bibl. du Groupe les), Vicenza, 135.
« Fœderirte Gewerkschaften New York's », 183.
Fowler (C. T.), Kansas City, Mo., 10.
Free Currency Tracts, Londres, 14.
« Freedom » Office, Londres, 175.
« Freedom » Pamphlets, Londres, 73, 79, 80, 82, 83, 109, 110, 111, 125, 126, 174.
Freidenker Bibliothek, 47.
« Freie Arbeiterstimme » (Gruppe der), New York, v. International Series, 243.

« Gazzetta degli Operai » (Biblioteca della), Turin, 82.
« Gazzetta Operaia » (Biblioteca della), Turin, 128, 181.
« Gleichheit » (Anarch. Gruppe), Londres, 240.

« Grido dei Oppressi » (Biblioteca comunista anarchica del), New York, 120.
« Grido del Popolo » (Publ. del), Turin, 238.
« Gromada » (Rédaction de), 194.
Groupe anarchiste d'Agen (le), 98.
Groupes anarchistes bruxellois (les), Bruxelles, 116.
Groupe anarchiste de Liège (le), 107.
Groupe des 5ᵉ et 13ᵉ arrondissements (Publ. du), Paris, Impr. jurassienne, 93, 94.
Groupe n° 1 (S. W. P. A.), Alleghany, Pa., 184.
Grupo anarchista (Publ. do), Lisbonne, 154.
Grupos anarchistas do Porto (Bibliotheca dos), Porto, 181.

Heller et C°, La Haye, 125.
Holyoake and C°, Londres, 4, 172.
« Humanitas » (Biblioteca), Naples, 119, 128. 129.
Humboldt Publishing Company (Humboldt Library of Popular Science), New York, 12, 226, 228, 234.

« Idea Libre », (Biblioteca de la), Madrid, 74, 125, 146.
« Ideal » (Biblioteca del Grupo el), Brooklyn, New York, 182.
« Idée Nouvelle » (Groupe l'), Paris, 100.
« Insurgé » (Impr. de l'), Lyon, 97.
Internationale Bibliothek, New York, 47, 74, 77, 157, 158, 159, 166.
International Library, 150.
International Revolutionary Library, Londres, 174.
International Series (publ. de la « Freie Arbeiterstimme »), New York, 83.
International Socialist Societies, Londres, 180.
Internationale (Bibliothèque), Librairie des Deux-Mondes, Paris, 67.
« Invisiveis » (Grupo os), 108.

« Jeunesse anarchiste du XVᵉ » (la), Paris, 96.
« Jeunesse libertaire » (Publ. du groupe anarchiste la), St-Denis, Seine, 93.
« Jeunesse socialiste » (Petite bibliothèque de la), Paris, 96.
Jurassienne (Impr.), Genève, v. Publ. du Groupe des 5ᵉ et 13ᵉ arrondissements de Paris, 62, 63, 68, 70, 73, 76, 106.
Jurisprudencia, Filosofia é Historia (Biblioteca de), Madrid, 95.
« Justice » Printery, 75.

« Juventud anárquica » (Grupo), Reus, 146.
« Juventud comunista anárquica » (Biblioteca del Grupo), Buenos Aires, 69, 125.

« Kansas Liberal » Tracts, Valley Falls, Kan., 10.
Kelmscott Press, Londres, 212.
« Knights of Liberty » (Publ. des), Philadelphie, 184.
Krujka anarchistov (Izdanie du), Genève, 194, 196.

« Labour Leader » (Publ. du), Glasgow et Londres, 237.
Lavoratori (Bibl. dei), Opusculi popolari socialisti, Milan, 71, 72, 74, 99, 135.
« Libertaire » (Impr. du), Bruxelles, 70.
Libertaria (Bibliotheca), Porto, 238.
« Liberté » (Groupe la), Bruxelles, 107.
« Liberté » (Groupe la), Paris, 98.
Liberty Library, Columbus Junction, Iowa, 47, 69, 73, 166, 183, 185, 234.
« Liberty » Pamphlets, Londres, 163.
Liberty Press, Londres, 69, 70, 175, 176, 184, 238.
Liebers C°, La Haye, v. « Volksbibliotheek », 75, 80.
« Ligue des Anti-Patriotes » (la), Paris, 102.

« Martello » (Biblioteca del), Bologne, 123.
« Matice Dêlnicka » (Publ. de), Vienne, 242.
Mejdinarodnaia Biblioteka, Leipzig, 194.
Mezdinarodni Bibliotheka, New York, 37.
Mezdinarodni Knihovna, New York, 69, 76, 77, 78, 82, 125.
Mitgliedschaft deutscher Socialisten, Zurich, 182.
Modern Press, Londres, 75.
« Modern Science Essayist », New York, 13.

« Nabat » (Publ. du), 194.
New England Labor Reform League, New York, 8.
« Niveleurs » (Publ. du Groupe anarchiste les), Troyes, 96.
« Novo Mundo », Lisbonne, 155.
« Nuova Gazetta Operaia » (Publ. de la), Turin, 79.

« Operaio » (Tip. dell'), Tunisie, 127.
Opusculi a centesimi 5, Bignami, Milan, 119, 129.

Opusculi de Propaganda, Naples, 127.
« Ordine » (Biblioteca dell'), Turin, 82, 129.
Ouvrière cosmopolite (Bibliothèque), Paris, 93.
Ouvriers solidaires verviétois (les), Verviers, 158.

Pamphlets révolutionnaires (les), Paris, 100.
Para el Proletariado (Biblioteca), Barcelone, 77.
« Père Peinard » (Brochures périodiques du), Londres, 89, 111.
« Pensiero » (Biblioteca del), Chieti, 134.
People's Library (the), United Groups « Knights of Liberty » of England and America, Londres, 77, 200.
Per il Popolo (Biblioteca), Turin, 72, 75.
« Perseguido » (Biblioteca anárquico-comunista del), Buenos Aires, 82.
« Peuple » (Publ. du), Paris, 18.
« Pioniere der Freiheit » und « Vereinigte Ritter der Freiheit der I. A. A. », New York, 183.
« Plebe » (Biblioteca della), Prato, 124, 135, 145.
« Plebe » (Biblioteca della), Terni, 135.
« Plébéien » (Publ. du), Ensival, 111.
« Plume » (Bibl. de la), Paris, 239.
« Pokrok » (Publ. du Groupe), New York, 241.
Popolare Socialista (Biblioteca), Milan, 46, 134.
Populaire (Bibliothèque), Bruxelles, 115.
« Primero de Maio » (Biblioteca), Coïmbre, 99.
« 1° Maggio » (Biblioteca del Gruppo), Naples, 128, 129.
« Productor » (Publ. del), Barcelone et Sabadell, 125, 126, 181.
« Proletár » (Publ. du), Reichenberg, 242.
Proletariado (Biblioteca del), Barcelone, 142.
« Proletario » (Biblioteca del), Marsala, 71, 99, 118, 133, 134, 135, 136
Proletaryata (Biblioteczka), Varsovie, 75, 199.
« Propaganda » (Bibliotheca comunista-anarchista do Grupo a), Lisbonne, 155.
Propaganda anarchica (Biblioteca di), Londres, 108, 136.
Propaganda anarchica-rivoluzionaria, 70.
Propaganda anarchista, Lisbonne, 47.
Propaganda anarchista, Edição do Grupo de Estudos sociales, Lisbonne, 85.
Propaganda anarquista entre las mujeres, Buenos Aires, 136.
Propaganda obrera (Grupo de), Tampa, Fla., 241.
Propaganda socialista, Gênes, 71.

Propaganda socialista, Milan, 73.
Propaganda socialista (Agrupación de), Sabadell, 68, 69, 125, 142, 143.
Propaganda socialista anarchica, Londres, 124.
Propagande abstentionniste, Groupe anarchiste « la Liberté », Paris, 93.
Propagande anarchiste, Bourges, 92.
Propagande anarchiste (le Groupe parisien de), Paris, 92.
Propagande anarchiste-révolutionnaire (Lille), 100.
Propagande socialiste (Bibliothèque de), Bruxelles, 220.
Propagande socialiste anarchiste révolutionnaire, Bruxelles, 129.
Publications anarchistes, Bruxelles, 33, 116.
Publications anarchistes, Genève, 63.
Publications anarchistes (en arménien), 73, 77, 81, 95, 125, 194, 208.

« Questione sociale » (Biblioteca della), Buenos Aires, 110, 136, 146, 216, 240.
« Questione sociale » (Publ. de la), Florence, 124.
« Questione sociale » (Biblioteca della), Paterson, N. J., 103, 134.

Rabotchaia Biblioteka, Genève, 65.
« Rabotnik » (Impr. du), Genève, 61, 193, 194.
Rabotnik i Gromada (Izd. tip. du), Genève, 202
« Rabotnik » (Publ. du), Sevlievo, 204.
Radicale Bibliotheek, Amsterdam, 47.
Reeves (W.), Londres, 79.
« Revoljucionnaia Obchtchina Russkich Anarchistov » (Publ. de la), 193.
« Revolta » (Bibliotheca anarchista, édit. de a), Lisbonne, 82, 109.
« Revoltado » (Bibliotheca do), Lisbonne, 142.
« Révolte » (Publ. de la), Paris, v. Groupe de propagande communiste anarchiste par la « Brochure à distribuer, 68, 71, 82, 85, 93, 95, 100, 103, 108, 181.
« Révolte des Affamés » (Publ. de la), Calais, 96.
« Revolução social » (Bibliotheca do Grupo anarchista), Porto, 78, 153, 154, 155, 181.
« Revolutionäre Volksschriften, New York, 241.
Revolutionary Reprints, Seymour, Londres, 220.
« Revue Sociale » (Publ. de la), Dijon, 71.
« Revue Socialiste » (Publ. de la), Genève, 66.

Savine (\.), Paris, 129.
Scritti sociali (Biblioteca di), Turin, 128.
Seymour (H.), Londres, v. Revolutionary Reprints, 9, 12, 78, 79.
« Sempre Avanti! » (Biblioteca del), Florence, 68
« Sempre Avanti! » (Biblioteca del), Livourne, 124, 134, 135, 216.
Socialdemokratische Bibliothek, Zurich, 38, 40, 219.
« Sociale » (Publ. de la), Paris, 101, 104.
« Socialist » (Publ. du), Berlin, 47.
Socialista (Biblioteca), Bologne, 118.
Socialista (Biblioteca), Milan, 212.
Socialiste (Bibliothèque), Bruxelles, 66.
Socialiste (Petite Bibliothèque), Genève, 77.
Socialisticka Knihovna, publ. par les « Volné Listy », Vienne, 162.
Socialistic Library, New York, 220.
Socialistic Publishing Society, Chicago, 180.
Socialistische Bibliothek, Berlin, 162, 163.
Socialistische Bibliothek in jüdisch-deutscher Sprache, Londres, 158.
Socialno-revoljucionnoi partii (Izdanie), Zurich, 193.
Social Science Series, Londres, 5.
« Société Nouvelle » (Publ. de la), Bruxelles, 116, 187.
Sociologique (Bibliothèque), Paris, 95, 103, 237, 239.
Solidarity Pamphlets, New York, 184.
Studi sociali (Biblioteca di Propaganda del Circulo), Ancône, 128, 163, 238.
Studi sociali (Biblioteca), Forli, 242.
Studi Sociali di Padova (Circulo), Padoue, 67.

Temps Nouveaux (Bibliothèque des), Bruxelles, 68, 79, 81, 101, 108, 116, 229.
« Temps Nouveaux » (Publ. des), Paris, v. Groupe des Etudiants socialistes révolutionnaires internationalistes, 70, 101, 103, 104, 163, 239, 242.
« Tocsin » (le), Londres, 102.
Torch Library (the), Londres, 75.
Trabajador (Biblioteca del), Cadíz, 74, 78.
Trabalhadores (Bibliotheca dos), publicação dos Grupos comunistas anarchistas de Lisboa e Porto, Porto, 79.
Trabalhadores (Bibliotheca dos), publ. dos operaios comunistas anarchistas portuguezes, Porto, 154.
Tucker (B. R.), Boston et New York, 4, 8, 9, 11, 12, 13.
Tucker's Library, Boston, 228.

Twentieth Century Press, 75.
Twentieth Century Publishing C° Library, New York, 11, 13, 185, 212.

« Uguaglianza sociale » (Biblioteca del), Marsala, 135.
1 Lira al volume (Biblioteca de), Bignami, Milan, 119, 123.
Universalbibliothek, Leipzig, 35.
Union des Groupes anarchistes des XII°, XX° arrondissements et de Montreuil-Vincennes, Paris, 98.
Union des socialistes pour l'action révolutionnaire (Bibliothèque du Comité central de l'), Paris, 220.

Van Bloppoel (M.), Rotterdam-Kralingen, 68.
« Vengeance sociale » (Groupe la), Troyes, 96.
« Vereins oest. ung. Buchhändler » (Publ. des), Vienne, 167.
Villeval (Impr. D.), Saint-Josse-ten-Noode, Bruxelles, 116, 158.
« Vingadores » (Bibliotheca do Grupo anarchista os), Lamego, 155, 184.
Volksbibliotheek, B. Liebers et C°, Amsterdam, 83, 242.
Volksbibliothek in jüdisch deutscher Sprache, v. the People's Library, 200.
« Volny Duch » (Publ. de), Zizkov-Prague, 171.
« Vorwaerts » Expedition, Berlin, 221.
« Vpered » (Publ. du), Londres, 194.
Vrije Grœp. Malines, 70.
Vzdělavaci Bibliotheka, Prague, 236.

Walka Klas (Bibliotheka de la), Genève, 47.

Zack (B.), Berlin, 234, 235.

TABLE DES MATIÈRES

		Pages.
Préface	. . . .	v
Avertissement	. . . .	ix
Chapitre Iᵉʳ.	— Précurseurs de l'Anarchie.	1
— II.	— Premières œuvres de la littérature anarchiste en Angleterre	4
— III.	— L'Anarchisme individualiste , . . .	6
— IV.	— P.-J. Proudhon	17
— V.	— Le Mutuellisme	23
— VI.	— Précurseurs de l'anarchisme moderne de 1840 à 1865 *(en langue française).*	28
— VII.	— L'Anarchisme allemand de 1840 à 1880.	35
— VIII.	— Michel Bakounine	42
— IX.	— Le Collectivisme dans l'Internationale. — Les Congrès de l'Internationale. — L'Anarchisme communiste . .	52
— X.	— La Suisse	59
— XI.	— La France avant 1880	64
— XII.	— Pierre Kropotkine	72
— XIII.	— France (1880-1896)	87
— XIV.	— La Société Bourgeoise devant les Anarchistes. Persécutions, Procès, etc.	105
— XV.	— Belgique.	113
— XVI.	— Italie	118
— XVII.	— Espagne.	137
— XVIII.	— Amérique de langue espagnole . . .	148

Chapitre	XIX.	— Portugal. — Brésil	153
—	XX.	— Allemagne et Suisse de langue allemande	156
—	XXI.	— Autriche-Hongrie	167
—	XXII.	— Angleterre.	172
—	XXIII.	— Australie	177
—	XXIV.	— Etats-Unis de l'Amérique du Nord.	179
—	XXV.	— Néerlande	186
—	XXVI.	— Pays Scandinaves	188
—	XXVII.	— Russie	192
—	XXVIII.	— Oukraïne	197
—	XXIX.	— Pologne.	198
—	XXX.	— Littérature anarchiste en jargon juif.	200
—	XXXI.	— Roumanie	202
—	XXXII.	— Bulgarie	204
—	XXXIII.	— Serbie	205
—	XXXIV.	— Grèce	206
—	XXXV.	— Arménie	207
—	XXXVI.	— Japon	209
—	XXXVII.	— Afrique	210

Appendice.

—	XXXVIII.	— Utopies libertaires	211
—	XXXIX.	— Colonies libertaires	215
—	XL.	— Critique socialiste autoritaire de l'Anarchie	218
—	XLI.	— La littérature bourgeoise sur l'Anarchie	222
—	XLII.	— La littérature libertaire moderne.	225
Additions et Corrections			233

Index.

Table des noms cités . . . . , . . 245
Table des publications périodiques et journaux cités . . . 255
Table des séries de brochures, publications de groupes, de journaux, éditions diverses, etc. 270
Errata 291

ERRATA.

p. 3, l. 22 *del. Candide, leg. Journal des Ecoles.*

p. 7, l. 1. *leg.* 1887; ll. 26-27. *del.;* ll. 30-31. *leg. the Constitution of no Authority.*

p. 8, l. 11. *leg.* 1885; ll. 30-31. *del.* New-York, Tucker ; *leg.* Denver, Col. (« Ideal Library », n° 2), 1895, 78 pp.; autres éditions de *Mutual Banking :* Glasgow, 1896, 66 pp. et Columbus Junction, Iowa (« Liberty Library »), n°° 10-11, 1896, 66 pp.

p. 11, ll. 8 et 15. *add.* et plus tard à Chicago.

p. 12, ll. 1-2. *leg. The Radical Review,* vol. I (4 n°°), New-Bedford, Mass. (réd. par R. B. Tucker); ll. 23-24. Ce volume contient les deux mémoires (de 1840 et 1841); l. 28. *add.* a aussi paru à New York (Humboldt Publ. C°).

p. 13, l. 3. *add.* Denver.

p. 15, l. 25. *add.* 24 pp., in-4° petit.

p. 20, l. 26. *del.; leg.* vol. 17, 18, 19, en contiennent : n° 1, sept. 1848; n°° 2, 3, sans date ni mois; n° 4 (8 nov. 1848), sq.

p. 21, l. 1. *Le Peuple,* n° 1, sept. 1848; n°° 2, 3, sans date ni mois; n° 4 (8 nov. 1848), sq.; l. 11. *del.;* l. 17. *leg.* in-8°.

p. 24, l. 11. *add.* avril 1850, 28 pp., gr. in-8°.

p. 26, l. 28. *leg.* Ch. Longuet et Albert Rogeard.

p. 27, l. 17. *del.* fin de 1863 *et v.* Additions.

p. 36, ll. 15-16. v. Additions ; l. 20, del. un vol. et v. Additions ; ll. 22-27, v. Additions; ll. 29-30. *Sturm;* la seconde édition contient le texte non modifié de la première avec l'addition de douze poésies nouvelles, celles-ci individualistes; l. 32. add. avec une nouvelle préface; ll. 34-35. del. et v. Additions.

p. 37, l. 5. del. extr. de *Sturm :* c'est un poème différent; l. 9, leg. Mezdinarodna.

p. 38, l. 8. add. Band III : *Das Recht auf Arbeit. Das Recht des Eigentums. Organisation des Credits und der Circulation und Lösung der socialen Frage, Capital und Rente. Erörterungen zwischen Proudhon und Bastiat* (Leipzig, 1851, 347 pp. in-8°); l. 10. add, 3ᵐᵉ éd., 1878 (ib.).

p. 39, ll. 17-19. Les éditeurs ne sont qu'en partie les mêmes.

p. 44, l. 4. del. adressé, leg. présenté.

p. 51, ll. 27-31. Sont modifiées dans les Additions.

p. 53, l. 25. leg. fourth.

p. 57, note, l. 5. leg. Ai ; l. 3 leg. du «Martello ».

p. 65, ll. 1-2. del.

p. 67, l. 28. add. n° 7 du 10 juillet 1885.

p. 70, l. 2. add. *L'Ideale e la Gioventú* (brochure 1895).

p. 75, l. 6. add. « Commonwealth Library, n° 10, New York, 1896.

p. 76, l. 17. del. inachevée et v. Additions.

p. 79, l. 24. leg. tou neoteristikou.

p. 83, l. 34. leg. *Mravouka*.

p. 89, l. 25. add. 7 juillet 1891 sq.

p. 90, l. 21. del. nᵒˢ, leg. nᵒˢ. — l. 24. leg. *Le Riflard*, 39 nʳˢ, jusqu'au 10 oct. 1893, suivi de *l'Action* (17 oct. sq.) qui s'affirme « anti-communiste, anti-collectiviste, libertaire »; l. 28, del. nov., leg. mai.

p. 91, l. 12. leg. 1888-90.

p. 95, l. 11, leg. le « Hamaïnk »; l. 21. leg. n° 10.

p. 107, l. 11. del. Initiativa, leg. Iniciativa.

p. 108, l. 5. add. et dans l' « Etoile socialiste » (ib., 27 déc. 1896).

p. 113, l. 14. add. *Peper en Zout* (Bruges).

p. 115, l. 9. del. 3 nˢ ; l. 10 del. Heuvels et v. Additions ; l. 16, del. De.

p. 116, ll. 28-29. del., v. p. 187.

p. 121, l. 12. del. F., leg. Tito.

p. 125, ll. 17-18. c'est : *Der Wikuach* (16 pp.).

p. 127, l. 9. del. 1888, leg. 1887-92.

p. 130, ll. 30-31. del.

p. 131, l. 1. *add. Il Commercio* (n° 1, 12 février 1894); 1. 5. *del.* 1892, *leg.* 1892-93.

p. 136, l. 22. *leg.* 20 juillet.

p. 146, l. 32. *v.* Additions.

p. 149, l. 3. *del.* 1881; *leg.* 1884; l. 28. *del.* nov., *leg.* janv.

p. 150, l. 6. *del.* I, *leg.* 2 n°° (n° 2 du 18 avril 1896); l. 9. *add.* 23 juillet.

p. 151, l. 2. *leg.* vers 1880.

p. 154, l. 22. *leg.* « La Revolución »; l. 23. *add. O Trabalhador* (Porto), 15 nov. 1896 sq.

p. 164, l. 5. *leg.* 1892.

p. 165, l. 18. *add.* jusqu'au 22 juin 1895.

p. 166, l. 10. *add. The Scientific principles of Theory of Anarchism* (même série, n° 7, juillet 1896, 12 pp.).

p. 167, ll. 5-6. *leg. Ein Beitrag zur oesterreichischen Arbeiterbewegung* («Freiheit», du 7 juin au 9 août 1884); *Die Arbeiterbewegung in Oesterreich* (ib., du 6 au 27 déc. 1890); l. 12. *leg. hnuti.*

p. 170, l. 32. *add. Revoluce* (s.a.s.l.), fin de 1896.

p. 174, l. 35. *leg.* jusqu'en déc. 1896.

p. 175, l. 13. *del. Anarchism, leg. Anarchist Communism*; l. 33. *add.* par Louisa S. Bevington.

p. 176, l. 5. *del., v.* Additions; l. 6. *leg. The Alarm*, 10 n°°, du 26 juillet au 22 novembre 1896.

p. 182, l. 8. *add.* 63 pp. in-8° (s. a. s. l.).

p. 184, l. 2. *del.* ib., *leg. The Match*, Boston, 2 ou 3 n°°, le n° 2 est du 18 juillet 1896; l. 3. *The Rébel*, 6 n°°, n° 6 de mars-avril 1896.

p. 187, l. 9. *leg. Wapens neder.*

p. 190, l. 8. *del.* Steinsvil, *leg.* Steinsvik; l. 10. *leg. Slutmal.*

p. 197, l. 6. *leg.* Gromadski; l. 7, *leg.* I. Franko.

p. 198, l. 16. *leg.* « Praca ».

p. 206, l. 11. *leg.* aiónos; l. 19. *del.* printemps, *leg.* depuis le n° 60 du 1°° février 1896.—l. 22 *del.* Ardén? *leg. Epi ta prosó* (Patras) 1°° avril 1896, sq.

p. 212, l. 24. *leg.* Barbiera.

p. 213, l. 13. *del.* et

p. 214, l. 5, *leg.* Ivanye.

p. 219, l. 15. *leg. Volksstaat.*

p. 220, l. 19. *add.* nouv. éd., London, 1896, 8 pp. in-16°.

p. 223, l. 18. *leg.* Schaack.

p. 227, l. 81. *add.* N. Sokolov, *Otchtchepency* (Saint-Pétersbourg, 1866;

réimpr. en Suisse, 1872); ll. 22-23, *leg.* Ralph Waldo Emerson.

p. 229, l. 14, *leg.* en feuille (2 pp. in-fol.); l. 34. *add.* J. Morrison Davidson, *Anarchist Socialism vs. State Socialism...* (« The Bijou Library », n° 9, London).

p. 234, l, 8l, *add. Land, Money and Property,* par E.-H. FULTON (« Liberty Library », n°° 8-9, 1896, ib., 35 pp., l, 17, *add. v.* aussi « Lucifer » du 24 mai 1895.

p. 237, l. 9. *add.* de Paterson.

p. 239, l. 17. Ne paraîtra pas,; l. 28, *add.* (GABRIEL RANDON).

p. 240, l. 15. *del.* Ier, *leg.* 15 janv.; l. 32. *leg.* plus tard, l. 35, *leg.* 1894.

p. 241, l. 9. *leg.* Pedro; l. 11. *El Productor* (La Coruña), n° 1, n° 13 sept. 1896; l. 18. *add.* 13 sept. 1896 sq.

p. 243, ll. 9-10. *add.* c'est une traduction.

p. 248, l. 6. *leg.* Pedro.

p. 250, l. 50. *leg.* Mortensen.

p. 253, l. 38. *leg.* Veidaux.

p. 254, l. 2. col. I. *del.*

p. 256, l. 35. *del.* Ardên, *leg. Epi ta prosó.*

Dans les mots des langues slaves écrites en caractères *cyrilliques*, les caractères qui leur sont particuliers, ont été transcrits *phonétiquement*, donc au besoin par *plusieurs* lettres (p. ex. tch. ch. j.); mais dans les langues slaves écrites en caractères *latins* les lettres spéciales que notre imprimerie ne possède pas ont toujours été transcrites par *une seule* lettre, un peu déguisée, que les lecteurs familiers avec ces langues sauront sans difficulté reconnaître (p. ex. Zizkov, pron, Zichkov, Cas. pron. Tchas, etc.).

Imprimé en Suisse sur les presses de l'imprimerie AVENIR S.A. - Genève

www.ingramcontent.com/pod-product-compliance
Lightning Source LLC
Chambersburg PA
CBHW071414150426
43191CB00008B/906